ON INNOVATION OF FINANCIAL LEGAL SYSTEM AND
INVESTOR PROTECTION

金融法制创新
与投资者保护研究

● 王　波 等◎著 ●

经济管理出版社

ECONOMY & MANAGEMENT PUBLISHING HOUSE

图书在版编目（CIP）数据

金融法制创新与投资者保护研究/王波等著．—北京：经济管理出版社，2020.9
ISBN 978－7－5096－7386－7

Ⅰ．①金…　Ⅱ．①王…　Ⅲ．①金融法—研究—中国②证券市场—投资者—法律保护—研究—中国　Ⅳ．①D922.280.4②D922.287.4

中国版本图书馆 CIP 数据核字（2020）第 158082 号

组稿编辑：王　洋
责任编辑：王　洋
责任印制：黄章平
责任校对：王纪慧

出版发行：经济管理出版社
　　　　　（北京市海淀区北蜂窝 8 号中雅大厦 A 座 11 层　100038）
网　　址：www.E－mp.com.cn
电　　话：（010）51915602
印　　刷：唐山昊达印刷有限公司
经　　销：新华书店
开　　本：720mm×1000mm/16
印　　张：15.25
字　　数：273 千字
版　　次：2020 年 9 月第 1 版　　2020 年 9 月第 1 次印刷
书　　号：ISBN 978－7－5096－7386－7
定　　价：88.00 元

前　言

随着金融领域技术的不断创新，股权众筹、智能投顾等新金融业态逐渐涌现，具有参与主体更广泛、科技含量高、算法不透明、金融科技公司诚信约束较小、投资风险隐蔽、监管难度大等特点，与现行法治及监管框架制度具有不兼容性与不适应性，在促进经济与社会变革的同时蕴含着一系列风险。为实现金融创新与风险防范的平衡，需要现行法律做出充分且及时的回应。这呼唤着股权众筹与智能投顾等法制创新，也呼唤着监管制度创新。金融立法强调投资者保护，金融法制创新也意味着投资者保护制度创新。

全书共分三篇：第一篇为运行篇，选取金融法制创新的两种典型业态，即股权众筹与智能投顾法律制度展开研究，包括第一章"我国股权众筹融资促进制度研究"和第二章"我国智能投顾法律规制研究"。第二篇为监管篇，选取金融监管创新的两个热点，即金融科技与监管沙盒展开研究，包括第三章"我国金融科技法律监管研究"和第四章"我国'监管沙盒'法律制度构建研究"。第三篇为救济篇，选取两类创新性救济方式，即先行赔付与申诉专员展开研究，包括第五章"我国证券市场先行赔付制度研究"和第六章"我国金融申诉专员制度构建研究"。

第一章为我国股权众筹融资促进制度研究。通过对典型股权众筹平台运作模式及法律风险考察，克服唯"美"主义倾向，扩展股权众筹国别立法研究范围，科学地界定股权众筹的法律属性，论证并构建公开小额股权众筹豁免制度与合格投资者制度。明确股权众筹平台监管措施——实行许可制，明确平台义务与责任，对发行人与投资者加以合理限制。落脚于区域股权众筹融资制度，规范区域私募股权众筹行为，探索基于区域股权交易中心的股权众筹资产二级市场转让机制，发挥股权众筹融资作为多层次资本市场有机组成部分的作用，更好地服务于科技型创业企业。

第二章为我国智能投顾法律规制研究。对智能投顾及相关概念进行界定，考察其典型模式、发展历程以及普遍存在的风险，并对智能投顾发展必要性进行论证。在对智能投顾基本理论认识的基础上，梳理我国智能投顾法律规制现状，分析智能投顾法律规制中的问题，包括智能投顾发展缺乏专门性法律规范、智能投顾销售牌照管理不够明确、智能投顾适当性义务缺乏法律依据、智能投顾运营者可能违反信义义务等。考察域外智能投顾法律规制制度可知，域外智能投顾具有完善的法律规范、明确的营运准入制度、完备的信息披露制度以及完善的投资者保护体系。我国应完善智能投顾相关法律法规，明确智能投顾监管主体，科学设定智能投顾运营者准入门槛，加强智能投顾投资者保护，健全智能投顾纠纷解决机制。

第三章为我国金融科技法律监管研究。金融科技法律监管对象主要有四类，分别是资金融通领域、资产管理领域、支付领域和其他领域，其理论依据主要包括金融脆弱性理论、管制公益性理论和"双峰"监管理论。我国金融科技法律监管大致划分为"包容式"监管阶段、"过渡式"监管阶段和"运动式"监管阶段。对监管现状检视可知，存在监管制度不完善、监管职权不清和监管协调不足等问题。从域外监管理念和方法中得出诸多启示，即应完善"监管沙盒"机制、用"监管科技"监管"金融科技"、注重消费者保护以及尽快推进数据安全立法等。从总体监管思路上，我国应"明确四大目标、落实'穿透式'监管、建立'智能监管'、完善法律监管；在具体监管路径上，应"从行业准入及退出、投资者保护、数据安全保障等方面优化金融科技法律监管制度，加强行业自律监管及国内外监管协调合作"。

第四章为中国"监管沙盒"法律制度构建研究。对"监管沙盒"的概念、属性、与传统金融监管相比创新之处以及功能进行界定，论证我国建立"监管沙盒"制度的必要性和可行性。考察赣州、北京、深圳、杭州、贵阳等试点地区，分析"监管沙盒"对"栅栏原则""机构监管"和"监管技术"带来的挑战。通过对一些代表性国家和地区以及全球金融创新网络的考察，比较研究代表性国家及地区"监管沙盒"制度的相同点与不同点，通过借鉴这些国家及地区的有益经验，梳理出其对我国"监管沙盒"法律制度构建的启示。我国"监管沙盒"法律制度的构建主要包括三方面内容，分别是中国"监管沙盒"的本体制度（主体制度、准入制度、运行制度、退出制度以及金融消费者保护制度）、"监管沙盒"的保障制度以及"监管沙盒"的跨境合作制度。

第五章为我国证券市场先行赔付制度研究。基于对我国三起先行赔付制度实践案例的考察，从先行赔付的各方主体、赔付方案、进展情况、效果评价来分析我国证券市场先行赔付制度现状，揭示出先行赔付缺乏整体的制度框架以及先行赔付制度的主体不够明确、基金来源较为单一、计算标准不统一、追偿权难以落实、缺乏全方位监管等问题。美国公平基金制度、印度投资者保护和教育基金制度、加拿大魁北克省金融服务赔偿基金制度的法律规制及立法实践，对我国证券市场先行赔付制度提供了有益启示。我国应构建多层次先行赔付制度体系，从细化先行赔付制度的各方主体、扩大先行赔付制度的基金来源、规范先行赔付制度的基金管理等方面增强先行赔付制度的可操作性，以及建立先行赔付监管制度来发挥先行赔付制度保护投资者的本质作用。

第六章为我国金融申诉专员制度构建研究。基于对金融申诉专员基本范畴的考察，及与其他纠纷解决制度的比较分析可知，我国实施该制度具有必要性与可行性。我国金融申诉专员机构进行试点探索，从政策层面、实践层面、试点成效以及实证分析可知，其存在尚未制定金融申诉专员相关立法，缺乏统一的金融申诉专员机构、金融申诉专员机构职能亟待加强、金融申诉专员机构监管不完善、金融申诉专员衔接机制不健全等问题。域外金融申诉专员制度为我国构建该制度提供借鉴经验与参考范本。我国金融申诉专员制度构建的总体设想为：制定金融申诉专员相关立法、构建统一的金融申诉专员机构、加强金融申诉专员机构职能建设、完善金融申诉专员机构的监管、健全金融申诉专员的衔接机制。以金融消费者倾斜性保护为核心理念，宜从构建路径、基本原则、人员配备、处理流程、资金来源、配套机制等方面构建金融申诉专员具体制度。

目 录

第一篇　运行篇

第二篇　监管篇

第三篇 救济篇

第一篇

运行篇

第一章 我国股权众筹
融资促进制度研究

一、 问题的提出

在我国乃至全球范围内，科技型小企业融资难、融资贵的问题都普遍存在。银行等传统金融机构在贷款方面的风险存在厌恶倾向，使其难以成为小型企业的主要融资渠道，而公开发行证券的高额成本，也让小型企业望洋兴叹。但近年来，股权众筹融资模式的出现，加之政策的支持与制度的出台，为该问题的解决提供了一条全新的思路。据相关数据显示，2013 年全球股权众筹融资总额已超过 2 亿美元，这一数额在 2014 年更是超过 10 亿美元。如何促进陕西科技型小企业股权众筹融资成为一个重大研究课题。2014 年 11 月 19 日，国务院总理李克强主持召开国务院常务会议，提出了十项措施，第六项提出"开展股权众筹融资试点"。2014 年 12 月 18 日，中国证券业协会公布《私募股权众筹融资管理办法（试行）（征求意见稿）》。2015 年 1 月 15 日，证券期货监管会议再次提及"开展股权众筹融资试点"，有关股权众筹融资的话题再次成为业内关注的焦点。2015 年 3 月 24 日，央行金融研究所关于股权众筹的一份调研报告显示，股权众筹应该定位于中国的新五板。2015 年 4 月 20 日，《证券法》修订草案提请全国人大常委会审议，互联网众筹被纳入草案，即通过证券经营机构或者国务院监督管理机构认可的其他机构，以互联网等众筹方式公开发行证券，发行人和投资者符合国务院证券监督管理机构规定的条件的，可以豁免注册或者核准。2015 年 6 月 16 日，国务院发布《大力推进大众创业万众创新若干政策措施的意见》（国发〔2015〕32 号）明确要丰富创业融资新模式，引导和鼓励众筹融资平台规范发展，开展公开、小额股权众筹融资试点，加强风险控制和规范管理。2015 年 7 月

18 日，中国人民银行等印发《关于促进互联网金融健康发展的指导意见》（银发〔2015〕221 号，以下简称《指导意见》），指出股权众筹融资主要是指通过互联网形式进行公开小额股权融资的活动，必须通过股权众筹融资中介机构平台进行，融资方应为小微企业，投资者应当"充分了解股权众筹融资活动风险，具备相应风险承受能力，进行小额投资"，该业务由证监会负责监管。在"大众创业、万众创新"的时代，互联网金融日新月异，国家对股权众筹的理念与制度尽管处在摸索阶段，但支持股权众筹的态度已确定无疑。而科技型小企业由于较高的增长力，无疑是股权众筹投资者的首选，因此与股权众筹具有天然的"姻缘"。

然而，股权众筹是新金融的一种模式，其与现行法律制度不相适应，存在信息不对称等问题，但其在优化决策与匹配效率等方面具有制度优势。而我国科技型小企业股权众筹在政策与制度方面供给不足。本文旨在通过对典型股权众筹平台运作模式及法律风险考察，克服唯"美"主义倾向，扩展股权众筹国别立法研究范围，科学地界定股权众筹的法律属性，论证并构建公开小额股权众筹豁免制度与合格投资者制度；明确股权众筹平台监管措施——实行许可制，明确平台义务与责任，对发行人与投资者加以合理限制；最后落脚于区域股权众筹融资制度，规范区域私募股权众筹行为，探索基于区域股权交易中心的股权众筹资产二级市场转让机制，发挥股权众筹融资作为多层次资本市场有机组成部分的作用，更好地服务于科技型创业企业。

二、股权众筹的一般考察

（一）股权众筹第一案

国内股权众筹第一案"飞度诉诺米多案"：北京飞度网络科技有限公司运营者"人人投"融资平台（原告），北京诺米多餐饮管理有限公司（被告）委托其通过"人人投"融资，投资者将与诺米多组成合伙企业，共同经营餐厅。该案主要涉及融资未经批准是否违法、合伙人总数超过合伙企业法规定、资金托管风险。从判决中可以看出，参与人员实名注册且经过平台审核，被法院认定为属于"特定对象"，这是本案最大的突破。基于此，向特定对象募集资金且人数未超过 200 人，所以不属于公开发行证券。法院回避了人数突破合伙企业法规定的问题。法院回避的理由之一，双方当事人融资协议中未约定融资交易的具体人数。法院回避的理由之二，认为发函解除协议时未将"人数"作为理由。法院回避的理由之三，双方合同在合伙企业成立之前即被解除。但该案最大的意义在于，股权众筹由于该案进入大众视野并引起高度关注。

（二）股权众筹的相关界定

股权众筹发展背景为"三期叠加"与"大众创业、万众创新"。"三期叠加"是指同时存在增长速度换挡期、结构调整阵痛期与前期刺激政策消化期。互联网、云技术、大数据为股权众筹提供便利、快捷、低成本服务，但与此同时，信息技术风险、系统风险与业务风险凭借互联网、云计算与大数据传播更快更广。股权众筹属于互联网金融一种新型业态，兼具互联网与金融双重属性。股权众筹首先属于金融之一种，因此"金融安全"要求企业具备技术安全防控能力；股权众筹也属于互联网之一种，因此互联网传播速度快且影响广泛、互联网技术风险等特点必然影响股权众筹中投资者的权益保护。股权众筹的金融属性（风险隐蔽性、突发性、广泛性、传染性）与互联网属性（互联网技术、互联网思维模式与互联网商业运作模式，即群体性、普遍性、跨境性、新生性）意味着，对此既要具备金融的思维，也要具有互联网思维。

股权众筹的特点与意义。股权众筹具有人数多而数额低等特点，有利于分散创新创业风险（运用大数据与云计算等手段，增强融资便捷性、透明性及交互性）；拓展融资渠道并提高直接融资比重（新五板）；通过与众创、众包等良性互动构建高效协同机制，客户、人力、营销、资金、技术、信息等资源汇集与配置；通过互联网技术、大数据与云计算等科技手段提升天使投资与风险投资的普惠性。在此意义上，股权众筹"筹"的是资金、资本、资源、人脉、市场、营销与管理，是真正的资源整合，可谓一项伟大的制度发明。"是否可以降低交易成本"是衡量一种金融模式是否有效的主要标准之一。传统金融具有"二八定律"，其搜寻成本和缔约成本比较高，亦即制度经济学上的交易成本较高。而互联网金融基于"长尾理论"，搜寻成本和缔约成本较低，亦即制度经济学上的交易成本较低。

因此，互联网金融是一种可有效降低交易成本的交易模式。股权众筹亦不例外，其降低交易成本的方式体现为：①信息借助股权众筹平台呈几何式扩散，短期内聚集大量"长尾"群体的资本数额以"聚沙成塔"；②依托平台经济的边际成本近乎为零；③以平台为媒介汇聚"长尾"投资者的公共知识和集体智慧，以弥补普通个体投资者经验与知识的欠缺。总之，股权众筹的社会化与平台化，降低了"小额"融资者与"长尾"投资者的交易成本，是一种有效的金融模式，应该获得大力支持与发展。

关于相关称谓的统一。从官方规范性法律文件来看，主要包括 2014 年中国证券业协会发布的《私募股权众筹融资管理办法（试行）（征求意见稿）》、2015 年 3 月发布的《证券法》（修订草案）、2015 年 7 月人民银行等十部委发布的《关于促进互联网金融健康发展的指导意见》、2015 年 8 月中国证监会发布的《关于对通过互联网开展股权融资活动的机构进行专项检查的通知》和证券业协会发布的《关于调整〈场外证券业务备案管理办法〉》、2015 年 9 月国务院发布的《关于加快构建大众创业万众创新支撑平台的指导意见》。这些官方文件对股权众筹属性的界定经历了从私募向公募的转变。2014 年中国证券业协会发布的《私募股权众筹融资管理办法（试行）（征求意见稿）》把股权众筹定位为私募之外，认为其只能针对合格投资者发行；其余规范性法律文件均把其定位为公募，认为具有大众、公开、小额的特性。因此，从官方来看，此阶段股权众筹属于公募，而之前讨论的私募股权众筹不再冠以"众筹"之名，而被称之为"互联网非公开股权融资"。从学者研究以及学理上看，一些学者（刘明，2015）把其定位为公募，认为其是一种面向公众的直接融资活动；一些学者（孙永祥，2014）把其定位为私募，认为其属于合格投资者通过网络平台进行股权投资的新型投资模式；还有一些学者（李文莉，2017）认为股权众筹分为私募股权众筹与公募股权众筹，不同的类别适用不同的制度。

关于股权众筹融资，学界、政府部门（监管部门）、社会组织均存在争议。大体而言，分为两种观点。一是公私募均可的观点。认为股权众筹作为直接融资模式，即可选择私募，也可选择公募。持此观点者有部分学者、国际证监会等。二是公募观点。部分国内学者认为，众筹之"大众、小额、公开"等特征，决定了股权众筹的"公募"属性。这种论断似乎有些武断。需要说明的是，国内关于股权众筹主要法律规范有 2015 年中国证监会发布的《关于对通过互联网开展股权融资活动的机构进行专项检查的通知》、2015 年人民银行等十部委发布的《关于促进互联网金融健康发展的指导意见》、2014 年中证协发布的《私募股权众筹融资管理办法（试行）（征求意见稿）》。前两个为生效的规范性法律文件，而第三个仅为征求意见稿。有学者认为以上三个规范分别代表了两种观点，前两个规范性文件表明我国目前股权众筹应指公募股权众筹，第三个规范性文件表明我国目前股权众筹为私募股权众筹。这种论断值得商榷。首先，从文义解释来看，前两个规范性文件均表述为"股权众筹融资'主要是指'公开小额股权融资"。其实，其并未排除私募融资的方式。据此可解释为，股权众筹融资是以"公募为主，私募为次"的融资模式。也就是说，这两个规范性文件也承认私募股权众筹的存在。其次，基于逻辑推演，《私募股权众筹融资管理办法（试行）（征求意见稿）》仅是针对私募股权众筹融资如何管理提出试行办法，并不能因此而得出"股权众筹在我国目前应为私募"的结论。事实上，对于公募股权众筹的管理是一个更为复杂的问题，还涉及《公司法》《证券法》修订问题，其远非管理办法所能解决。可见，从以上三个规范性文件来分析，我国目前股权众筹也分为公募股权众筹和私募股权众筹两类。

关于股权众筹平台，实践中有不同称谓，如"私募股权众筹平台""股权众筹融资平台""众筹融资平台""股权融资平台""股权众筹平台"等。股权众筹本身就是一种融资方式，所以"融资"二字尽可删除。而"众筹融资"是一个包括股权众筹与债权众筹在内的上位概念，因此，"众筹融资平台"也包括债券众筹融资平台，而非仅指股权众筹融资平台。基于上述分析，无论是从学理层面，还是实务层面，抑或是政府规范性文件层面，股权众筹均属于证券发行行为，包括公开发行与非公开发行两类。因此，股权众筹平台应分为公募股权众筹平台与私募股权众筹平台。亦因此，学界、实务界与规范性文件中宜统一表述为"股权众筹平台""公募股权众筹平台""私募股权众筹平台"。基于共同的概念与名称，有利于促进对股权众筹理论研究与实践发展。

本书针对互联网证券发行、互联网证券公开发行、互联网证券非公开发行、互联网证券发行服务平台、互联网证券公开发行服务平台、互联网证券非公开发行服务平台等概念，统一采用"股权众筹""公募股权众筹""私募股权众筹""股权众筹平台""公募股权众筹平台""私募股权众筹平台"等称谓。

（三）股权众筹与现行法律制度的不适应

股权众筹作为一种新型金融业态，必然产生新型法律关系与新型法律行为，现有证券法律制度与公司法律制度与之存在一定程度的不适应性。这种不适应性主要表现在两方面。一是股权众筹公开发行与证券法规定的公开发行制度不相适应，股权众筹公开发行难以满足证券法中所设定的证券公开发行的条件与标准。证券公开发行对设立时间、净利润、营业收入、公司治理、信息披露等方面的要求是初创企业和小微企业难以企及。如果以传统证券公开发行的标准来规制股权众筹中筹资行为（发行行为），则股权众筹这种金融创新必将寿终正寝。二是股权众筹平台在现行证券法及相关法律中定位模糊，如果被定位为证券经纪商则难以满足证券法中所设定的证券经纪商的条件与标准。证券经纪商须符合行业准入与机构准入，且满足持续监管之要求。持续盈利能力、净资产、从业人员、实缴资本、年度与月度报告、临时报告、审计、公开信息等一系列要求，均为大多数从网络信息技术公司转型而来的股权众筹平台难以承受之重。

（四）股权众筹中的信息不对称

由于网络的虚拟性导致信息不对称加剧。股权众筹属于信用商品，其必然包含委托管理权的授予。信息不对称的存在对委托管理权行使产生消极影响。相较之于传统金融，股权众筹中信息不对称现象更为严重。具体表现为，投融资信息传播空间更大，但投融资主体间距离更远；信息交换频率和密度更高，但虚假信息制造成本更低，而调查与鉴别的难度更大。股权众筹投资者的"门外汉"秉性、传统投资中实地调查与增信手段的缺失、初创企业计划与战略的"未来蓝图"属性，诸种情形均使自我交易、欺诈等行为有可乘之机，进而引发"柠檬市场"的逆向选择、缺乏制约的道德风险。以上风险不仅来自发行人，而且来自股权众筹平台。股权众筹项目能否成功决定了平台能否收益，因此本应保持中立的股权众筹平台为了逐利而放低审查的标准，甚至进行误导投资者的宣传行为。

（五）股权众筹的运营模式

基于互联网技术普及与运用，金融市场可被分为互联网金融与传统金融。传统金融具有封闭式、神秘化和精英化的特征，其信息不对称问题相对更严重，属于不完全竞争市场，因此普通投资者被排除在外；互联网金融具有开放共享、普惠民主、去中心化的特征，其信息不对称问题相对较小，近乎于完全竞争市场，因此保障了普通投资者的普惠金融权。基于此，传统金融被称之为"精英金融"，而互联网金融也被称之为"草根金融"。股权众筹属于互联网金融主要新型的业态之一。

作为"草根金融"，股权众筹具有互联网金融的"脱媒"特性。我国股权众筹普遍采取的模式就是"领投＋跟投"模式，这也可被称之为"信用增强制度"。领投人作为普通合伙人，跟投人作为有限合伙人，一起设立有限合伙企业，并以有限合伙企业的主体资格向项目公司投资。由于有限合伙企业只能由普通合伙人管理合伙企业事务，因此，名义上合伙企业整体作为项目公司的股东之一，但实际上有限合伙企业的普通合伙人即领投人方可作为股东代表，进入目标公司管理层。对其质疑在于，"领投＋跟投"模式推高了代理成本。"领投＋跟投"模式不利于保护跟投人的权益。这是因为，领投人作为目标公司管理层，可能存在两种情况：一是将其在职消费等个人成本外部化，即让全体跟投人承担；二是由于偏好不同，在利益分配时与跟投人产生利益冲突。与此同时，跟投人不是目标公司的股东，只是作为目标公司股东之一的合伙企业的有限合伙人，其只能通过合伙企业掌握项目公司的信息，加之股权众筹投资者借由互联网而彼此链接，合伙人内部彼此容易形成集体行动的困局，因此显而易见，跟投人对目标公司的监督存在困难。

然而，"领投＋跟投"模式，亦称之为联合投资模式，或联投模式，其之所以会盛行，首先，是由于其具有"集思广益"的功能，即领头人（专业机构）参与投资，凭借其专业调研与判断，有利于帮助跟投人降低对项目回报的错误评判。其次，领头人参与投资，以其专业优势，节约了众多跟投人投前搜索与传导验证信息的成本，以及投后管理的经济成本。尽管股权众筹平台某种程度上也承担了此种功能，但并不能代替领头人的功能，因此需要平台与领头人共同发挥此项功能，以彼此制衡与补充，共同实现保护跟投人权益的目标。

（六）股权众筹的制度优势

一是在信息透明度方面。①网络公开机制有助于降低投资者获取信息与筛选信息的成本，提高欺诈与违约的成本，增强投融资双方的信息公开与行为公正。②平台审核机制从成本收益角度出发，强制融资者披露企业财务状况、管理成员、项目情况等信息，以降低投资者搜集信息成本，对于平台苟以鉴证义务并赋予收取佣金的权利。平台基于维护其市场声誉考量，通常会形成严格审核的自我激励。③质量信号机制是指融资者通过文字、图片、视频等方式传出项目创新性与市场前景等方面的质量信号，以吸引投资者，可在一定程度上弥补小微企业财务数据和信用评级缺乏之不足。

二是在优化投资决策方面。①"领投＋跟投"机制凭借投资比例较高的领投人的经验与影响力，由其展开尽调和投后管理并分散风险，从而弥补信息不对称的缺陷，节约跟投人信息搜集成本、决策成本和监督成本，降低了普通投资者的投资风险，并促进资金融通与股权众筹发展。②信息反馈机制包括投资者之间以及投资者与融资者之间的反馈机制。投资者之间通过股权众筹平台展示和反馈彼此评价，影响和引导彼此决策行为，增加优质项目成功率并加速不良项目的淘汰。投融资者之间的反馈机制也有利于融资者改进项目质量。③多人决策机制是指以互联网平台为传递中介，发挥互联网的信息挖掘和共享功能，促使个人信息转化为公共信息，个人智慧凝聚成集体智慧，减少项目欺诈并促进融资匹配。

三是在匹配效率方面。分享宣传机制是指，平台本身可扩大信息受众范围，提高融资匹配效率；而投资者自身的"口碑效应"也是一种自我强化机制，有助于匹配效率的提升。阈值控制机制是指确定预期融资金额和期限，届期融资成功则拨款被融资者，融资失败则还款给投资者。该机制不仅有利于加速淘汰低质量项目，促进项目不断更新，也有利于规避投资者风险并降低投资者时间成本。

经济新常态下融资体系应体现开放、共享与创新的理念，以推进供给侧改革，激发企业家精神。其中，实体经济层面要推动"大众创业、万众创新"。股权众筹实现融资者与投资者直接对接，弥补资本市场结构性缺失；其通过投资者"选票"培育创新性项目，剔除潜在无效产能的项目，是供给侧改革在互联网金融领域的体现。

基于股权众筹理论的一般考察，我们接下来审视我国科技型小企业股权众筹政策与制度现状及其运作实践，考察域外股权众筹制度经验与启示，并提出陕西省科技型小企业股权众筹融资政策与制度的完善建议。

三、科技型小企业股权众筹政策与制度现状及其运作实践

科技型小企业是股权众筹投资者所青睐的发行人，实践中采用股权众筹方式融资且成功的多为科技型小企业。为了促进科技型小企业股权众筹融资，有必要梳理我国股权众筹政策与制度现状以及运作实践。

我国《证券法》第九条规定："公开发行证券，必须符合法律、行政法规规定的条件，并依法报经国务院证券监督管理机构或者国务院授权的部门注册。未经依法注册，任何单位和个人不得公开发行证券。证券发行注册制的具体范围、实施步骤，由国务院规定。有下列情形之一的，为公开发行：（一）向不特定对象发行证券；（二）向特定对象发行证券累计超过二百人，但依法实施员工持股计划的员工人数不计算在内；（三）法律、行政法规规定的其他发行行为。非公开发行证券，不得采用广告、公开劝诱和变相公开方式。"显然，股权众筹符合公开发行行为，但却没有经过"国务院证券监督管理机构或者国务院授权的部门

注册"。

2010 年 12 月，最高人民法院在出台的《关于审理非法集资刑事案件具体应用法律若干问题的解释》中第六条规定："未经国家有关主管部门批准，向社会不特定对象发行、以转让股权等方式变相发行股票或者公司、企业债券，或者向特定对象发行、变相发行股票或者公司、企业债券累计超过 200 人的，应当认定为擅自发行股票，公司、企业债券罪。"

2015 年 7 月 18 日，中国人民银行、工业和信息化部、公安部、财政部、国家工商总局、国务院法制办、中国银行业监督管理委员会、中国证券监督管理委员会、中国保险监督管理委员会、国家互联网信息办公室联合印发了《关于促进互联网金融健康发展的指导意见》（银发〔2015〕221 号，以下简称《指导意见》）。该意见指出，股权众筹融资主要是指通过互联网形式进行公开小额股权融资的活动；股权众筹融资必须通过股权众筹融资中介机构平台（互联网网站或其他类似的电子媒介）进行；股权众筹融资中介机构可以在符合法律法规规定前提下，对业务模式进行创新探索，发挥股权众筹融资作为多层次资本市场有机组成部分的作用，更好服务创新创业企业；股权众筹融资方为小微企业，应通过股权众筹融资中介机构向投资人如实披露企业的商业模式、经营管理、财务、资金使用等关键信息，不得误导或欺诈投资者。投资者应当充分了解股权众筹融资活动风险，具备相应风险承受能力，进行小额投资。股权众筹融资业务由证监会负责监管。

一些地方政府也发布了规范性法律文件。例如，2015 年 12 月 23 日，陕西省人民政府发布陕政发〔2015〕57 号《陕西省人民政府关于加快发展多层次资本市场服务实体经济转型升级的实施意见》，其中（八）应"稳妥开展股权众筹"：根据有关法律法规和中央指导意见，在融资主体的商业模式、经营管理、财务、资金使用等关键信息真实、充分、清晰披露，投资者充分了解股权众筹融资活动风险，并具备相应风险承受能力的前提下，积极与中国证监会沟通，探索发展基于互联网和大数据的股权众筹融资平台，开展公开小额股权众筹融资（陕西证监局、省金融办、省工商局等负责）。

2016 年 4 月 15 日，中国证券投资基金业协会发布了《私募投资基金募集行为管理办法》（以下简称《办法》）。《办法》规定基金合同应当约定给投资者设置不少于 24 小时的投资冷静期，募集机构在投资冷静期内不得主动联系投资者。冷静期满后，私募机构可安排非销售人员以录音电话、电邮、信函等留痕方式进行回访，回访过程不得出现诱导性陈述。如投资者有质疑，最终决定不购买该私募基金，将得到《办法》的保护。《办法》对私募基金的推介宣传也做了详细要求，列出九条禁止推介的媒介渠道，除了传统的公开出版资料、公众宣传、户外广告、电视电影、网站之外，还列入了"未设置特定对象确定程序的募集机构官方网站、微信朋友圈等互联网媒介""未设置特定对象确定程序的讲座、报告会、分析会""未设置特定对象确定程序的电话、短信和电子邮件等通讯媒介"等。这也意味着，通过微信朋友圈等互联网媒介推介私募基金将违规。《办法》还明确列出私募基金推介时的禁止行为，如禁止以任何方式承诺投资者资金不受损失，或以任何方式承诺投资者最低收益，包括宣传"预期收益""预测投资业绩"等相关内容；"业绩最佳""规模最大""欲购从速""申购良机"等字眼也在禁止之列。

虽然我国官方把股权众筹主要定位为证券公开发行行为，即公募股权众筹，但并不意味着之前所起草并发布的《私募股权众筹融资管理办法（试行）（征求意见稿）》并无可取之处。如笔者所言，从学理上看，股权众筹应分为公募股权众筹和私募股权众筹，只不过基于官方的法律文件，"股权众筹"一词专属于（专指）公募股权众筹，而学理上的私募股权众筹被改称之为"互联网非公开股权融资"。基于《私募股权众筹融资管理办法（试行）（征求意见稿）》：投资者必须为特定对象，即经平台核实符合条件的注册用户；累计不超过200人；平台只能向实名注册用户推荐，融资者与平台不得公开宣传或劝诱。按照该规定，假如平台实名注册用户有1万人，那么平台可以向此1万人推荐项目信息。这种私募融资的方式，与传统的私募融资方式相比，在融资效率与融资成本方面优势明显。《私募股权众筹融资管理办法（试行）（征求意见稿）》把平台定义为"通过互联网平台为股权众筹投融资双方提供信息发布、需求对接、协助资金划转等相关服务的中介机构"。"主要定位是服务中小微企业，众筹项目不限定投融资额度，风险自担，平台准入实行事后备案管理"。为了防止风险跨行业外溢，"私募股权众筹融资平台不得兼营P2P业务"。其规定股权众筹平台的条件：组织形式需为公司或合伙企业；净资产不低于500万元；专业人员需与私募股权众筹融资相适应；高级管理人员中至少有2人具有3年以上金融或信息技术从业经历。

国内股权众筹平台主要有两种运作模式。一种是把平台作为投融资双方提供项目及投资信息的中介机构。另一种是平台承担部分私募基金的功能，即平台设立子公司，作为私募基金。具体流程为，平台设立有限合伙企业，跟投人为有限合伙人，领头人为普通合伙人并将资金集中管理投资于众筹项目。其风险在于，作为普通合伙人的领头人可能与融资者合谋损害作为有限合伙人的跟投人的利益。

股权众筹融资运行的核心是股权众筹平台。目前富有生命力的发展模式是北京的"天使汇"、深圳的"大家投"以及京东东家。股权众筹的发展需要充分考虑股权众筹小额、分散、涉众的互联网特征，尊重股权众筹运行规律，在互联网公开劝诱解禁、平台监管和领投制度、投资者保护制度等方面进行完善。而我国股权众筹存在如下问题：立法供给不足、政府监管思路不明、行业规范模糊、投资者保护不足及退出渠道不畅等。

四、国外股权众筹融资政策与制度的比较考察及其启示

事实上，国外股权众筹成功案例中发行人大多数均是科技型小企业，因此考察国外股权众筹融资政策与制度，对于促进我国科技型小企业股权众筹融资而言具有一定的借鉴意义。

（一）美国股权众筹

美国知名的股权众筹平台有 Angellist、Wefunder 和 Crowdfunder 等，其中 Angellist 对各国股权众筹实践影响最大，原因在于推出的联合投资（Syndicate）模式，即"领投 + 跟投"模式。我国京东、大家投、天使汇等知名股权众筹平台即移植此模式。美国股权众筹规制法律主要包括 JOBS 法案、1933 年《证券法》、1934 年《证券交易法》和 SEC 对于 JOBS 法案的实施细则。其中，JOBS 法案对于 1933 年《证券法》和 1934 年《证券交易法》部分条款做了修订，明确股权众筹合法性的同时对其发行制度做了新的制度规定。为了促进资本形成与保护投资者之间的激励相容，其主要从三部分内容规制股权众筹：一是投资者层面，基于"草根金融"理念，投资者范围从"合格投资者"扩大到"合格投资者和非合格投资者"，降低门槛以扩大资金来源。基于兼顾安全与效率的考量，投资者按照年收入或净值分为两类，并分别设置投资金额上限，把损失风险控于可承受范围，以保护股权众筹投资者。二是众筹平台层面，平台须在 SEC 选择注册为传统的证券经纪人或门槛较低的集资门户，其中，传统经纪人的业务范围较广，而集资门户较窄，仅能从事基础交易和信息中介业务，禁止广告宣传和提供投资者建议；其共同点在于均要进行投资者教育，确保投资者理解潜在损失和企业可

能的风险，且均需向投资者进行适当的信息披露。三是融资者层面，基于过多信息披露对于投资者可能形成困扰，对于发行人可能增加过多成本，因此，对于发行人发行额度设置若干层级并分别设定适度的信息披露标准，发行额度高的可能额外提供独立会计师审查乃至于经过审计的财务报表；融资者一年之内总的融资额度也有上限，以某种程度上排除大中型企业对于该融资渠道的利用；融资者必须通过经纪人或集资门户进行融资，因为经纪人和集资门户承担着对投资者的教育责任和尽职调查的责任。

美国股权众筹监管法律规则体系主要由 1933 年的《证券法》、1934 年的《证券交易法》、2012 年的 JOBS 法案、2013 年的《众筹监管条例》和《融资门户监管规则》构成。其中，《众筹监管条例》由美国证监会制定的部门规章，而《集资门户监管规则》由美国金融业监管局制定的行业自律规则。美国金融业监管局是一个行业自律机构，其在《集资门户监管规则》中对应了集资门户会员申请的流程、标准和行为准则。美国股权众筹监管法律规则中对融资企业的监管主要包括首次发行的信息披露、持续信息披露与发行宣传限制。

关于美国首次发行的信息披露，主要包括以下五个方面，其中前三个方面是静态信息，后两个方面是动态信息。一是向谁报送信息。主要向美国证监会、平台和社会公众报送信息。二是报送信息的内容。主要有五类：发行人的基本信息，如组织形式、地址、高管和股东信息、商业计划等；股份发行信息，如计划募集资金总额、截止日期、发行价格、资金用途等；资本结构信息，如证券数量、投票权情况、大股东之可能影响、估值方法、转售限制等；财务信息，如财务报表；中介机构名称、报酬、风险影响因素、历史豁免信息等。三是多层次报送信息之特点。即按照证券发行金额的高低，确定财务报表披露内容的多寡。证券发行金额越高则财务报表披露越多，反之亦然。此举目的在于降低企业融资成本。四是节点金额信息的报送。应在募集金额分别达到 50% 和 100%，以及接受超募情况下不晚于发行结束后 5 日，分别向美国证监会、平台和投资者报送或披露信息。此举之目的，在于保障冷静期制度下投资者的"反悔权"。五是实质变更信息的报送。即公告信息发生"实质变更"的，应向证监会和平台、投资者报告和公告。判断"实质变更"的标准是"该变更是否足以改变投资者的投资决定"。基于此标准，财务状况、资金用途等变化均属于"实质变更"。

关于美国众筹发行人的持续信息披露。JOBS 法案与《众筹条例》中众筹企业信息披露制度与上市公司信息披露的相同之处在于，每年至少报送一次年报和财务报告；不同之处在于，融资企业在本企业网站上发布年报即可。基于同样的成本收益原则，融资企业的融资额度的高低与披露信息要求的高低成正比。基于同样的披露要求，年报和财报披露的具体事项与发行文件一致。但当融资企业终止经营活动、回购众筹股份或成功挂牌上市之时，其基于 JOBS 法案的持续信息披露义务终止。持续信息披露旨在确保投资者随时知悉融资过程中的异常情况、对项目重大影响的信息、融资额超过预期的情形、持续经营情形，以消除委托代理关系中的信息偏差。融资成功后，投资者变成了融资企业的股东。此时，融资者仍负有向监管机构以及投资者报告相关信息的义务。有学者认为，此时基于《公司法》股东享有对公司财务等信息的查阅权与知情权，因此无须设定融资者的法定义务。笔者不予认同。股权众筹投资者与一般公司的股东不同，其基于互联网而投资于融资者并成为其股东，但并不实际参与公司决策，甚至于并不实地接触公司。因此，对其仍应倾斜性保护，即对其融资者设定不同于传统公司的义务。持续披露的方式多样，可以是在网站上披露，也可以是发送电子邮箱等方式。持续信息披露终止情形包括：破产清算、股份赎回、企业上市（上市之后将按照更严格的信息披露制度进行披露）等。

关于美国众筹发行宣传的限制。主要包括以下三个方面内容：①宣传的方式，仅限于发布发行证券通知的形式；②宣传的地址，仅限于其选择提供众筹服务的平台；③宣传的内容，仅限于平台名称与地址、发行条款、融资企业主体身份等情况介绍。美国股权众筹监管法律规则中对中介机构的监管，主要包括经纪商和集资门户的注册义务、降低欺诈风险的义务、投资者教育的义务、避免利益冲突的义务、投资者适格的审查义务。关于美国股权众筹中经纪商和集资门户的注册义务。经纪商应在美国证监会和金融业监管局注册，其权利义务由美国《证券交易法》设定，业务范围较大，例如，可提供投资建议等。而集资门户无须在美国证监会注册，只需在金融业监管局注册并接受其自律监管，其成立及运行成本较低，相应地业务范围也极其狭窄，不能提供任何投资建议并不得劝诱购买，否则应基于《证券交易法》重新申请注册。具体而言，集资门户基于《众筹条例》承担以下义务：提供发行建议，但避免构成投资建议；提供搜索服务，但避免构成投资建议；为投融资双方提供沟通渠道；宣传项目，但不能收取相应报酬；调查项目以识别并拒绝欺诈发行人。

关于美国股权众筹平台降低欺诈风险的义务。美国《众筹条例》规定，中介平台有义务降低欺诈风险。融资企业应符合《证券法》和《众筹条例》规定的条件，也应准确记录股份持有人信息，而中介平台履行降低欺诈义务，就应对其进行审查。判断平台是否履行反欺诈义务的标准是，平台"是否有理由确信"

融资企业履行了上述义务，以及平台是否在认为融资企业及其股东存在欺诈时拒绝其于平台上融资。

关于美国股权众筹投资者教育的义务。中介机构应提供投资者教育资料，以通俗易懂的语言进行投资者教育，并向投资者披露证券发行过程、认购可能存在的风险、证券类别及其风险、转受限制、年报中法定披露信息、投资限额等方面的信息。

关于避免利益冲突的义务。基于美国《证券交易法》和《众筹条例》，禁止中介机构本身、中介机构的董事、经理、合伙人及其他承担同样职能之人，在融资企业中拥有金融利益，即出于避免利益冲突之考量，不能直接或间接持有融资企业的证券或收益权。对此规定，有正反两方面观点。支持者认为，禁止拥有金融利益，可避免在绑定利益的驱动下，不利于其他投资者和其他融资企业；反对者认为，允许平台在融资企业中拥有金融利益，由于两者利益一致，更有利于股权众筹项目成功。

关于投资者适格的审查义务。JOBS 法案规定，单个投资者一年内有投资限额。这既是单个投资者的义务，也是平台的审查义务。与中国类同，美国也没有股权众筹中央数据库，而平台的审核仅基于投资者与融资企业的陈述及平台数据，因此必然存在"一个投资者于多个平台投资而超过投资限额""一个融资者于多个平台融资而超过融资限额"的情形。

关于美国股权众筹平台的其他义务。基于《众筹条例》规定，平台应承担反洗钱、保护隐私、接受证监会及金融业监管局监督的义务。《众筹条例》规定了投资者冷静期制度（撤销权制度），以及一年内禁止转让规则，但也规定了转售例外情形：出售给证券发行人、合格投资者、本人名下信托、家庭成员或其名下信托。

（二）英国股权众筹

英国知名的股权众筹平台有 Crowdcube 和 Seedrs 等，其中，Crowdcube 更是全球首家股权众筹平台。英国金融行为监管局（FCA）基于 2014 年《对互联网众筹和基于其他方式发行的不易变现证券的监管规则》监管股权众筹。其主要内容如下：一是投资者层面，英国股权众筹对投资者及其投资额度严格限制——只针对特定类型的投资者，秉持分散风险与保护投资者理念，其股权众筹投资者包括专业客户和符合条件的零售客户。零售客户须符合下列条件之一：接受建议、有风险投资经历或企业融资经历、被认定为成熟投资者、自我认定为成熟投资者、不超过可投资净金融资产 10%。二是众筹平台层面，应确保投资者相关知识、经验与风险承受能力与金融产品相匹配，即负有确保投资者适当性的义务；尽职调查并提供缺乏二级市场、可能的重大资本损失等信息；平台资源加入行业协会并遵守资金存管、信息披露等自律规则。三是筹资者层面，仅允许开放公司众筹融资。

英国股权众筹规则效仿美国，但与美国不同之处主要体现在对于发行人的规制方面。美国通过立法确立了发行人的统一信息披露标准。英国没有通过立法确立统一信息披露标准，而是把信息披露审核权赋予平台，因此股权众筹平台成了审核项目的"看门人"，而平台审核行为主要依靠平台行业自律规则来激励与约束。由于自律规则的激励与约束，英国股权众筹平台主动尽职调查，并维护平台品牌形象，以吸引发行人和投资者。对于英国股权众筹制度的评价。英国公司有权选择"双层股权结构抑或单一股权结构"。而在股权众筹发行中，此决定权由发行人享有。英国股权众筹发行人有两种选择：一是不赋予投资者表决权；二是设置"表决权股东（投资者）"的门槛，达到标准的股东享有表决权，而未达到标准的股东不享有表决权。对于第一种情形，成熟投资者由于未来没有表决权而失去投资的兴趣。对于第二种情形而言，达到"表决权股东"门槛的投资者也通常是成熟投资者，赋予其表决权旨在吸引这一部分投资者的众筹投资。英国如何应对股权众筹投资者人数过多而导致的治理困境？如上所述，英国股权众筹平台行业自律框架发挥着重要作用，平台拥有较大自治权利。实践中，通常有至少两种模式来解决投资者人数过多的治理困境。一是平台鼓励发行人设立"投票资格股权"的门槛，从而控制投票权人数，Crowdcube 平台即是如此；二是发行人和股东委托平台管理公司（但股东保留表决权等权利），Startup - focused Seedrs 平台即是如此。

（三）意大利股权众筹

世界上第一部股权众筹立法为意大利 Decreto Crescita Bis。此外，CONSOB 制定具体实施规则《创新型初创企业通过网上众筹平台募集资金的监管规则》。以上两部法统称为意大利众筹制度。意大利严格限制融资公司种类，豁免发行仅限于创新型初创企业；发行人内部治理具有特殊要求：研发经费要求（不少于年度开支 15%）和雇员资格要求（1/3 以上拥有博士学位或正在攻读博士学位、拥有发明或设计专利或计算机软件专利）。有人断言，意大利模式已被证明失败。意大利知名的股权众筹平台有 StarsUp 和 Unicaseed 等。2015 年意大利股权众筹新

法案 *Law Decree n.* 3 规定，股权众筹不仅适用于新兴公司，也适用于计划开发和推出新产品的集资公司。意大利强制机构投资者参与以减少投资欺诈和投资失败。机构投资者均是专业投资者，但专业投资者可能是专业个人投资者，也可能是机构投资者。意大利《创新型初创企业通过网上众筹平台募集资金的监管规则》要求，至少5%发行的金融工具是由专业投资者、银行（金融机构投资者）或创新型初创企业孵化器所持有。意大利没有限制个人投资者额度，投资者有权撤回投资，但限制发行人筹资额度。意大利众筹实施规则规定了个人投资者撤回投资的特殊条款，即若专业投资者撤回投资或转卖预期收益，则个人投资者有权随时转卖股份。

意大利股权众筹规则招致了一些批评。一是其强调专业投资者（风险投资者和金融机构投资者）参与，旨在发挥专业投资者知识和经验以做出科学与专业决策，以最小化普通投资者（普通投资者无投资限额）的风险，但由于收益的有限性，专业投资者欠缺甄别初创企业的激励。美国众筹制度限定了投资者的投资额度，因此本质上是由国家立法机关确定了发行人所能承受的最大损失。意大利众筹制度没有对个人投资者设置投资上限，因此，本质上是由个人投资者决定其可能承担的最大损失。相比之下，个人投资者的非理性，专业投资者高企的投资失败率，没有投资上限的个人投资者可能遭受远超其承担能力的损失。二是对发行人条件的严格限制，符合发行条件者数量极少，因此股权众筹制度对于初创型企业发展的推动作用有限。

（四）韩国股权众筹

韩国2015年7月正式通过的《关于资本市场与金融投资业的法律》（以下简称《资本市场法》）中确立股权众筹法律制度。

（1）关于韩国互联网小额投资中介业者的界定。韩国《资本市场法》第9条第27款新增互联网小额投资中介业者（即我国所称之众筹平台）规定："本法所称互联网小额投资中介业者，是指无论以谁的名义，均以归属于他人的利益为目的，《资本市场法》总统令规定之人按照《资本市场总统令》规定的方法，对份额证券、债务证券、投资合同证券的公开发行或私募从事中介经营的投资中介业者。"从中可以看出：其一，其采取公募股权众筹与私募股权众筹分别规制的思路，与我国相同；其二，其采取"大证券"的立法模式，包括份额证券（即我国《证券法》与《公司法》规定的股票）、债务证券（即我国《证券法》和《公司法》规定的债券）和投资合同证券（即我国《证券法》修订中拟增加的投资性合同）。

（2）关于韩国互联网小额投资中介业者的准入。《资本市场法》第117条之第3、第4、第5、第6款中规定，拟成为互联网小额投资中介业者必须向金融委员会申请注册，未经注册不得从事互联网小额投资中介业务；对于互联网小额投资中介业者，未依法取得从事其他金融投资业资格条件的许可或注册时不得使用"金融投资"或与此意思相近的外国语文字，而非互联网小额投资中介业者不得使用"互联网小额投资中介"或与此相似用语；互联网小额投资中介业者的大股东发生变更的，必须在两周之内向金融委员会进行报告。

（3）关于韩国互联网小额发行豁免制度。韩国一般投资中介业者准入规制采取核准制，而互联网小额投资中介业者准入规制采取注册制；一般投资中介业者注册资本最低30亿韩元，而互联网小额投资中介业者注册资本最低为自有资本5亿韩元；互联网小额投资中介业者定位为中介商，因此禁止其对客户财产进行管理。此外，韩国公开发行包括一般证券公开发行、小额公开发行与互联网小额公开发行，三类发行的信息披露标准要求逐次降低，分别为27种资料、17种资料和极少数资料。可见，韩国《资本市场法》对互联网小额发行免除核准（一般证券发行需核准）并免除证券申报书等资料提交义务及部分信息披露义务。

（4）关于韩国股权众筹投资者保护制度。首先，其表现为对第一次投资者（首次投资者）、发行人及其大股东一年内的禁售期制度。该制度的设定在于更好地保护第二次投资者以及发行人及其大股东之外的其他小额投资者利益。毫无疑问，第一次投资者由于与平台协商沟通较多，其与发行人及其大股东对项目情况最为了解，如果不设定一年禁售期对第二次投资者与其他小额投资者构成不公平交易。其次，对股权众筹投资者的保护还表现为以对互联网小额投资中介业者（平台）设定义务的形式实现，其具体表现为互联网小额投资中介业者的禁止行为、实现充分确认义务与禁止任意要约三种制度。禁止行为体现在《资本市场法》第117条之第2款、第3款与第10款，是指中介业者坚守其中介性与中立性，禁止对其提供服务的证券从事归属于自身利益的行为，也不得对该证券的发行及其要约从事斡旋或代理行为；禁止对发行人信用产生影响而提供咨询服务；禁止对发行人经营活动提供咨询服务；禁止投资劝诱（有限范围内允许的广告除外）。事前充分确认义务是指接受投资者要约行为之前必须对发行人要约内容及相关风险进行确认。禁止任意要约是指禁止任意要约和差别化待遇。最后，其还体现为投融资限额治理制度，即对投资者进行类型化管理，"一般投资者"和"所得收入达到一定条件的投资者"每年向同一融资企业和不同融资企业的投资额均不能超过法定标准，且两类投资者的限额并不相同，但专业投资者则不受限额限制。

（5）关于韩国股权众筹资金托管制度，规定在《资本市场法》第117条之第8款。据该条该款规定，禁止互联网小额投资中介业者保管、预托投资者财产和收受投资者证券认购金；投资者资金应存入银行、证券金融公司等机构并独立于互联网小额投资中介业者的账户；禁止对存托的证券认购金进行抵押、扣押、担保或转让。

（6）关于韩国股权众筹中对广告行为的相关规制，由《资本市场法》第117条之第9款与第117条之第15款规定。据此条款规定，投资广告仅限于在互联网小额投资中介业者官方网站刊登；互联网搜索引擎服务商承担管理义务，包括引导、劝告平台及发行人的义务、删除信息的义务以及限制链接等义务。

（7）关于韩国股权众筹中平台的信息确认义务，由《资本市场法》第117条之第11、第13、第14款规定。基于此，互联网小额投资中介业者有义务确认发行人财务状况、事业计划与资金使用计划等事项；有义务管理发行限额与投资限额，制作、保管并存托投资者名册于中央记录登记机关和韩国预托结算院。

（8）关于韩国股权众筹发行人等相关主体的损害赔偿责任。基于《资本市场法》第117条之第12款，虚假不实披露责任主体有发行人及其法定代理人、相关董事、注册会计师、鉴定人、信用评估者；其采用过错责任原则，规定了主体免责条款；也规定了股权众筹投资者损害赔偿请求权消灭的除斥期间。

（五）法国股权众筹

法国知名股权众筹平台有 Anaxago、Sowefund 和 Wiseed，与其他国家不同之处在于，法国把股权众筹称之为"参与性融资"，并于2014年国民议会通过《参与性融资法令》。

法国《参与性融资法令》关于股权众筹的主要内容如下：①参与性投资顾问是专业从事特定投资建议活动的法人（亦即，法国股权众筹平台需为法人）。②其发行的股权仅为普通股。③股权众筹投资者为"为己利益投资的合格投资者或人数特定的普通投资者"。④发行活动必须由符合金融市场监管局（AMF）总体条例规定要求的网站进行。⑤其提供的服务包括投资建议服务、向企业就与资本结构、产业战略等相关问题提供建议以及与企业并购有关的建议、在 AMF 条例规定的条件下提供管理认购书的服务，以及在规定条件下专业为他人提供法律咨询或为他人起草法律文书。⑥在不从事支付服务的条件下，参与性投资顾问可以注册为参与性融资中介，同时从事债券众筹业务中平台业务。⑦注册义务，应于《保险法典》第 L. 512－1 条所规定的一个独立的"中介"登记簿进行注册，需每年重新注册，并缴纳不超过 250 欧元的注册费；经通知催收仍逾期欠费的，将从登记簿中除名。⑧其他准入和经营条件，主要包括需为在法国设立的法人；经营和管理参与性投资顾问的自然人应当符合总理令规定的年龄和信誉要求以及金融市场管理局总体条例所规定的专业能力条件；所有参与性投资顾问应当加入一个经金融市场管理局认证的专门协会，否则金融市场管理局将对其任职资格和能力审查并对其满足要求情况在系统中予以标示；应办理职业民事责任保险，以保障其未履行尽职义务时所导致的经济损失；除就其所从事活动收取相应报酬之外，不得收受其客户的任何金融证券；受第 L. 500－1 条剥夺行为能力的规定约束。⑨参与性投资顾问的行为准则：秉持忠实公正原则，实现客户利益最大化；在许可范围内谨慎、仔细经营业务；具备并利用必需的资源和流程；控制利益冲突；警示潜在风险；调查投资知识、经验、目的、财务等情况以确保投资者适格；以合适方式披露其向证券发行人提供服务的性质、费用以及双方关系及其法律性质。⑩监管发行人的义务：监管发行合规性，确保其不触发第 L. 412－1 条第 I 款规定的信息公开义务，并确保发行通过其网站进行。⑪法国《货币与金融法典》第 L. 411－2 条第 I 款后加入 Ibis 款，规定不构成法国《货币与金融法典》第 L. 411－1 条公开发行 20 的三个条件：一是属于第 L211－1 条第 II 款 1 或 2 所规定的、不得在规范市场或多边交易设施（MTF）上交易的证券；二是通过一个投资服务提供者，或参与性投资顾问通过一个满足金融市场管理局总体条例要求的网站；三是总金额不超过法令规定的上限。发行总额以 12 个月为期计算，具体规定按照金融市场管理局总体条例所规定的条件。

经过考察可知，法国《参与性融资法令》关于股权众筹的规定，主要从规范参与性融资顾问（平台）的角度而设定内容，对股权众筹投资者并未特殊规定。因此，对于股权众筹投资者仍应遵照法国《货币与金融法典》对于普通证券投资者的规定，按照后者条件准入。

（六）各国股权众筹的比较与分析

关于股权众筹的立法模式，实践中以是否专门立法为标准分为两种，一是专门立法模式，以美国、意大利、法国为代表，制定专门的监管规则。这些专门立法包括美国 JOBS 法案、意大利《第 221/2012 号成长法案》（*Decreto Crescita Bis*）（欧盟最早制定股权众筹法案的国家）、法国《众筹法案》（*Ordinace no*. 2014 －

559）（欧盟众筹法案的集大成者）。二是调整既有法制的模式，以英国为代表，英国金融行为监管局（FCA）修改已有法律规范，发布了《众筹与促进非随时可变现证券2014》文件，基于此，股权众筹平台服务类别与原有的金融注册类别相匹配，并对其原有法制加以调整适用。学者认为，专门立法模式的运行效果优于调整既有法制模式的运行效果，而采取后者立法模式的国家，也存在针对股权众筹平台专门的立法的转变可能性。事实上，单独立法监管的模式具有以下优势：股权众筹涉及众多法律关系因此修法成本高且立法时间漫长；或正在修订，或正在缺失的法律现状下，修订法律或调整法律可能挂一漏万；从规制法的角度来看，专门立法监管更有利于降低金融成本并促进股权众筹行业发展。

其规定了对证券公开发行的豁免，分为如下两类：①小额发行豁免，12个月内所发行证券总额不超过AMF规定的一定上限；②私募豁免，仅面向任意数量的"合格投资者"（investisseurs qualifies，即满足一定条件的投资机构或个人）、理财服务提供者（个人），以及不超过一定人数的非合格投资者。新增的"Ibis条"构成"I. 小额发行豁免"下的一种新形式。

基于其规定，构成证券公开发行的形式有两种：①无论通过何种途径或形式，向他人介绍待发行证券及其发行条件的足够信息，以促使投资者做出购买或认购该金融证券的决定；②通过金融中介进行金融证券的认购。

各国豁免强制信息披露义务的条件基本上均涉及发行额、投资者等方面内容。美国JOBS法案规定，发行人出售给所有投资人的总额不超过100万美元（包括交易发生前12个月内依照本豁免规定累计出售的总额）的，则没有强制的信息披露义务。英国金融规则中（英国无信息披露新规则），每年500万欧元之内的项目融资方发行可豁免信息披露义务。法国众筹法案规定，以下情况之一可豁免信息披露义务：12个月内发行总额不超过100万欧元；仅面向合格投资者；面向一定数量的合格投资人和不超过一定数量的公众；此外，获取豁免的发行人发行证券的股权众筹平台只能发行普通股或固定利率债券。意大利221/2012法案规定，创新型初创企业在12个月内募集资金不超过500万欧元，基于欧盟《招股说明书指令》可减免其信息披露义务。

尽管以上国家的股权众筹发行人在符合发行额与投资者身份等条件下豁免其强制信息披露义务，但一些基本信息则必须披露，而各国对于必须披露的基本信息的规定基本相同，主要包括以下方面：公司名称、持股20%以上的股东名称、经营内容、项目计划、显著风险、转让条件、法律状态、住所和网站地址、商业计划、融资金额及期限等。除基本信息必须披露外，个别国家甚至规定了信息披露时效。例如，意大利 221/2012 法案规定，项目信息在认购结束之后 12 个月内仍可通过平台获得、认购结束 5 年内平台仍应基于投资者申请而提供相关信息。我们认为，从投资者保护的视角看，虽然很多国家并无此明文规定，但基于信息偏在以及互联网投资者的弱势特性，平台应该承担此义务。

美国股权众筹立法理念就是"效率优先，兼顾安全"。尽管该理念在立法之初、乃至于立法之后招致很多批评，JOBS 法案依然获得两院通过。与美国相似，英国、意大利等国家相继通过股权众筹立法，无一不是遵循效率优先、兼顾安全的立法理念。反观我国，却存在"重金融安全，轻金融效率"的立法理念，这从我国股权众筹法律法规的以下规定可见端倪：投资者准入条件过高、公开发行诸多限制、"特定对象"认定标准模糊。互联网金融简单化、去中心化、传播广和成本低的优势被现行法律规定所严格禁锢。股权众筹领域更是如此。因此，亟须纠正股权众筹制度的立法理念并基于此构建与完善相关制度。

五、我国股权众筹融资促进制度的完善

股权众筹融资促进需要完善的政策与制度供给。需要公募与私募并举，充分发挥领投人制度的作用，构建股权众筹平台的信息共享机制，完善平台的准入与运行监管，构建股权众筹小额公开发行制度，建立股权众筹行业自律监管，完善股权众筹投资者适当性制度，并构建基于区域股权交易中心的股权众筹投资者退出机制。

（一）公募股权众筹与私募股权众筹并举

政策应该"堵"与"疏"相结合。在官方主要定位为公募之后，给之前众多以"股权众筹"名义经营的平台以转型的机会。因此，建议进一步规范并发展私募股权众筹制度，减少政府监管的同时严把投资者关口。其意义在于：①丰富多层次资本市场。改变传统私募的"小圈子"游戏，丰富投融资生态体系，增加私募股权众筹制度，以互联网为其工具，其精确性、可用性与便利性可实质突破传统私募的对象范围，因此，亦可称之为"大私募"或"互联网私募"。②培育陕西省专业风险投资群体，促进对于小微企业与初创企业的风险投资。

（二）发挥股权众筹领投人制度作用

互联网金融立法、司法与执法面临的客观上的不完备因素，导致投融资双方的信任关系缺乏外部约束与保障。互联网金融法治水平的提升亦有待时日。在此背景下，领投人作为交易中间人应运而生，其发挥搭建投融资双方信任的"桥梁"作用。基于领投人的专业尽调、文本拟定，领头人与融资方的"合伙"背书关系，以及跟投人与领头人的合伙关系，增强投融资双方的信任。

之所以采用领投人制度，其背后机理在于：①跟投人缺乏风险投资的专业知识，易造成信息不对称与逆向选择问题；②融资项目与创业者多处于初创阶段，并无多少历史业绩或其他可资证明其能力的信息；③融资方信息有限且收集与分析成本对于分散的跟投人而言成本不经济；④领投人是职业投资人，其对于风险投资具有比较丰富的专业知识、能力与历史业绩，比跟投人更有能力对项目尽调与分析并做出投资判断；⑤跟投人对于领投人的既往业绩及其专业团队能力的判断，比对于股权众筹项目信息及其前景判断更容易也更经济；⑥在领投人对于项目的判断与投资之后，跟投人基于对领投人的信任，而对于融资项目产生投资信任并投资于该项目；⑦如果项目投资失败，"领投＋跟投"模式下，领投人作为普通合伙人，对合伙企业债务承担无限连带责任；⑧领投人的收入标准是其责任能力的担保，因此，对于领投人应该有一定收入的要求。

具体措施如下：领投人的出资形式：以货币注资抑或以劳务换股权？领投人也是项目公司的投资者，其通常以货币注资方式获得项目公司股权，但实践中不排除领投人凭借其专业能力与影响力而获得项目公司赠与股权的情形。对于领投人而言，获赠股权而不用实际出资，其投资风险小得多，却依然获得几乎同等的剩余财产分配权，显然乐见其成。对于融资方而言，其以赠与股权方式激励领投人参与项目融资，并利用其信用中介功能促成资本形成。对于跟投人而言，由于领投人获赠股权且风险极大减少，领投人的勤勉保证作用大打折扣，而跟投人的风险相应增大。总体而言，鉴于股权众筹的"小额""大众""草根金融"特性，整个股权众筹行业发展的关键取决于"跟投人"而非"领投人"权益的保障。如果跟投人投资意愿受阻，则股权众筹发展受阻。因此，跟投人的权益保护应该是股权众筹制度设计的出发点与落脚点。我们应从对"跟投人"倾斜性保护的角度，禁止领投人仅以个人劳务获赠股权，规定领投人必须以货币形式注资于项目公司。如此，领投人将与跟投人获得基本一致的剩余索取权，以及基本一致的利益格局，其不仅关注融资方需求，更关注跟投人利益，投资集体利益趋于一致，保障了领投人的勤勉敬业，降低了领投人的代理成本。

股权众筹中领投人的准入：专业知识、能力与收入标准。一是领投人是否必须具备专业知识。我们认为答案是肯定的。领投人具有专业知识，有助于解决信息不对称问题和逆向选择问题，将弥补跟投人专业知识之不足，建立后者的信任并基于信任决定对项目跟投。二是领投人是否必须具有专业能力。毫无疑问，答案也是肯定的。领投人的专业能力是跟投人对其信任的基础。判断领投人专业能力的标准因素，可包括总体实力、既往投融资业绩、专业投资团队、投资决策流程等。三是领投人是否必须满足一定的收入标准。一般而言，由于领投人是合伙企业的普通合伙人，对合伙企业债务承担无限连带责任，以此约束其投前尽调及投后管理行为。但如果领投人经济能力过低，则该普通合伙人制度设计目的就极可能落空，跟投人的投资意愿受阻进而影响初创企业资本形成。基于以上因素考量，领投人应该具有一定的专业知识、专业能力并满足一定的收入标准。

股权众筹中领投人是由机构投资者抑或由自然人投资者担任？对此问题分析之前，我们首先需明确三个问题。一是机构投资者的造假成本高于自然人投资者。这是因为机构投资者的主体资格凭证主要包括税务登记、组织机构代码等，而自然人投资者的主体资格凭证主要是身份证、学历证明、工作经历等；前者较难编造，后者更易杜撰。二是机构投资者造假被发现的概率高于自然人投资者。基于《居民身份证法》，自然人身份信息需由特定主体基于特定事由方可查询；自然人学历与工作经历的"刻意包装"更是难以被普通投资者查询、理解与验证。但基于《企业信息公示暂行条例》，任何人均可经由国家工商总局搭建的全国企业信用信息公示系统中，获取机构投资者的诸如注册资本、投资人、地址、主营业务、既往业绩等方面的企业信息，且其具有极强的公信力。三是机构投资者的欺诈、违约成本高于自然人投资者。基于我国个人征信系统的缺失现状，自然人投资者欺诈、违约或失信行为，很难在整个社会层面被识别，不会实质影响其整体社会评价与未来交易行为。但基于《企业信息公示暂行条例》，以及相关查询网络的可及性，任何人均可方便、快捷地获取机构投资者工商、税务、业务等方面的信息，其欺诈、违约或失信行为的信息无处可遁，将实质影响其整体社会评价与未来交易。可见，机构投资者造假成本、造假被发现概率以及欺诈与失信成本均高于自然人投资者，其将更加注意股权众筹投资交易的长期性和延续性。因此，陕西省应鼓励股权众筹领投人由机构投资者担任，以利用其"信用背书"功能提高股权众筹投资的安全与效率。

（三） 构建股权众筹平台信息共享机制

股权众筹中存在信息孤岛。信息仅限于该单个平台，平台与平台之间没有信息共享机制，因此无法知晓一个发行人在多个平台融资以及一个投资者在多个平台投资的情形，融资者与投资者的"双重资金上限"制度无法落实。此外，股权众筹中存在股份锁定，即在一定期间内股份禁止流转。为此，建议相关监管机构设立一个联通所有平台的中央枢纽——省域股权众筹数据库，所有平台、融资者、投资者与项目信息均同步联通于该数据库并于该数据库备案。其职能如下：①统一信息备案并实现信息共享，并承担违约责任的征信系统的功能，从而在全省范围内对违约者和违法者形成一种最强大的威慑力。②该数据库也可以是一个二级转让平台，其与全国各区域股权交易中心相联通，锁定期结束后股份可在此平台或区域股权交易中心转让，为确保符合投资者适当性原则，受让者应与转让者具有同样的投资者身份限制。③平台终止或破产时，可由该系统或区域股权交易中心提供托管及相关服务。

（四） 完善股权众筹平台准入及监管

股权众筹监管目标有二：一是使被传统融资渠道所排斥的小微企业和初创企业通过互联网以合理成本快速获得融资；二是使"获许投资者"之外的普通投资者获得之前被排除在外的风险项目投资机会。只有初创企业获得融资，普通投资者在投资风险项目时权益获得保障且风险可控，股权众筹才会获得促进与发展，互联网金融也才会得以发展。股权众筹监管包含普惠金融应有之意。这种普惠不仅是对小微企业和初创企业而言，也是对普通投资者的普惠。股权众筹这种互联网金融创新，是对传统金融业态中金融排斥的一种突破，是通过互联网金融创新赋予小微企业、初创企业和普通投资者获得证券发行融资与风险项目投资的金融权，也有学者称这种金融权为金融民主化。

对于股权众筹平台的性质定位，实践中有两种做法，一是沿袭传统的证券中介机构性质，并受传统证券法规制；二是传统证券机构之外，新设专门机构供市场主体自主选择。如果由传统证券机构作为平台，则受传统证券监管规则规制，如果选择新设专门机构作为平台，则适用新设的规制规则。对于股权众筹平台的准入，应采取审批准入，实行牌照制。审核标准因素应包括经济实力与风控制度。与此同时，应重视对股权众筹平台的持续监管，监管重点放在客观中立性、信息透明度之上。既重视事前的尽职调查与信息审核，也重视事后的监管报备责任。

此处，拟重点强调的是，股权众筹平台应设定高门槛。尽管我国现行法律对股权众筹未作明确规定，其平台法律性质模糊，但实践中其从事协助证券发行的业务，而基于《证券法》《公司法》《证券公司监督管理条例》的规定，从事证券业务的机构应获得证券监督管理机构批准，但实践中并无平台申请批准。这种违法状态致平台于极大法律风险之中，严重阻碍其行业发展。法律该如何回应？可借鉴美国 JOBS 法案规定，如果平台只是提供投融资信息，则豁免其向证券监督管理机构申请批准的义务；如果平台同时提供投资建议，则应向证券监督管理机构申请批准以获得金融牌照。必须明确的是，豁免平台向证券监督管理机构申请金融牌照的义务，并不意味着股权众筹平台不受证券监督管理机构的监管，事实上其仍应受较强的监管。接受监管部门的监管是保护投资者的重要手段之一。而监管的手段，包括信息审查、检查、处罚等一系列手段。

强化股权众筹平台的产品说明和风险揭示的积极义务。由于股权众筹旨在促进小微企业和初创企业资本形成，因此降低了其信息披露成本和监管要求。但与此同时，股权众筹投资者保护不能放松，因此，平台作为中介机构应强化其说明义务和风险揭示义务。具体而言，提供相关资料，以通俗易懂的方式，说明股权众筹基本规则，以及发行人失败风险、股权流动性不足及转售限制风险。为了激励平台履行上述义务，监管部门应把平台义务履行情况作为对其评价的考量因素。

完善信用制度和信用体系，建立股权众筹投资数据库，以强化监管的有效性。信用制度与信用体系可使投资者虚假凭证无处遁形。而中央数据库是不同股权众筹平台数据的汇集，可使平台发现投资于不同平台的同一投资者的相关信息。此两项金融基础设施的建设，为平台收集信息、确认投资者资质并予以分类奠定基础。如果上述金融基础设施缺失，则仅凭投资者净资产和年收入凭证，是无法准确判定投资者资质的，因为投资者可投资于不同股权众筹平台而监管部门与平台却无从查证。

强化股权众筹平台向监管者报送信息和数据的义务。监管部门基于平台所报送的信息和数据对其实施有效监管。以中央数据库为例，只要每个平台如实记录投资人设立账户并投资的信息和数据，并完整、及时、准确地上报数据库，监管部门可科学统计投资人的投资次数和投资额，分析并评价其投资收益与损失情况，科学统计发行人的发行次数和发行额，分析并评价其背景材料、融资计划和财务状况以及后续披露信息等，并把这些信息和数据向各个股权众筹平台开放，供其有效履行信息审核义务。如果众筹平台基于数据库已经履行其审核义务，但投资者故意提供虚假信息或刻意隐瞒投资限额，则平台豁免其适当性义务。

（五）构建股权众筹小额公开发行制度

股权众筹公开发行制度应主要服务于小微企业和初创企业。由于其难以符合IPO标准，且融资额度相对较小，所以具有"小额"融资的特点；应主要针对普通投资者，由于普通投资者不符合私募投资的标准，加之，合格投资者对小微企业和初创企业不感兴趣，而普通投资者具有参与小微企业和初创企业的动机，这也是对普通投资者普惠金融权的保障。综上可知，股权众筹公开发行制度具有"小额""大众""公开"三个特点。因此，我们倾向于称其为"股权众筹小额公开发行制度"。当然，中央数据库还有一个功能，即有助于确定投资者的纳税额，但此并非本文研究对象，不再赘述。

股权众筹小额公开发行制度具有以下特点：一是放松信息披露要求。之所以应放松信息披露要求，是因为小微企业和初创企业难以承担高标准信息披露带来的成本，而最为关键的是，小额融资可能带来的公共性损害有限，而且，尽管降低披露标准可能提高欺诈风险，但对于单个普通投资者而言，可以通过加强投资者适当性监管把其风险降至最低以弥补降低信息披露标准之不足，保护普通投资者的权益。二是加强投资者适当性监管。

传统小额公开发行制度与股权众筹小额公开发行制度既有区别也有联系。主要区别在于：前者由于没有互联网介入，涉及的普通投资者人数较少，因此可能的公共性损害极其有限；后者以互联网平台为中介，涉及的普通投资者人数众多，因此可能的公共性损害比前者要大。可见，互联网股权众筹小额公开发行制度比普通小额公开发行制度的公共性损害较大、普通投资者人数众多、风险传导逻辑因是否有互联网平台的介入而有所不同，因此其制度内容应相应地有所不同。在传统证券法中，风险投资是高净值人群或风险承受能力强的合格投资者的专利，基于保护普通投资者的考量把其排除在投资者范围之外。在互联网金融冲击和普惠金融理念下，普通投资者的普惠金融权被人们日益重视，这引起人们对于风险能力的再认识。股权众筹小额公开发行制度突出以下四点不同：扩大了证券发行豁免的范围；创设新型机构（如"集资门户"）作为股权众筹平台；从"统一信息披露制度"转向"层级信息披露制度"；监管重心从"信息披露"转向"投资者适当性"。

（六）建立股权众筹行业自律监管

关于股权众筹的行业自律监管，英国《众筹监管规则》鼓励成立众筹行业协会展开自律监管；日本《金融商品交易法》鼓励成立电子募集业协会或加入证券业协会，并规定了高管的从业资格。而我国《私募股权众筹融资管理办法（试行）（征求意见稿）》中规定依托于证券业协会的自律监管，而非成立股权众筹业协会并由其自律监管。因此，我国《私募股权众筹融资管理办法（试行）（征求意见稿）》规定的自律监管主体并非真正意义上的由身处市场风险集聚中心的股权众筹主体组成的行业协会。因此，并非真正意义上的自律监管。建议设立股权众筹业行业协会，由其制定自律规则，规范股权众筹市场主体及其行为。

（七）完善股权众筹投资者适当性制度

投资者适当性制度，也称为投资者适格制度，是指"金融机构所提供的产品和服务与投资者的财务状况、投资目标、风险承受能力、投资需求及知识和经验等匹配的制度"。投资者适当性制度的功能在于融资促进与投资者保护之间的平衡。而"融资促进"与"投资者保护"是证券法的两个重要价值。因此，该制度从"美国券商职业道德规范"逐渐转变为一项重要的"金融消费者保护制度"。其不仅适用于专业投资者，而且适用于非专业投资者。由于法理基础与功能需求，国外主要资本市场立法均有所体现，中国也不应例外。投资者适当性制度的义务主体是金融机构和从业人员，其义务内容主要包括投资者分类、适当性测试、投资者教育等。投资者适当性制度的使用条件为，投资者处于信息、知识、经验等方面的劣势，没有能力适当评估金融产品与服务的风险和收益，因此无法独立作出投资决策。

投资者适当性制度的核心功能是投资者保护，外延功能是降低交易风险与提高交易效率。对于股权众筹而言，互联网金融有一些固有缺陷——投融资双方欠缺实质接触以及传统机构调查与增信，投资者投资额度小、经验有限、区域分散、尽调能力弱与专业不足，因此投资者的弱势地位明显。在此背景下，融资者的"小微"与"初创"特征，加之基于成本收益原则而对融资者信息披露义务的限缩，致使投资者相较之于融资者与平台的弱势地位更加凸显。基于金融消费者倾斜性保护原则，赋予投资者更多的权利，让平台承担更高标准的"适当性"义务。越是成熟的资本市场，其适当性制度适用的范围越狭窄；相反越是不成熟的资本市场，其适当性制度适用的范围越宽泛。

我国资本市场相比欧盟成熟资本市场而言比较滞后，因此我国投资者适当性制度适用的范围应比较宽泛。我国行政法规、部门规范性文件、行业规定中均有投资者适当性的规定。例如，行政法规层面，2014 年国务院《证券公司监督管理条例》涉及资产管理、融资融券、销售证券类金融产品业务中的投资者适当性规定。在部门规范性文件层面，2010 年中国证券监督管理委员会《关于加强证券经纪业务管理的规定》第二条规定，基于财务与收入、专业知识、风险偏好、年龄等情况对客户初次评估及至少每两年一次的后续评估情况，确立"客户适当性管理制度"；2016 年 8 月银监会等部委《网络借贷信息中介机构业务活动管理暂行办法》第十四条、第二十六条对出借人设定明确资格标准，并要求中介根据出借限额和标的对其分级管理。在行业规定层面，2009 年深圳交易所发布的《深圳证券交易所创业板市场投资者适当性管理实施办法》、2012 年中国证券业协会发布的《证券公司投资者适当性制度指引》与 2013 年上海交易所发布的《上海证券交易所投资者适当性管理暂行办法》等行业规定中均对投资者适当性管理规则有所规定。

然而，我国股权众筹合格投资者制度，相较之于英美国家，尚处于初级阶段。对合格机构投资者，英国和美国均分为"金融类企业"的合格机构投资者和"非金融类企业"的合格机构投资者。美国所有的金融类企业均属于合格机构投资者，资产 500 万美元以上的非金融类企业为合格机构投资者；英国与美国一样，所有的金融类企业均属于合格机构投资者，但其对非金融类企业成为合格投资者的门槛规定的更细致；而我国合格机构投资者没有区分金融类企业和非金融类企业。对于合格个人投资者而言，英国和美国分为作为"成熟投资者"的合格个人投资者和作为"非成熟投资者"的合格个人投资者，且英国和美国成熟投资者均可投资，但英国和美国对于非成熟投资者要成为合格个人投资者均从净资产、年收入等方面设定了条件；而我国对合格个人投资者并未作"成熟与否"的划分，仅在《私募股权众筹融资管理办法（试行）（征求意见稿）》中从金融资产与年收入方面做了规定。这充分说明，我国股权众筹合格投资者制度尚处于初级阶段，应借鉴英美等国制度经验，作类型化和细致化的划分。

我国应如何对投资者进行科学合理分类？一是进行风险认知和承受能力测试；二是进行年收入与净资产的审查；三是对是否被授权机构认证（如高净值投资者认证）的审查。而如何对投资者进行分类规制？一是销售方法的限制。向非专业投资者提供辅助性服务，向专业投资者可进行公开劝诱。二是信息披露内容与披露方法的不同。三是平台资质的不同。向投资者提供投资建议，则平台需获得投资咨询机构的授权；向投资者提供辅助性服务，则平台不需要获得投资咨询机构的授权。四是设定冷静期制度的异同。对专业投资者没有冷静期制度，而对非专业投资者设有冷静期制度。

此外，应对于投资者设定最低出资额与最高出资额的限制。一是应设定最低出资额的限制。由于私募股权众筹融资对于投资者人数有限制，如果没有设定单笔最低出资额，很可能导致其在人数上限之内难以融到足够资本。但设定出资限额之后，可能把很多投资者在客观上排除在外，这种"金融排斥"不利于鼓励投资和金融自由化，也不利于普惠金融的发展。如何解决这一问题，思路是允许形成双重委托代理关系、采用有限合伙形式投资于目标公司（初创企业），这样尽管存在双重代理及其风险，但却规避了私募对于投资者人数的限制。二是应设定最高出资额的限制。即实施差异化的投资者规范制度。基于投资者金融类资产、投资经验、年收入、家庭净资产的差异，把投资者划分为风险识别和承担能力较强的投资者（合格投资者——自然人）、风险识别和承担能力次强的投资者（类合格投资者）、风险识别和承担能力较弱的投资者（普通投资者），并对其分别设置投资额度上限。

（八）完善股权众筹投资者退出机制

设定特殊退出制度：股权众筹投资者冷静期制度。投资者冷静期制度起源于英国普通法，是指基于买方在信息方面处于劣势，赋予其一定期间内无条件撤销合同的权利的制度。冷静期制度也叫撤销权制度，本质是赋予消费者以反悔与补救的机会。股权众筹中的投资者冷静制度是指投资者在筹资期限届满之日起一定期间内可以无条件撤销投资的制度。挖掘冷静期制度的起源、法理、历史、范围、标准以及实施中应注意的问题可知，投资者保护"冷静期"制度的目的在于通过规定一段"冷静期"，让投资经验不足、容易从众、过分投机的非理性投资者，改变自己非理性投资行为，从而保护投资者权益，防范"羊群效应"。该制度所蕴含的理念与消费者权益保护法的"冷静期"制度基本相同。消费者权益保护法蕴含的是对消费者的倾斜性保护理念，对应的是消费者7日无条件反悔权。股权众筹中投资者"冷静期"制度，也体现着对互联网金融中普通投资者的倾斜性保护，对应着股权众筹投资者的反悔权。

设定一般退出制度。股权众筹投资人不管是以合伙人的身份抑或是以股东的身份投资于小微企业或初创企业，其从企业退出之行为均受《合伙企业法》或《公司法》关于有限合伙人退出或有限责任公司小股东退出的法律约束以及市场交易的约束，包括其他合伙人同意（由合伙企业极强的人合性所决定）、其他股东过半数同意（有限责任公司的闭锁性所决定）、章程所设定条件的限制、能否找到股权受让方等。这显然不同于企业IPO之后A股市场"股东用脚投票"之自由。但是，如何发现并选择股权的受让人、如何确定股权市场价格也是一个问题。目前股权众筹市场缺乏一个股权交易市场来实现股权的流动性。二级市场有助于维持公司资本的稳定性，维系信息与股权价格的联动性，在流动性市场中使股权价格接近其公平价值，亦即，二级市场本身就是一种无形的价格调整机制。因此，针对股权众筹的二级市场有两种思路：一是设立一个专门针对股权众筹的二级股权市场；二是借用区域股权交易中心实现股权众筹投资人的股权交易与退出。

在省域范围设立一个专门针对股权众筹的二级股权市场不符合现实。原因有三：一是股权众筹发行人披露标准很低，且发行人作为小微企业和初创企业短期内难以形成盈利预期，信息的有限性与盈利预期的缺失，意味着股权价格与发行人信息传递之间缺乏有限性和联动性，因此股权估值困难而难以流转。二是股权众筹发行规模小，交易成本高，价格波动大，投资人经验缺乏，无论是转让给第三人或由大股东和管理层回购，均存在严重流动性缺失。三是股权众筹借由平台展开投融资，投资人过于分散导致难以协同，面对市场报价和发行人大股东及管理层回购报价，投资者无法确定其报价的科学性和公平性，加之投资者缺乏相关经验和专业知识（如对于一年禁售期的规定不知晓），导致股权众筹缺乏投资来源，流动性缺乏但风险聚集，很难形成一个专门针对股权众筹的二级市场。

因此，应以区域股权交易中心作为股权流动性市场。股权众筹投资者之所以选择投资于科技型小企业，其目的在于获得退出之后的收益。如果没有一个畅通的退出机制，必然影响投资者对于科技型小企业的投资积极性，进而影响科技型小企业的融资目标的达成。因此，建议科学对接区域股权交易中心，并利用区域股权交易中心托管股权、既有的投资者资源及其影响，促进股权众筹投资者的股权交易并为其提供结算服务。

六、结论与展望

结合我国实际并借鉴国外相关制度，为促进股权众筹融资，应公募股权众筹与私募股权众筹并举、发挥股权众筹领投人制度作用、构建股权众筹平台信息共享机制、完善股权众筹平台准入及监管、构建股权众筹小额公开发行制度、建立股权众筹行业自律监管、完善股权众筹投资者适当性制度以及股权众筹投资者退出机制。然而，据笔者调研可知，政府监管部门对股权众筹运行实践缺乏全面的了解；理论界对股权众筹的研究如"一阵风"吹过，尽管很多理论与制度问题仍未解决，但目前少有学者对其关注。本文之研究限于篇幅，加之缺乏实践考察，仅是对其进行框架性研究，对理论与制度问题仍需深入研究，以增加其理论的深化与制度的可操作性。

参考文献

专著类

张维迎. 理解公司［M］. 上海：上海人民出版社，2018.

期刊类

［1］傅穹，杨硕. 新金融时代下股权众筹的监管逻辑［J］. 社会科学家，2016（9）.

［2］刘明. 论私募股权众筹中公开宣传规则的调整路径［J］. 法学家，2015（5）.

［3］楼建波. 股权众筹监管探究［J］. 社会科学，2015（9）.

［4］闫夏秋. 股权众筹合格投资者制度立法理念矫正与法律进路［J］. 现代经济探讨，2016（4）.

［5］杨松，郭金良. 股权众筹融资平台的权益保障与行为规制［J］. 中国高校社会科学，2016（6）.

［6］张付标，李攻. 论证券投资者适当性的法律性质［J］. 法学，2013（10）.

外文文献

［1］Andrew A. Schwartz. Crowdfunding Securities［J］. Notre Dame Law Review, 2013, 88（3）: 1457 - 1490.

［2］Eleanor Kirhy, Shane Worner. Crowd - Funding: An Infant Industry Crowing Fast ［R］. IOSCO Staff Working Paper, 2014.

［3］Exchange Act Section 15C ［EB/OL］. http: //www. sec. gov/about/laws/ sea34. pdf.

［4］Exchange Act Section 4A（a）（11）［EB/OL］. http: //www. sec. gov/a- bout/laws/sea34. pdf.

［5］Lerner, J. Boulevard of Broken Dreams: Why Public Efforts to Boost Entre- preneurship and Venture Capital Have Failed and What to Do about It ［M］. Prince- ton: Princeton University Press, 2009.

［6］Michael C. Jensen, William H. Meekling. Theory of the Firm: Managerial Behavior, Agency Costs, and Ownership Structure ［J］. Journal of Financial Econom- ics, 1976（3）: 305 - 360.

［7］Proposed Regulation Crowdfunding ［EB/OL］. http: //www. sec. gov/ rules/proposed. shtml.

第二章 我国智能投顾法律规制研究

一、问题的提出

智能投顾（Robo – Advisor），即机器人投资顾问，是指通过数据信息分析、运用智能化算法等对投资者财务情况、风险承受能力、预期收益目标等要求进行分析，并根据分析结果为投资者提供具有较高针对性的资产配置建议。简言之，用机器代替传统投资顾问，为客户进行投资组合的配置与优化。

我国智能投顾市场起步较晚，大多数企业仍处于早期发展阶段。但智能投顾在我国获得了良好发展，证券公司、商业银行等机构已认识到智能投顾产业的重要性，将大量资源投入智能投顾行业。由于疏于兼顾金融安全与效率的平衡，2017年4月13日山西证监会发布通知，称"智能投顾销售基金涉嫌违反法律法规"，其中点名批评理财魔方和拿铁理财，并表示盈米财富基金的购买窗口与理财魔方的交易系统相互串联；拿铁理财中出现金融超市信息，其网站信息标明基金销售服务由拿铁理财与上海天天基金销售公司联合提供，但以上互联网平台并未取得基金销售业务资格。① 此消息引起社会各界对智能投顾的高度关注。2018年中央政府在对规范金融机构资产管理业务方面提出相应指导意见，将智能投顾纳入金融监管范围内，结合我国智能投顾产业发展情况提出相应的硬性要求，即相关从业机构必须在获取从业资质后才能够开展该项工作。但在《关于规范金融机构资产管理业务的指导意见》中对智能投顾仅泛泛之谈，对其具体准入门槛、监管主体并未做详细说明。现有法律法规并不能完全有效地解决现实问题，实践中缺乏完善的法律法规作为指导去防范智能投顾风险，也无法对投资者提供强有

---

① 汶汶. 山西证监局：智能投顾基金违规证监会将严查［EB/OL］. http://www.jpm.cn/article－29167－1. html. 最后访问日期为2019年4月14日。

力的制度保护。

鉴于此，有必要在梳理智能投顾法律规制现状的基础上，针对智能投顾法律规制中存在的问题，以营运者规制和投资者保护互为表里，积极学习国外智能投顾法律发展经验，针对我国智能投顾法律提出相应的对策建议，以防止发生大规模的风险事件，影响我国金融市场的健康运行。

二、我国智能投顾的一般考察

相较于欧美的智能投顾市场，我国智能投顾起步较晚。2015 年底我国一批新兴金融科技企业逐步接触智能投顾产业，招商银行、平安公司等传统金融公司已经认识到该项业务的重要性，投入了大量资源并推出具有自身特色的智能投顾服务产品。智能投顾在短时间内获得了迅猛发展，这主要是因为在国民经济良好发展的同时提升了居民可支配收入水平，这就导致其对理财产生了较高需求，而传统投资顾问模式并不能够满足这种净值客户的理财需求。此外我国投资理财市场中存在较为严重的投资顾问缺乏现象，投资顾问与投资者数量之比甚至达到了 1∶3190，这也为智能投顾的发展提供了良好契机。①

（一）智能投顾的界定

1. 传统投资顾问

在传统投资顾问语境下，投资顾问的特定工作是向投资者提供投资建议从而取得相应报酬，它是投顾业务中不可忽视的因素。投资顾问，从广义上理解是指为金融投资、房地产投资、商品投资等各类投资领域提供专业建议的专业人士。狭义的投资顾问，特指在证券行业（如证券公司或专业证券投资咨询机构）为证券投资者（通常为股民）提供专业投资咨询服务的人士。然而在实践中，传统投资顾问的问题层出不穷。首先，传统投资顾问服务对象一般都是高净值客户，普通中产家庭接触到的机会有限，且多以一对一模式为主，需要投资顾问花费大量的时间定制专业报告，然而投资者却没有太多时间去详读报告；其次，大部分投资顾问专注于某一个领域研究，对于自己不熟悉的知识，自然是很难做出

---

① 张妮妮. 智能投顾的发展现状及监管建议［J］. 中国市场，2017（19）.

专业的投资建议；最后，投资建议难以避免个人情绪，为了获得薪资提成，很大一部分人工投资顾问会推荐并不贴合投资者实际需求的高提成产品。借此，理性客观高效的智能投顾应运而生。

2. 智能投顾

智能投顾（Robo - Advisor）诞生以来，随着科技金融的进步不断获得发展，但目前关于智能投顾尚无统一而确定的称谓和定义。

美国证监会（SEC）将智能投顾定位于自动化投资工具，是指投资顾问机构利用先进的信息技术为客户提供完善的资产管理服务。顾客想要获得投资顾问机构提供的智能投顾服务，首先需要在该机构的信息平台中输入自身信息与相关数据，智能投顾平台通过对这些信息进行分析生成相应的投资组合，并对客户账户进行一定程度的管理。

澳大利亚将智能投顾服务称为"数字建议"。数字建议是指投资顾问机构在没有投资顾问直接参与的情况下，利用强大的信息技术为客户提供自动化金融产品投资建议。该项服务可以为用户提供完善的财务计划，可以根据投资者实际需求提供具有针对性的投资建议，并给出相应的投资组合，两种建议的区别在于该建议是否根据个人投资风格匹配算法而得出。

加拿大线上投资顾问主要是为了提升其服务效率，通过网络平台为更多客户提供投资咨询服务。但是该模式要求投资顾问必须要参与到客户投资决策当中，并为自身提出的投资建议承担相应责任。

我国官方对于智能投顾的概念缘起于"荐股软件"。2013年1月1日起，政府加大对证券投资咨询业务的监管力度，其中着重加强对"荐股软件"的监管。① 证监会在2016年对智能投顾进行了一定解释——智能投顾作为投资顾问的重要内容，其属于证券投资咨询业务的一种表现形式，投资顾问机构想要为客户提供智能投顾服务必须要从相关机构获取相应的从业资质。

结合世界各国对智能投顾的定义来看，各国虽然对智能投顾表达方式存在一定差异，但是对智能投顾的关注点存在较高相似度。笔者对各国智能投顾的概念进行了以下总结：智能投顾是各类数据分析以及智能计算，基于投资者的个人财务状况和要求，优化投资组合，为投资者提供智能化的资产投资建议或资产管理

① 《关于加强对利用"荐股软件"从事证券投资咨询业务监管的暂行规定》第二条："向投资者销售或者提供'荐股软件'，并直接或者间接获取经济利益的，属于从事证券投资咨询业务，应当经中国证监会许可，取得证券投资咨询业务资格，未取得证券投资咨询业务资格，任何机构和个人不得利用'荐股软件'从事证券投资咨询业务"。

服务。智能投顾主要有以下两部分内容：一是根据客户需求提供具有针对性的投资建议；二是在提供投资建议的基础上对其资产提供管理服务。

（二）智能投顾的典型模式

1. 智能投顾的运作模式

相对于传统投资顾问模式而言，智能投顾不仅可以降低投资理财的难度，还能够为广大普通投资者提供良好的顾问服务。不同机构在投顾服务方面存在一定的差异，但是其在智能投顾运作方面必然存在较高的相似性，主要步骤如下：

（1）客户信息收集与测评。

智能投顾公司必须要通过问卷等形式对客户各项基本信息进行了解，并在此基础上对客户投资意愿、风险偏好等进行了解，使其能够对客户需求做出良好的判断，为其开展后续工作提供充足的信息支持。

（2）资产配置及投资组合构建。

通过以上分析可以对客户投资目标、风险接受能力进行了解，并利用相关投资理论开展资产配置工作，并将客户资产分散在股票、债券、商品等产品当中，确保其能够为投资者提供符合其投资需求的资产组合。

（3）具体投资品种选择。

完成资产组合后，应当选取具有较高代表性的基金、证券作为投资目标，在获得客户确认的基础上进行投资，并形成最终投资组合方案。

（4）自动化投资交易。

如果客户选择全权委托投顾公司进行投资，投顾公司应当直接按照最终组合方案选择相应的投资品种与投资方式，在降低投资成本的基础上顺利实现投资交易过程；如果客户没有采取全权委托，投顾公司需要将投资建议递交给客户，通过客户确认后才能够开展后续投资工作。

（5）实时监控与实现资产再平衡。

投顾公司需要对客户投资进行全程监管，并向客户提供账户资金流动信息、市场信息等，在出现重大事件时可以对客户投资组合、资产类别进行调整，确保账户资产能够实现平衡，但是以上工作都需要事先获得客户授权。

2. 智能投顾的业务模式

不同平台在投顾业务方面存在一定的差异，其主要可被分为三部分：单独建议模式、混合推荐模式、一键理财模式。

（1）单纯建议模式。

建议型智能投顾平台在国内外获得了良好发展。这种服务方式与 Betterman 等平台具有较高相似性，通过制定问答环节，对基本信息及投资需求进行详细研究，根据其投资需求提供差异性的金融产品。该类型智能投顾平台为客户提供投资建议，并承销其他金融机构的金融产品，但是平台本身并不会提供金融产品。该类型平台会根据投资者实际需求建议客户在货币、债权、股票等金融产品中进行组合。在投资币种方面，既有以人民币为主的国内市场平台，也有以美元为主的国外市场平台。例如，"弥财"是一个为用户提供全球自动化投资理财的软件，用户在该平台软件中只需要回答系统给出的 5 个问题，就能够了解自身的风险等级，而系统在得出该信息后将会为其提供最佳投资方案。此业务模式可以快速地为投资者提供方案，避免了传统投资顾问为了计算出一套合理的投资方案而花费的大量时间，极大地节约了成本。但是此种模式在实践中往往由于提出的问题固定单一，并未对不同阶层、不同要求的投资者做差别化处理，难以实现"千人千面"。

（2）混合推荐模式。

混合推荐型是指投顾公司在长期发展中开发出了拥有自身特色的金融产品，平台为客户提供投资建议的同时也包括了自己的金融产品。该类型平台主要通过问卷调查形式对客户基本资料进行调查，并对客户风险等级、投资偏好等进行了解。该类型平台与建议型平台存在显著差异，其通过数据信息分析得出的投资建议既包括平台自身所属产品也包含了其他机构的金融产品。京东金融属于典型的混合推荐型。这种模式之下，打开京东金融理财页面，找到"我要理财"并进入，可以在"基金各类""品牌""起投金额"三个栏目中进行筛选，在下方各个列表中便是各个理财产品，选择其中一个理财产品并打开，会显示"起投金额""赎回时长""投资风险"等信息，在投资金额中输入你要投入的金额，点击"立即购买"并完成支付。此种模式中，营运者难免会扬长避短，对部分理财产品的信息不能如实反映，误导投资者购买；或者因为投资者在购买理财产品时，平台不可预测的操作风险，导致投资者要面对更高的理财风险，从而导致更多的纠纷，运营者与投资者之间互相扯皮，破坏互联网金融秩序。如前所述，山西证监会点名批评事件揭示了目前我国智能投顾在实践中存在未取得相关资格的平台提供金融产品，这与我国现行法律相冲突，现行法律规定没有获得证券投资咨询业务资格的企业、个人不允许通过"兼顾软件"等方式开展证券投资咨询业务。由此可见，这种模式可能造成运营主体违规的法律风险。

（3）一键理财模式。

一键理财模式在我国法律法规中又称为"代客理财"，是投资者向金融平台全权委托并进行账户管理的服务模式。在该模式下，用户并不会参与到金融产品配置当中，只需要将所有工作交由平台来完成，平台可以根据用户相关数据进行资产配置。总的来说，该类型智能投顾平台会直接向客户提供一个收益率保障，并利用智能平台对客户资产进行合理配置，整个过程不需要用户的参与。"懒财网"理财平台就是典型的一键理财型智能投顾平台代表，该平台会对用户历史投资行为进行分析，并根据分析结果提供不同的资产组合，并设定合理的现金保留比例，通过这种方式提升用户债权转让效率，用户在特殊情况下可以直接从账户中提取现金进行使用，更重要的是将流动性风险控制在一定范围之内。一键管理型模式不仅包括投资顾问、证券交易，还涉及资产管理业务，但是目前《证券法》和《证券投资顾问业务暂行规定》的相关规定对投资顾问行业的"代客理财"持反对态度。《证券法》第一百四十三条①的规定与我国目前智能投顾一键理财模式相冲突，我国证券业协会出台了针对账户管理业务的规则，该项规则的出台在一定程度解决了智能投顾发展所面临的问题，推动了智能投顾产业的发展。但是该政策在落实中存在诸多问题，其很难从现有法律体系中为开展投顾服务提供充足的法律支持，不少智能投顾运营商由于存在较高的法律风险而不愿意为用户提供智能投顾服务。

（三）智能投顾的发展历程

不同国家的资本市场发展水平存在一定差异，这就导致这些国家智能投顾发展情况、监管需求存在一定的差异。智能投顾的发展具有显著的阶段性特征，根据 Deloitte 相关研究来看，其可分为以下四个阶段：

（1）初级阶段。

初级阶段是指智能投顾通过在线问卷调查等方式对客户基本信息、资产配置需求进行了解，并提供相应的投资建议。客户在获取投资建议后结合自身实际情况作出投资决策。投资投顾只是客户开展投资决策的一个工具。

（2）发展阶段。

发展阶段是指智能投顾可以根据客户风险偏好与实际资产情况提供合适的投资组合建议，并形成相应的分析报告。但是在投资管理中需要将顾问与平台良好

---

① 《证券法》第一百四十三条：证券公司办理经纪业务，不得接受客户的全权委托而决定证券买卖、选择证券种类、决定买卖数量或者买卖价格。

地结合起来，由顾问对平台给出的投资建议进行审核。这一阶段的智能投顾平台对顾问的依赖性较高。

（3）中级阶段。

中级阶段是指智能投顾平台在长期发展中形成了较为完善的投资策略，并建立了相应的投资模型，利用模型对客户资产进行再平衡，该项工作不会受到任何人为因素的影响，投资经理只能发挥自己合适的监督作用。

（4）高级阶段。

高级阶段是指智能投顾平台利用大数据、人工智能等技术对自身经营数据进行深入研究，使平台能够发挥出较强的自动化、智能化服务水平。

结合国内外智能投顾平台发展情况来看，其大多处于中级阶段，即在平台分析的基础上充分发挥出投资顾问的作用。这种模式在多家智能投顾平台中得到了良好的应用，Bridgewater、Blackrock、广发基金都使用这种智能投顾服务模式。这些平台大多建立专门部门承担该项业务，或者收购金融科技公司对该业务进行持续拓展。

（四）智能投顾的一般风险

（1）技术风险。

智能投顾平台利用自身强大的信息技术为客户提供完善的资产配置建议，并根据客户需求对客户账户进行一定程度的管理。智能投顾与信息技术的发展存在紧密联系，这就导致智能投顾平台在发展中也会出现与其他互联网平台同样的问题，如美国"5.6闪电崩盘"、我国"8.16光大证券事件"都是由技术风险引发的问题，这就导致智能投顾平台同样面临较高的技术风险。[①] 该类型风险主要表现在以下两点：一是网络内部存在的风险，即平台本身缺陷所造成的风险。例如，平台算法不合理将会给平台带来较高的技术风险，导致平台为客户服务的过程中容易产生网络维护等问题，这就使其无法为客户提供良好的投顾服务，而算法漏洞还有可能会引发计算机漏洞，这就导致客户账户安全面临较高风险。智能投顾平台还存在客户实际风险偏好与平台给出的投资组合建议不相符的情况。二是网络外部所带来的风险，这也是金融科技企业在发展过程中必须要解决的风险，如黑客攻击、网络异常、交易延迟等。这些风险是针对所有使用该系统的投资者，而算法缺陷只会对使用该模型的小部分投资者产生影响。

---

① 巴洁如."智能投顾"监管的国际实践［J］.环球瞭望，2017（9）.

（2）操作风险。

智能投顾平台在实际运营过程中，可以通过网络对用户投资风险进行确认，还可以通过网络签署合约、调仓、再平衡等进行工作。这些功能可以为投资者提供良好的投顾服务，但是智能投顾在实际运营中存在较高的复杂性与专业性，这就导致用户对自身资金的实际用途并不明确，这也导致双方存在一定的信息不对称问题，进而诱发了操作风险。其主要表现为：一是运营者存在较高的操作风险。其主要表现为平台程序存在错误，导致平台给出的投资建议与投资者实际投资风格存在较大差异而引发的操作风险。智能投顾平台运营中涉及非资金数额庞大，如果因为平台给出错误投资建议导致投资者出现损失，将会导致平台承担较高的民事赔偿。如平台工作人员故意推荐与投资者风格存在差异的投资组合，平台存在内幕交易、操纵市场的可能性等，即可能承担民事赔偿责任。二是投资者存在较高的操作风险。投资者在使用智能投顾平台时，其只需要通过电脑、手机点击数个选项就可以完成投资工作，但是大多数投资者并没有意识到投资者的权利义务的重要性，其很有可能签署了违背自己意愿的合同，这就导致投资者违约风险出现了较大提升。[①] 例如，不少投顾平台会将免责条件等加入服务协议中，投资者如果不具备较强的法律意识与专业意识，将会导致其签署这些存在不公平内容的电子合同，这就导致投资者在信息不对称的情况下承担了过多的义务，导致其合法权益无法得到有效保护。

（3）信息泄露风险。

智能投顾平台首先会通过问卷等方式对用户基本信息进行调查，并对用户个人财务能力、投资偏好等信息进行了解，这就导致用户大量信息被智能投顾平台所获取。智能投顾平台在实际发展中虽然通过加密等方式来保护用户信息，但如果其没有加强内部管控或者遭受黑客攻击，将会导致用户信息可能被泄露。在这种情况下运营者不仅需要承担相应的违约风险，还需要承担一定的处罚责任。

（4）信用风险。

金融市场中资金融通最为重要的就是信任。这种信任主要表现在金融运营者与投资者之间，其对资本市场的发展是否具有信心将会对金融市场产生较大影响。传统金融业务被大量转移到互联网当中，传统人与人之间的交流也被转移到互联网当中，甚至还转变为人与机器的交流。智能投顾从事的行业是一个传统行业，该行业在发展过程中必须具备较高的透明度与适度性特征。智能投顾必须要

---

① 吴烨，叶林．"智能投顾"的本质及规制路径［J］．法学杂志，2018（5）．

对客户各项信息全方位分析后才能够为其提供完善的投顾服务，但是其所使用的大数据、算法等具有较高的复杂性，很难将投资组合生成过程良好地展现出来，这就导致投资组合信息披露存在诸多问题。我国不少智能投顾平台将自身定位于信息中介平台，但是其在实际经营中与多方金融机构保持密切合作。智能投顾平台的发展必然会与证券公司、咨询机构、基金销售机构等进行交流，如果智能投顾所使用的算法给投资者带来一定损失，在缺乏完善机制的情况下，不同主体会出现互相推卸责任的情况，这就导致风险最终会转移到客户身上[1]。客户因为平台技术问题导致自身出现损失，且这种损失没有得到合理补偿，这就导致他们对智能投顾平台产生了较高的不信任感，有可能会出现大规模赎回的情况，使证券市场出现大范围波动。

（5）市场风险。

智能投顾根据客户投资偏好将资金分散在不同理财产品当中，通过组合投资的形式进行风险分散，通过这种方式可以实现降低投资风险、提升投资收益的目标。但是相对于国外而言，我国可选基金池相对较小，且大多数基金产品存在过于单一等问题，这就导致智能投顾风险分散作用没有良好地发挥出来，其仍然存在一定的风险；此外，我国与西方发达国家在税法政策方面存在一定差异，这就导致国内外投资者在智能投顾产品需求方面存在一定差异，使我国对避税产品的需求度处于较低水平。[2] 此外，智能投顾平台倾向于长期投资，这就导致其对长期收益的关注度处于较高水平，而我国投资者普遍对短期投资持有较高兴趣。

（五）智能投顾发展的必要性

随着人工智能的发展，"智能＋"和"科技＋"将成为未来金融行业的发展趋势。现阶段，智能投顾尚属于金融企业提升自身附加值的工具，而伴随科技的成熟和应用的广泛，智能投顾有望从差异化竞争中成为金融行业的标配。

（1）最优资产配置。

马科维茨结合自身研究建立了投资组合模型，该模型是智能投顾实际发展中经常使用的投资模型。结合该模型可以发现，其认为应当根据不同客户投资偏好、收益追求提供具有差异性的资产组合，并实现资产最优配置。例如，中年人拥有较高的财富，他们愿意承担较高的风险获取更多的受益；而老年人希望能够获得稳定的长期收益，确保自身晚年生活得到充足保障。智能投顾平台必须要根

---

① 翟慧婧. 金融科技背景下我国智能投顾市场发展研究［J］. 中国高新科技, 2018（19）.
② 刘彬. 智能投顾的发展之本与困难之源［J］. 中国银行业, 2018（2）.

据不同客户实际需求提供个性化资产配置方案。

（2）战胜人性弱点。

贪婪与恐惧是人类最大的特点。人们在投资时经常会受到个人情绪的影响，这就导致他们在收益与风险中存在摇摆不定的情况。投资者在投资时如果情绪受到较大影响，将会导致其出现判断错误等情况，继而做出错误决策。但是机器人与人类不同，其并不会受到情绪的影响，这就使智能投顾可以完全摆脱情绪所带来的影响，没有情绪的波动，只有理性的判断。机器人管家可以为客户提供全方位智能监控服务，当资产配置组合与目标出现一定偏差时，平台可以通过对不同资产占比进行调整，确保目标收益水平不出现较大变化①。

（3）高效提供方案。

智能投顾可以满足不同客户的个性化投资需求，并根据他们的投资偏好、风险要求制定具有差异化的投资组合配置。对于部分支出较少的用户，智能投顾平台会为其提供权益类等资产作为投资首选；对于部分支出数额较高的用户，会将债券等固定收益资产作为其投资首选。智能投顾会根据用户的收益率要求、风险要求对投资组合进行相应调整，确保其给出的投资组合能够满足用户需求②。智能投顾还可以在手机端得到良好的使用，使用户能够更为便捷地享受平台提供的服务。

（4）服务门槛降低。

不同智能投顾平台由于自身金融产品的差异，导致其投资门槛同样存在一定差异。例如，有的智能投顾平台最低投资金额为1000元，而有的智能投顾平台最低投资额度为数万元。与此相对的则是商业银行理财投资门槛普遍高于5万元，而私募基金的投资门槛更是达到了100万元。对比分析后可以发现，智能投顾平台具有显著的低门槛特征，可以为广大群众提供良好的服务。

（5）交易成本降低。

智能投顾平台的算法具有较高的适用性，这就使其能够为大多数客户提供良好的服务。从单个客户角度来看，智能投顾平台收取的服务费相对较少。对我国智能投顾平台服务费收取模式研究后发现，不同智能投顾平台在服务费收取方面存在一定差异，有的平台按照投资总额收取服务费，有的平台则是根据实际收益收取服务费，甚至还有少部分平台选择免收服务费，但是所有平台都需要缴纳手续费。智能投顾平台的发展有效解决了传统投资顾问按照交易佣金收取服务费所

①　于文菊．我国智能投顾的发展现状及其法律监管［J］．金融法苑，2017（6）．

②　张立钧．中国智能投顾业蕴藏巨大潜力［J］．清华金融评论，2016（10）．

带来的问题，有效降低了投资者的交易成本。

三、我国智能投顾法律规制现状及其存在的问题

根据相关部门调查，我国约有 20 多家智能投顾 APP 通过实验后并没有获得相关部门的投资顾问牌照，且大多数金融公司推出的 APP 都没有获取相关部门的资产管理牌照，仅有少数几家公司从监管部门获取了基金销售牌照①。受到牌照缺失的影响，智能投顾平台只能为用户提供最为基础的虚拟资产投资服务；"钱景私人理财"拥有基金销售牌照，但是其已经为客户提供投资顾问业务，这就导致该业务面临较高的合规性风险；"胜券在握"主要利用自身建立的平台为客户提供投资组合服务，但是该项服务需要收取平台推出的"云币"，而该公司在没有获取相关牌照就为客户提供有偿投顾服务，也使其面临较多的法律问题。总体而言，由于我国智能投顾法律缺失的影响，智能投顾产业总体上表现出明显的业务狭窄问题，部分平台经过测试后长期处于停滞状态，部分公司为客户提供该项服务时面临较高的合规性风险，致使整个产业存在无序发展状况。

（一）我国智能投顾法律规制现状

我国目前并没有出台专项法律对智能投顾产业进行规制，因此依然要适用传统投资顾问的相关法律。通过智能投顾业务的运作可知，涉及法律法规主要有《合同法》《证券法》《信托法》《网上证券委托暂行管理办法》《关于加强证券经纪业务管理的规定》等。

在使用智能投顾时，投资者与运用者之间需要签订服务协议，其中不仅有合同必备的条款，而且还涉及证券投资，因此其协议内容不仅属于《合同法》的规制范畴，也要受到《证券法》的约束，必须严格遵守证券法律相关的基本原则和规则。投资者与运营者签订服务协议之后，智能投顾运营者提出投资组合建议，投资建议提出并不代表着投资者一定要采用，最终是否采用该投资建议，决定权在投资者的手中。此时两者之间是证券投资咨询的法律关系，根据我国现行证券、期货投资咨询法律体系来看，该法律虽然经过了一定调整，但是并不能够

---

① 徐慧中. 我国智能投顾的监管难点及对策［J］. 金融发展研究，2016（7）.

满足智能投顾业务的发展需求，而该产业在经营过程中必须要将自身业务范围局限于法律范围内。当智能投顾发展到一定阶段，出现了"代客理财"服务，这种服务在澳大利亚被称为"全权委托账户"（Discretionary Account），是指投资者与运营者之间签订全权委托协议，从而受托人（运营者）可以在不经过委托人（投资者）许可的情况下进行证券的买入和卖出。在此种模式下，运营者受托运用智能投顾进行资产管理享有一定的自主决定权。因此，进行"代客理财"行为时必须遵守《信托法》中的相关规定。最终在投资者接受投资建议后所进行的交易行为就会产生证券交易关系，一般情况下，交易是证券公司、基金销售公司的最终环节。所以这些公司必须要满足相应的最低门槛，具备法定资格，必须通过由证监会公布的《网上证券委托暂行管理办法》和《关于加强证券经纪业务管理的规定》来规范。

智能投顾作为一种新型投顾，具有其自身的特性，面对实践中接踵而来的新问题，传统投资顾问的有关法律法规并不能全面覆盖，因此现行有关投资顾问的法律法规对智能投顾产生的问题显得力不从心。

（二）中国智能投顾法律规制存在的问题

1. 智能投顾发展缺乏专门法律规范

结合我国金融监管体系来看，我国在投资顾问、资产管理方面存在监管分离的情况，这就导致两者在实际工作中适用不同的法律条件。

根据《证券、期货投资咨询管理暂行办法》来看，投资咨询机构及工作人员不允许代理投资者进行证券买卖，这就意味着投资咨询机构只允许向客户提供相应的投资建议，但是不允许代替其进行投资，也不允许从事资产管理业务。智能投顾最为重要的就是将咨询与管理相结合，而现行法律却并不允许将两者结合在一起，这就导致该业务面临较高的法律风险。我国证券协会在 2015 年针对证券公司投资咨询业务征求意见，但是该意见稿经过较长时间的发展并没有落实到实际工作中。智能投顾的投资咨询等业务在我国相关法律中已经得到了完善，企业可以在法律允许范围内开展相关工作。但是在自动调仓等功能方面涉及资产管理业务，这就使该功能很难发挥出应有作用。澳大利亚证券行业将"自动调仓"称为全权委托账户服务，而我国法律将该服务称为"代客理财"业务。我国智能投顾平台可以通过"财鲸"用户中文协议第 5 条"被授权者通过智能投顾可以在授权范围内进行以下操作：打开账户、发布交易指令，其中发布交易指令包括了买入、卖出、赎回等权限"①。但是根据我国现行《代客境外理财业务管理办法》内容来看，想要从事该项业务首先要从相关部门取得代客境外理财业务资格，且还对运营方的身份作出了相应规定，只有商业银行才能够从事该业务，但是从事该项业务的机构大多是非商业银行，且智能投顾大多集中在资本市场范围，其必须要遵守该市场的业务规则，但资本市场并没有对代客理财业务作出明确规定。

证券产业主要适用《证券公司客户资产管理业务管理办法》，而基金产业主要适用《基金管理公司特定客户资产管理业务试点办法》，期货产业主要适用《期货公司资产管理业务试点办法》。通过对以上法律文件研究后可以发现，不同产业的牌照申请资格、业务范围、监管要求都存在较大差异，这就导致智能投顾机构很难同时满足以上要求。我国证券业协会意识到该问题的重要性，在2015年向全社会范围征集《账户管理业务规则》的意见稿，希望通过该方式为投资顾问业务的发展提供法律层面的支持。但是结合意见稿内容来看，证券机构投资咨询业务不仅需要获得投资者的委托，还应当对证券、基金、期货等金融产品的价值做出客观判断，并在获得客户授权的情况下代理客户进行投资与交易管理。该规则的出台能够为代客理财业务的发展打下坚实的基础，并从法律层面为智能投顾进行定位。但是该政策在较长时间内没有落实到实际工作中，这就导致我国智能投顾产业的发展受到较大制约。

我国有相当一部分的智能投顾运营者在等待该政策的落实，因此，并没有为投资者提供实质性的智能投顾服务。在这些问题的影响下，智能投顾公司很难从法律体系中寻找合适的法律法规去遵守。如果企业在没有获取智能投顾牌照的情况下为投资者提供该服务，将会导致自身面临较高的法律风险与合规性风险。智能投顾主要目标为个人用户，通过数量使自身能够获得较为突出的收益。但是我国现行资产管理规定对投资者的数量、资金规模都提出了较高要求，智能投顾很难在法律允许范围内开展相关工作。根据传统资产管理模式来看，客户单笔委托初始资产规模必须要超过100万元，在单笔委托金额低于该数目的情况下，投资者必须要局限于50~200人。②而智能投顾主要通过服务数量众多的中小投资者获利，其无法在限制客户人数的情况下为其提供完善的投顾服务，这将会导致其面临较高的监管风险。

① 艾佳宁，孟克．商业银行智能投顾模式探索——以摩羯智投为例［J］．华北金融，2018（4）．
② 李苗苗，王亮．智能投顾：优势、障碍与破解对策［J］．南方金融，2017（12）．

2. 智能投顾销售牌照管理不够明确

我国金融业实行分业监管的模式,这就导致股票、信托、公募、银行理财等方面都拥有单独的牌照,在实际经营中,仅有少部分机构能够同时获取以上牌照,不少机构只能在自身牌照范围内为客户提供少数几种资产服务,最终沦为销售自己产品的处境,这就导致其无法发挥出智能投顾资产配置的作用。结合我国金融监管体系来看,目前并没有将智能投顾纳入具体监管部门的监管范围内,也没有对牌照申请部门进行确认①。根据《证券投资顾问业务暂行规定》内容来看,投资咨询公司为客户提供投资顾问服务必须要获取相应的从业资格,并向中国证券协会注册成为证券投资顾问。如果从事证券投资咨询业务或者以有偿形式为投资者提供"荐股软件"等服务,必须要从相关部门获取相应的从业资格证,并通过我国证监会的审批。但是根据证监会提供信息来看,该部门在 2014 年以后并没有为任何企业、机构单独办理证券投资咨询牌照,而我国现有智能投顾平台中没有一家获取营业牌照,这就导致智能投顾产业面临较高的合规性风险。近年来,我国政府与金融监管部门加大对金融产业、互联网金融的整顿力度,并加大了对金融牌照发放的管控力度,智能投顾在缺乏相关法律支持的情况下将会导致自身发展受到较大制约。部分互联网机构在没有获得牌照的情况下以智能投顾名义销售公募基金,虽然证监会对这种行为进行查处,但是并不能从根本上解决该问题。智能投顾业务范围并不局限于证券范围内,还涉及股票以及其他金融产品,这就导致智能投顾行业存在多方监管的情况。

3. 智能投顾适当性义务缺乏法律依据

金融监管目标相对较多,但是可以将其综合为以下两部分:保护中小投资者权益不受侵害,对系统性风险进行审慎性监管。结合证券市场发展情况来看,我国监管机构始终将保护投资者权益作为监管工作的首要内容。在保护投资者合法权益的基础上就必须要对投资者进行适当性管理,这也是监管工作的重要内容。投资咨询顾问、资产管理机构为客户提供咨询服务时,需要对资产组合风险进行全方位研究,确保该产品风险在客户可接受范围内。相对于资本市场而言,智能投顾主要是为中小投资者提供服务,这就导致其准入门槛几乎为零。投资者利用智能投顾服务来进行投资决策,而这个智能投顾服务是由某个满足其要求的运营者提供,在这种情况下,如果大量投资者都使用同一个表现优异的智能投顾服务进行投资,由于机器人的操作逻辑相似,有可能会出现无关联用户集中投资在少

---

① 吴烨,叶林."智能投顾"的本质及规制路径 [J]. 法学杂志, 2018 (5).

部分金融产品中的情况，进而引发系统性风险。实践中，智能投顾企业对投资者的适当性管理，除对产品本身的了解和对相关信息的披露外，较多局限在基于客户对其自身情况和财务目标所做的在线问卷调查来设定相关决策指标。在指标的设置上，在了解投资者的投资风格和财务状况的同时，是否同时考虑到了投资者每月支出、税收负担等因素的影响，抑或，是否将当前经济和市场环境下，国家宏观经济政策和数据、国家产业政策或地区发展规划、行业指数等数据信息，乃至国际政治经济变化中的重大信息对整个金融市场的影响纳入考量范围，目前暂没有一套可供参考的衡量标准。对于目前智能投顾的适当性管理，有观点指出：依靠调查问卷式的了解方式只能获得关于客户投资需求和风险承受能力的有限信息，投资组合产生模式较为固定，并不能像人工投顾那样通过对投资者较为详尽的尽职调查，及时根据客户的投资需求与财务状况，向投资者提供合理的投资建议①。结合实际发展情况来看，智能投顾平台通过问卷调查对客户各项信息进行调查，并基于信息调查结果给出相应的资产配置方案。但是不同智能投顾在面对同一用户所给出的资产配置方案存在较大差异，这就导致客户很难对资产配置方案的合理性做出判断。

4. 智能投顾运营者可能违反信义义务

智能投顾业务中最为突出的优势就是智能化与自动化，相对于传统人工投资顾问而言，其能够同时满足数量众多客户的投资咨询需求，使机构规模化效益得到较大提升。结合传统人工投顾模式研究后发现，投资者与投资顾问两者之间存在明显的信义关系，这就要求投顾方必须要承担与义务相对的责任，使其能够将工作集中到提升投资者收益当中。美国政府在1995年对投顾方的信义义务进行确认，结合该内容可以发现，投顾方与投资者投资顾问服务过程中存在信托关系，投顾方在该服务过程中将会以受益人为代表开展相关工作，当投资者做出相应的投资决策后，其必须要充分考虑该行为与其他资产的影响给出相应的建议。从智能投顾角度来看，其实际上仍然是一种典型的投资顾问服务②，该服务方式只是将传统的人与人交流转变为人与机器的交流，智能投顾平台仍然要为客户提供完善的投资顾问、资产管理等服务。此外，智能投顾与投资者之间的关系具有明显的虚拟化特征，再加上资产配置过程中需要使用大数据等信息技术，平台很难将资产配置过程直观地表现出来，这就导致投资者与平台存在较为突出的信息不对称问题。结合我国现行法律体系来看，目前并没有法律对智能投顾中的信息

① 马元平，曹伊. 我国证券公司智能投顾业务发展对策 [J]. 合作经济与科技，2019 (1).
② 刘勇，李劲松. 智能投顾的理论基础与收益原理 [J]. 大众理财顾问，2018 (4).

弱势方提供良好的保护，这就导致部分金融机构将智能投顾平台作为销售自己金融产品的平台，在经营管理过程中存在非法荐股等情况，甚至直接参与到金融产品分红当中①。智能投顾平台不仅需要向用户收取一定的咨询费用，还需要从金融产品销售中收取一定的佣金，这就导致其在实际工作中存在模糊投资咨询、产品销售界限的问题，使其在荐股方面存在不公平等情况，为了自身利益向用户推荐与自身风险不相匹配的金融产品。相对于人工投顾方式而言，智能投顾在数据传输、模型制作、决策产生等方面都存在较高的信息不对称问题，这就要求相关部门必须要出台专项政策，要求智能投顾平台将这些信息向外界进行披露。但是目前仍然处于投顾信息披露不足的状况，导致其在实际业务中存在多重身份，容易引发违背信义的经营行为。

四、域外智能投顾法律规制的考察与启示

智能投顾在世界多国均获得良好发展。针对该项业务，各国出台了一系列文件对其进行监管并产生较强的规制作用，确保智能投顾在不影响本国金融市场发展之下，能够推动金融制度的创新并为本国民众提供更为完善的理财服务。美国证监会（SEC）与美国金融监管局（FINRA）制定了针对智能投顾的监管制度；澳大利亚证券投资委员会（ASIC）建立了相对完善的监管框架；欧洲银行业管理局（EBA）与相关机构加大对智能投顾的研究力度并建立了相对完善的监管机制；英国、日本、韩国等国家也提出具有本国特色的监管制度。这些均为我国智能投顾法律规制的完善提供了借鉴。

（一）域外智能投顾法律规制的考察

1. 美国

美国智能投顾平台受 1940 年《投资顾问法》约束，必须接受美国证券交易委员会（SEC）监管，而且平台需持有注册投资顾问（RIA）牌照，资金使用将会得到全程监管，需要根据客户委托开展投资活动②。SEC 要求注册投资顾问必须维护

---

① 程娟，周雄伟. 基于人工智能的证券金融服务创新研究［J］. 金融科技时代，2018（10）.

② Michael Tertilt，Peter Scholz. To Advise or Not to Advise — How Robo－Advisors Evaluate the Risk Preferences of Private Investors，SSRN（Mar. 28，2019）［EB/OL］. https：//ssrn. com/abstract＝2913178.

客户利益，完全公开披露信息，不可以采取不正当手段欺骗客户，而且资产的管理需要通过第三方托管机构，对于每笔投资款项的运用必须通知客户并获得认可。

美国证监会在 2015 年针对"智能投顾"出台了一系列公告，通过这种方式帮助投资者对智能投顾运作方式进行了解，并帮助他们对该投资工具的便利性与风险进行了解，使其能够根据自身实际投资需求选择合适的投资方式。智能投顾需要对投资者各项信息进行全方位调查，并根据调查结果给出具有较高针对性的投资建议，但是其同样要求智能投顾必须加大对用户信息的保护，确保用户信息具有较高安全性。智能投顾平台同样需要加强客户教育工作，使其能够了解智能投顾存在的风险。美国金融业监管局在 2016 年对智能投顾产业链进行了详细研究，并针对该业务的所有流程进行全方位分析。美国金融业监管局（FINRA）更强调功能监管和过程监管，在政策制定上包容了金融创新和新的商业模式，审查新技术在投资管理价值链上各个环节的功能以及影响；并采用技术中性立场，对未来的投资管理服务发展提供了更宽的政策空间。美国证监会并没有针对智能投顾出台专项监管政策，但是根据相关学者研究情况来看，证监会将会随着智能投顾进一步发展对自身监管体系进行创新，并制定以智能投顾为核心的监管政策。美国各州政府针对智能投顾出台了一系列监管建议。马萨诸塞州证监局（MSD）结合本州范围内的智能投顾发展情况进行了一定研究，发现其并不会主动履行信义义务，这就导致智能投顾在发展过程中有可能会采取损害客户利益的行为。在这种情况下，马萨诸塞州证监局决定建立与智能投顾相匹配的监管框架，并加大对智能投顾公司申请的审核力度。

2. 澳大利亚

澳大利亚证券投资委员会（ASIC）在 2016 年出台了《向零售客户提供数字金融产品建议》监管指南（以下简称《监管指南》）①。结合该指南内容可以发现，其已经对智能投顾服务提出了较为严格的监管要求，智能投顾平台首先要向监管部门申请获得金融许可证，并在此基础上为客户提供能够满足其投资需求的智能投顾建议。其中对智能投顾服务提出了全面的监管要求，证券与投资委员会（ASIC）在宏观监管的同时秉承技术中立原则，智能投顾既要遵守传统投顾领域的法律规范，还必须要满足当前法律法规，并依法从监管部门获取金融服务牌照。受到智能投顾自身业务形式的影响，《监管指南》中对智能投顾的准入门槛、组织结构、技术要求、信息公开等方面提出了诸多要求。其中在组织结构方

---

① RG255：Providing Digital Financial Product Advice to Retail Clients, ASIC(Mar. 10, 2019)[EB/OL]. http://download. asic. gov. au/me dia/3583174/attachment－to－cp254－published－21－march－2016. pdf.

面，获取金融服务牌照的智能投顾企业必须要拥有 1 名投资顾问人工责任经理，该经理需要承担整个智能投顾决策与业务活动。在一般义务方面，持牌企业必须要为用户提供完善的专业责任保险服务，如果因为智能投顾平台算法出错给客户带来了一定损失，必须要在保险范围内为客户赔偿相应的损失。《监管指南》中对智能投顾实践情况提供了一定的指导，智能投顾可以根据指南中相关内容开展服务工作，确保其所有工作都被纳入监管范围，从而降低企业的合规性风险。澳大利亚证券投资委员会还会向社会定期发布监管报告，使投资者能够了解实际监管情况。委员会需要严格遵守《监管指南》对智能投顾发展情况进行全方位监管，确保其所有工作都处于监管范围内，这也有效推动了澳大利亚智能投顾产业的发展。

3. 加拿大

加拿大证券管理局（CSA）出台了以智能投顾为核心的《投资组合管理机构提供在线投资建议指引》（以下简称《指引》）。结合其内容来看，加拿大范围内所有智能投顾公司都必须要遵守 NI 31 – 103[①] 规定，并将自身行为约束在监管范围内。《指引》中将智能投顾平台的审核权力交由 PMs 机构，该机构需要对智能投顾平台业务能力进行全方位审核，并对其开展工作时义务履行情况进行监管，确保投资顾问代表发挥出应有作用。智能投顾想要为客户提供完善的服务就必须要对其各项信息进行调查，并在获取信息的基础上给出相应的投资组合建议。《指引》要求从业机构必须要在官网等提供必要的业务说明，确保客户能够对智能投顾模式具有更为深入的理解。《指引》要求企业为客户提供智能投顾服务时，需要提前向加拿大证券管理局（CSA）报告并提交相关材料，由加拿大证券管理局（CSA）进行审核评估。加拿大安大略证券委员会（OSC）在 2016 年成立了专门的"Launch Pad"团队。该团队将会帮助智能投顾企业对自身业务体系进行完善，确保其各项业务都能够满足当前法律与监管需求，使企业合规性得到较大提升。

4. 英国

英国金融行为监管局承担了英国范围内所有金融行业的监管工作。该部门首次提出了监管沙箱政策，该政策的出台有效提升了投资者合法权益的保护水平，并使其在创新发展方面实现了动态平衡。监管沙箱允许部分金融公司在获得客户许可的情况下对部分业务进行测试，但为了保证交易具有较高的安全性，在交易发生前必须要由人工顾问对智能投顾提出的投资建议进行审核，只有通过人工审核后才能够将其交由智能投顾平台进行后续交易操作。通过这种方式不仅可以提

---

① NI13 – 103 是加拿大证券管理局（CAS）发布的注册制度，旨在简化和协调全国各地的经销商和顾问的注册要求，意味着任何从事交易业务的人（包括投资基金经理）都必须进行注册。

升智能投顾公司与投资者之间的交流水平，还能够使投资者直观地了解智能投顾与传统投顾模式存在的差异，还将其面临的投资风险控制在可接受范围内。智能投顾公司需要根据自身发展需求向监管部门提出监管沙箱的申请，但是该申请必须要通过完整的审批流程。公司首先需要将测试方案递交给金融监管部门，并针对自身的测试方案、标准进行说明；金融监管部门对公司提交的测试方案进行审核，并安排专门工作人员负责与该公司保持联系；公司与金融监管部门在互相配合的情况下对沙箱方案进行完善，并确认相应的测试系数，并根据预期测试结果做好相应的准备；金融监管部门正式批准智能投顾公司开展测试工作；智能投顾公司根据测试方案进行测试，监管部门对该公司测试情况进行全程监管；公司将自身实际测试以报告形式递交给监管部门，并由监管部门对该报告进行再次审核；金融监管通过该测试报告的审核，公司可以测试结果决定是否在沙箱测试外提交全新的解决方案①。为了推动投顾产业的发展，英国 FCA 创新中心为该产业提供了充足的支持，使其能够有效解决传统投顾服务存在的不足。

（二）域外智能投顾法律规制的启示

基于以上对域外国家智能投顾法律规制的考察，得出对我国智能投顾风险进行法律规制的启示：必须要根据我国实际情况制定相对完善的智能投顾法律体系，为该产业的发展提供充足的法律支持，明确智能投顾具体准入监管标准，建立有效的风险防范机制，促进金融创新，更好地践行普惠金融理念。

1. 相对完善的智能投顾法律规范

各国监管部门通过对智能投顾发展情况研究后发现，该产业与传统金融存在较大差异，如该业务主要通过线上进行，对互联网的依赖性处于较高水平。智投服务的企业大多不是传统金融企业，大多数都是由金融创新公司提供该类型服务，这就导致其并不具备较强的风险管控能力；接受智投服务的客户大多并不具备较强的理性投资能力，他们对金融知识、风险的理解处于较低水平；智投公司并不会对客户投资需求进行详细调查，也不会为客户量身打造投资方案。这些都要求金融监管部门必须要针对智能投顾发展情况建立完善的监管机制，并对现有法律体系进行完善，确保其能够对智能投顾产生强有力的约束作用。澳大利亚政府为了加大对智能投顾的监管力度，出台了专门《监管指南》，其对智能投顾业务提出了较为严格的监管要求，但是其同样也实现了推动智能投顾业务发展的目标。《监管指南》的出

---

① 郑韵. 智能投顾监管研究 ［D］. 中国政法大学硕士学位论文，2017.

台有效保护了投资者利益不受侵害，还提升了他们对智能投顾业务的了解，使其能够在了解该业务风险的基础上选择适合自己的投资方式。在实践中智能投顾相较于传统投资顾问迸发出来更多的新问题，单单依靠传统投资顾问的法律监管制度，并不能有效解决新问题，澳大利亚的金融市场发展较为成熟，政策、制度制定更为先进，我国应借鉴其较为完善的智能投顾法律体系，结合我国实际情况建立智能投顾法律机制，进一步推动我国智能投顾的发展，促进我国金融行业的繁荣。

2. 明确的智能投顾运营者准入门槛

结合澳大利亚在智能投顾方面的发展措施来看，该国不仅从法律层面对智能投顾的监管职责落实到监管机构当中，还出台了专项政策对智能投顾监管工作提供政策支持。ASIC 在 2016 年将智能投顾定位于金融服务市场当中，并出台了专项《监管指南》。该指南内容主要有以下四部分：一是对监管范围、框架进行详细说明；二是对智能投顾许可证申请方式、审核机构进行说明；三是对授权从业主体的一般义务进行确认；四是根据客户实际需求提供最佳资产配置比例。澳大利亚金融监管部门并没有建立单独的监管框架对智能投顾进行监管，这就要求智能投顾必须要在现有金融产品监管法律体系下接受相关部门的监管。但是监管部门在数据分析、客户利益保护等方面都加大了监管力度，并要求其必须要将自身各项信息定期向外界披露。美国智能投顾企业必须要遵守监管部门出台的《投资顾问法》，并需要向监管部门申请牌照，只有获取牌照的智能投顾企业才允许同时为客户提供投资顾问、资产管理两项服务。以上举措将新型资管产品恰当地纳入现有监管框架，进一步完善了智能投顾运营者的准入。目前我国还没有明确的智能投顾准入标准，也没有将金融牌照的发放落实，这可能导致智能投顾行业的杂乱以及金融市场的混乱，因此我国可以借鉴澳大利亚和美国的先进经验，尽快明确智能投顾运营者的准入门槛，建立一个健康的金融市场环境。

3. 完备的智能投顾信息披露制度

美国证券交易委员会（SEC）要求注册投资顾问完全公开披露信息，不可以采取不正当手段欺骗客户，而且资产管理需要通过第三方托管机构，对于每笔投资款项的运用必须通知客户并获得认可。结合加拿大 31 - 342 号规定来看，智能投顾需要将风险容忍度等内容加入客户调查问卷当中，通过这种方式对客户风险最大接受能力做出合理判断。智能投顾通过大数据等技术对客户各项信息进行全方位分析，并根据分析结果给出相应的资产配置方案。通过这种方式所形成的资产组合可以有效降低投资风险，并确保该方案具有较高的收益。但是我们必须要注意到，我国智能投顾产业仍然处于发展状态中，这就导致技术完整性、安全性并没有通过实践检验，导致其可能会存在一定的技术缺陷。① 因此，应实行严格的信息披露制度。目前在我国智能投顾发展中也产生了这一顾虑，智能投顾的产生是众多中产阶层投资者的福音，大量投资者涌进智能投顾的市场当中，投资者之间风险承受能力不同，投资需求存在差异，而且一般通过调查问卷的形式对客户进行分析，这样单一的调查问卷方式可能会因为设计者的歧视性或偏向性算法造成投资建议的不适当。我国在实践中由于信息不透明，监管不全面，导致投资者对投资理财平台产生不信任心理，智能投顾这一新模式已经不能完全适应传统投资顾问的法律规制，因此应借鉴国外完备的信息披露制度，完善我国智能投顾信息披露制度，加强智能投顾风险防范。

4. 全面的智能投顾投资者保护制度

2008 年世界金融危机爆发后，世界各国都意识到保护金融投资者权益的重要性，并将保护投资者合法权益作为监管部门的重要工作。美国政府在智能投顾监管方面更加侧重投资者保护。根据 SEC 提供数据来看，该部门在 2015 年出台了 10 条针对智能投顾的风险警示内容，要求投资者必须要注意智能投顾存在的风险，意在提供专业警示，保护新型资管产品的投资者。《智能投顾投资者公告》中对智能投顾运作方式进行了详细说明，提醒投资者在作出投资决策前必须要提升对智能投顾的理解，并了解该投资方式存在的风险，使其能够根据自身实际风险接受水平对智投工具给出的投资建议进行全方位研究，确保其能够给自身带来足够的收益并将风险控制在较低水平。美国始终以保护投资者合法权益作为出发点和落脚点。投资者的合法权益是证券监管行业首要考虑的因素。可以说，一切风险防范和监管措施都以保护金融消费者合法权益为核心。学习域外经验，我国在智能投顾风险防范和监管中也应该高度重视保护好金融消费者合法权益，加强智能投顾投资者的合法权益保护，使投资者权益保护与智能投顾创新发展统一起来。

五、我国智能投顾法律规制的路径选择

金融行业高速发展，智能投顾日新月异。实践中智能投顾相关问题层出不穷，我国现行法律法规已然表现出滞后性。他山之石，可以攻玉。对域外智能投

---

① 邢会强. 金融消费者权利的法律保护与救济 ［M］. 北京：经济科学出版社，2016.

顾法律规制的经验借鉴，为完善我国智能投顾法律规制提供了科学路径。

（一）完善智能投顾相关法律法规

1. 完善《证券、期货投资咨询管理暂行办法》

《证券、期货投资咨询管理暂行办法》（以下简称《暂行办法》）出台时间过久，已经不能完全适应当今我国金融业的发展要求，亟待做出调整以促进我国金融业的普惠健康发展。相关部门应当针对我国当前资本市场发展现状对其持续进行完善，其可通过对国外金融法律体系建设情况进行详细研究，从用户服务、监管、信息保护等方面为智能投顾服务提供充足的支持，并建立具有较高统一性的行业标准，通过该标准将不符合相关要求的机构从智能投顾产业中驱赶出去，从而推动产业的发展；此外，还可以充分参考澳大利亚、加拿大等国家的监管模式，对智能投顾产业提出明确的顾问要求，要求企业必须保证拥有最低限度的人工干预，从而解决机器服务存在的问题，并将责任落实到具体人员身上，为智能投顾产业的发展提供充足的支持。

证券投资咨询是证券产业发展的重要基础，其能够帮助投资者在短时间内对证券价格做出合理判断，并发挥出提升信息传播效率的目标，引导投资者进行理性投资。我国现行法律要求证券咨询机构获得良好发展的同时，能够积极配合监管部门的工作，并将各项业务纳入监管范围内。所以，监管部门对《暂行办法》进行修改时必须要加强以下工作。

一是鼓励创新。鼓励证券投资咨询机构能够主动拓展自身业务范围，为更多的投资者提供良好的咨询服务。证券投资咨询机构还应当积极引入战略投资者，以此来提升自身对风险的抵抗能力，并在风险可控范围内积极进行业务创新，推动其业务获得良好发展。

二是建立明确的证券投资咨询服务方式。对现有证券投资咨询进行明确划分，确保其能够根据投资者咨询需求提供针对性的咨询服务。[①]

三是建立完善的监管机制。我国金融监管机构在实际监管当中主要采取资格许可为主的监管方式，并通过机构审批、行为规范等方式提供辅助监管服务，从而建立持续性金融监管体系。监管部门应当适当放宽对证券投资咨询机构的监管力度，并主动下调咨询业务的管制，使证券投资咨询机构能够对自身咨询服务方式进行持续发展，而监管机构只需要对改革行为进行监管。证券投资咨询机构应

---

① 马元平，曹伊. 我国证券公司智能投顾业务发展对策［J］. 合作经济与科技，2019（1）.

当建立完善的咨询业务体系，并建立相对应的风险管控指标，使其能够对自身发展过程中的咨询信息、传播等进行全方位监管，并确保信息透明度得到较大提升，使监管部门能够对证券投资咨询机构进行更为有效的监管。

四是建立完善的投资者合法权益保护机制。监管部门必须从法律、政策等方面对证券投资咨询机构的诚信义务、披露义务进行明确，并要求其将保护投资者合法权益放在首位；建立完善的证券期货投资咨询业务风险管控机制，并要求咨询机构为投资者提供相应的保险服务，使投资者能够获得多种方式的救济。

2. 建立多重金融安全风险防范机制

金融安全是金融产业发展的基础，监管部门必须要采取有效措施确保金融安全。智能投顾在金融领域中得到了良好发展，但是受到其对信息技术过度依赖等问题的影响，导致其存在较高的技术风险，必须要制定完善的风险管控机制后才允许进行线上运行。为了将线上系统风险控制在合理范围内，必须要对该系统同时进行黑白盒测试。[1] 智能投顾主要依靠人工智能为客户提供该资产配置服务，但是目前人工智能发展还存在一定不足，这就要求智能投顾必须要加大对该制度的监管力度，在减少系统漏洞的情况下提升系统安全性。此外，在人工智能技术应用方面应当采取多重安全保障措施，提升智能投顾技术的风险防控水平，详情如下：

一方面，建立完善的金融交易安全风险防范机制。国内外不少企业都出台了以人脸识别为基础的身份识别机制，但是该机制在双胞胎或长相相似的人方面并不能够发挥较强的安全保护作用，企业应当尝试将指纹等识别方式加入其中，以此来提升用户账户的安全性。为了降低无人柜台金融业务欺诈行为，企业还可以通过摄像头等对人脸各项数据进行采集，从而降低生物特征造伪的可能性，并对交易主体进行相应判断。对于部分在异地登录账户的交易者而言，企业必须要对用户各项生物特征进行比对，还需要对 IP 地址保持密切追踪，以此来提升自身风险抵御能力。

另一方面，建立完善的金融欺诈风险防范机制。结合智能投顾发展情况来看，可以通过对交易事件进行监管等方式来降低金融欺诈行为的发生概率。随着智能投顾进一步发展，其将会拥有大量的投资数据，可以通过对这部分数据进行分析，对未来交易事件的发生概率作出合理预测。结合金融市场发展情况来看，如果部分用户选择薅羊毛的方式获取超出平均水平的利润，将会导致部分因素实际情况与预期存在较大差异[2]。智能投顾可以通过人工智能技术对其各项信息进

① 李文莉，杨玥捷. 智能投顾的法律监管及风险建议［J］. 法学，2017（8）.

② 程娟，周雄伟. 基于人工智能的证券金融服务创新研究［J］. 金融科技时代，2018（10）.

行分析，并对"薅羊毛"行为进行逐步筛选，当发现用户存在异常行为立即制止，并将其暴露出来，从根本上解决薅羊毛金融欺诈问题。

（二）明确智能投顾的监管主体

由于监管主体不明等原因，许多互联网金融平台都在盲目发展。而无论是对于互联网金融平台或者投资者来说，都不希望发生因监管主体模糊而引发的纠纷。在监管的整体考虑上，明确智能投顾的监管主体是智能投顾发展的基础与保障，因此明确智能投顾的监管主体极其重要。我国《证券法》第六条①指明了我国采用分业监管的体制。而现今的监管主体不明的核心在于机构监管的不适应性以及中央与地方的冲突。

对于监管体制，主张从机构监管转向功能监管的学者占主流，但具体措施上，有的学者坚持大金融一体化的监管体系，有的学者认为功能监管强调的是以不同的金融功能划分监管者权力，而非不同的金融机构，并以英国金融服务局为例，认为我国现今是监管者之间的联动机制而不是分业监管体制出了问题。因此，有的学者认为应由银保监会、证监会联合管理而非设置全新的职能部门，并且应当使监管机构协调职责法定化以提高监管机构协调的主动性。而有的学者则认为功能监管有其内在缺陷，应当引入矩阵方法，同时适用功能监管与机构监管。也有的学者提出应运用不一样的监管体制，如建立统一信用平台进行信息监管。无论是建立一个统一监管的机构，还是仍保持现有的多机构分立等基础不变而只是增加沟通机制，抛弃单纯的机构监管并迈向功能监管仍是必须的，而具体的方式非本文的重点，并不详述。

我国现有的智能投顾相关法规在实践中因为缺乏细则等导致功能监管并未真正落实，机构监管又无法完全实施，反而造成了更大的监管真空。机构监管中，地方金融监管按属地监管，即按注册地为准进行监管，而互联网金融平台却普遍跨地区经营，实际经营地和注册地也常存在分离的情况，这就提升了相关部门的监管难度。智能投顾实际上仍然是为投资者提供一定的证券投资咨询服务，但是其可以在咨询服务基础上为客户提供一定的资产管理服务。但是结合我国现行金融监管机制来看，智能投顾无论想要从事哪个业务都得从监管部门获取相应的牌照。

因此，根据原有的各机构的职责，在现行框架下则理应由证监会及其下属机构等监管，以证监会作为统一的上层监管主体也可以减少各地监管部门的冲突。

---

① 《证券法》第六条：证券业和银行业、信托业、保险业实行分业经营、分业管理，证券公司与银行、信托、保险业务机构分别设立。国家另有规定的除外。

在短期内，可以确定由证监会等以监管法定的资产证券化或是其他证券的方式对于此类产品进行主要的监管。由于现有的互金平台仍主要由地方人民政府进行监管，因此需在地方和中央之间建立适当的沟通机制以逐步完成权力的过渡。此外，证监会在充分发挥出自身监管作用的前提下，应当加大对相关法律的完善，并发挥出行业自律的作用，由行业自律协会对智能投顾业务进行全方位管理，并出台具有较高科学性的监管机制与业务规范，推动智能投顾获得良好的发展。

（三）科学设定智能投顾运营者的准入门槛

由于智能投顾自身特殊性的影响，监管部门必须要为该行业设置较为严格的准入门槛。对我国从事证券投资咨询业务机构调查后发现，该业务主要由证券公司提供，而我国专门从事证券投资咨询产业的企业不足百家。但是这些企业当中虽然具有基金代销资格、私募资金管理资格，但是并没有任何智能投顾平台从监管部门获取证券投资咨询业务资格。根据我国现行金融监管体系来看，智能投顾平台想要开展相关业务首先就要获取监管部门颁发的《经营证券期货许可证》，但是截至目前并没有任何一家智能投顾平台获取该许可证，即当前市场中为客户提供智能投顾服务的企业普遍面临较高的合规性问题。根据证监局提供信息来看，我国资本市场通过智能投顾进行销售的现象较为常见，但是这些智能投顾平台必须要获取相应的基金销售牌照，如果其在没有获取该牌照的情况擅自为客户提供公募证券投资服务，证监会将会对该机构及其负责人进行严厉处罚。

结合我国当前金融监管机制来看，我国现行法律不允许企业同时开展投资顾问、资产管理业务，这就导致智能投顾产业的发展受到较大制约。RIA作为美国智能投顾平台开展业务必须要持有的牌照，智能投顾企业获得该牌照后可以同时为客户提供投资咨询、资产管理等服务。韩国、日本等国家近年来也加大对证券商服务模式的探索，并逐步允许证券商承担"财富管理"的职责，并出台相关政策鼓励证券商为客户提供完善的证券咨询服务，并为其提供一定程度的资管服务。我国从法律层面对证券咨询、资产管理进行分离，这不仅对智能投顾产生了一定影响，对我国证券创新也带来了较大制约。这就要求相关部门必须要采取有效措施解决该问题，并从法律层面打破产业所面临的法律壁垒。[①] 通过对西方国家智能投顾发展情况研究后发现，想要将国外智能投顾资产业务在我国直接运用还存在诸多问题，其中"代客理财"与智能投顾中的调仓功能存在直接冲突。调仓

---

① 牛雪芳. 论金融科技视角下我国智能投顾规制的法律路径 ［J］. 黑河学刊，2018（11）.

工作在澳大利亚被称为"全权委托账户",该功能是智能投顾产业拥有的核心优势,也是智能投顾产业领先传统投顾产业的重要原因。结合国外智能投顾发展情况来看,智能投顾平台会根据市场发展情况生成相应的调仓指令,并直接运行该指令进行调仓操作。在我国现行法律下,调仓功能实际操作步骤如下:基金经理根据量化模型研究成果生成相应的调仓指令,并将该判断直接以消息形式推送给投资者,投资者同意该操作后按照该步骤对仓位配置进行调整。通过对比分析可以发现,国内外在调仓功能方面的主要差异在于计算机调配与人工调配,但是我国从法律层面对调仓功能进行禁止,这就导致该项工作面临较高的合规性风险。

结合我国智能投顾业务发展现状可以发现,其目前面临的主要问题是难以获取牌照。我国金融产业在长期发展过程中大多坚持谨慎性原则,这就导致现有法律框架、监管体系都具有显著的谨慎性特点,进而导致金融产业创新积极性被控制在较低水平,使金融产业发展受到较大制约。从智能投顾角度来看,监管部门通过限制牌照发行等方式可有效提升该产业的准入门槛,并提升产业发展水平。但是实际上监管部门长期没有为智能投顾公司发放牌照,这就导致大量智能投顾公司因为没有牌照无法为客户提供良好的服务,大量劣质平台充斥在市场当中,使资本市场存在较为突出的系统性风险①。监管部门应当根据我国智能投顾产业发展现状,制定严格的市场准入门槛,对满足相关要求的企业颁发相应的牌照,通过这种方式建立完善的市场机制。

此外,监管部门可充分发挥行业自律协会的作用,通过制定行业自律规则等方式要求智能投顾企业必须要将自身业务范围进行详细说明,或者建立智能投顾协会,并将自身实际工作情况定期向外界披露,还需要加大对客户的教育力度,使其能够对智能投顾服务的风险进行了解。智能投顾平台在正式投入运营前必须要从监管部门申请并获得牌照,确保自身业务具有较高的合规性。在获得牌照后还需要前往证监会进行注册备案,并确认相应的责任主体,确保智能投顾平台发展始终处于监管范围内。

(四) 加强智能投顾的投资者保护

1. 完善投资者适当性制度

投资者适当性制度是现代金融服务业的重要原则,这也是金融市场保护投资者合法权益的重要方式。该制度是指将合适的产品、服务通过一定的方式销售给

---

① 李晴. 互联网证券智能化方向:智能投顾的法律关系、风险与监管〔J〕. 上海金融,2016 (11).

合适的人。根据国内外学者研究情况来看，其对智能投顾通过问卷调查就可以对投资者做出合理判断产生一定质疑。结合笔者研究来看，智能投顾给出的资产配置建议中的资产组合的预期收益率并不会受到投资金额、时间变化的影响。① 所以，对智能投顾平台给出的投资组合是否具有较高科学性应持怀疑态度。智能投顾平台利用大数据等技术有效提升了自身信息判断能力，也提升了自身服务效率，但是其同时也给平台带来了较高的技术风险与操作风险，在这些风险的影响下，智能投顾平台表现出了较大的复杂性。传统证券经纪商、投资咨询顾问必须要坚持信义，只有积极承担信义义务才能够得到更多投资者的认可。根据欧美等经济体所指定的金融监管机制来看，投资者委托金融机构开展组合资产管理业务时，金融机构实际上承担了受信人的身份，其与客户之间存在实质上的信义关系，必须要将满足投资者最大利益作为首要目标。

综上所述，智能投顾必须要在遵守当前法律的基础上积极履行信义义务，并从监管机构手中获取投资顾问业务、资产管理业务的牌照，并为该项工作提供充足的人力与资源支持，为建立智能投顾平台打下坚实的基础；还应当合理划分风险等级，对客户真实资产情况、风险偏好做出合理判断，应当对智能投顾产品或者服务的风险进行预测和估算，并划分等级，以正确引导投资者为前提，利用更为先进的算法对客户各项数据进行全方位分析，为"适当"的投资者提供具有更高科学性与合理性的投资建议。

2. 建立投资者教育制度

智能投顾必须要建立完善的投资者教育机制，使投资者能够对智能投顾存在的风险做出合理判断。结合智能投顾发展情况来看，其主要为普通投资者提供完善的咨询服务，而这些群体普遍不具备较强的金融知识水平，对算法模型的理解也处于表面，这就导致其与智能投顾之间存在较为严重的信息不对称问题。

智能投顾企业有义务帮助投资者对自身进行教育，使其能够对智能投顾的优势、存在的风险进行了解。投资者通过智能投顾教育后能够对其做出客观判断，提升其对大数据分析结果的信任度，但是必须要注意到大数据分析结果同样会存在准确度不高等问题。这些都要求平台对投资者进行全方位教育，加大普及证券期货知识力度，将投资者教育逐步纳入国民教育体系，条件成熟或者经济发达的地区可以先行试点。充分发挥媒体的舆论引导和宣传教育功能。证券期货经营机构可在购买产品的人或者有意向购买其产品的投资者中，适当开展智能投顾投资

---

① 刘雅琨. 金融科技视阈下我国智能投顾监管制度的构建［J］. 资本观察，2017（12）.

者教育培训，由机构承担培训费用，保障人员配备，使投资者能够了解自身投资行为存在的风险，从而降低投资失败所产生的纠纷。总的来说，智能投顾平台可以通过定期组织客户参与教育活动，提升其对智能投顾的理解。

3. 完善投资者数据隐私保护制度

信息技术的发展使互联网中信息出现了爆发式增长。以大数据技术为代表的新型信息技术将民法隐私权逐步扩展至网络当中，并逐步形成了以信息持有者为核心的金融隐私权。随着互联网技术的持续发展，智能投顾平台能够为用户提供多种多样的服务，其能够将用户在不同方面的信息集中到平台当中，当其为客户提供个性化投资方案时需要对客户大量隐私信息进行研究，这就导致客户个人隐私无法得到良好的保障。① 这都要求智能投顾平台必须加大对客户隐私信息的保护力度，而这也是我国监管部门的监管要求。

第一，智能投顾平台必须要针对性地完善自身数据库保护体系。在进行数据备份的基础上完善信息安全体系，不断加强数据层的隐私保护，确保投资者隐私信息不会被第三方窃取。

第二，智能投顾企业应当制定行业保密规则。增强智能投顾企业内部员工的法律意识，加强保密责任的教育，与员工签订保密协议书。加强对智能投顾保密关键部门和涉密工作人员的内部管理。

第三，智能投顾企业应当提高技术能力，保护金融系统不受外部攻击，应用新型的防火墙、身份认证、数据加密、第三方认证以及网络安全监控等技术并实时更新，保障信息及信息系统的安全。

4. 完善运营者信息披露制度

信息是金融市场发展的重要基础。投资者只有在掌握更多信息的基础上才能够确保其作出的决策具有较高的科学性与合理性。智能投顾信息披露方式有两种：一是通过算法等方式进行信息披露；二是通过其他方式进行信息披露。算法披露主要是指企业将算法逻辑、主要参数向监管部门进行报备，当其对算法调整时需要将调整后的算法信息进行修改。这种持续性算法披露制度与传统上市公司信息披露具有较高相似性。当智能投顾算法存在重大缺陷引发市场出现动荡时，监管机构可以通过对算法进行监督，提前发现问题并采取有效措施解决问题。其他信息披露主要是指运营者需要将交易流程、投资方式等信息向外界披露，并将传统人工顾问存在的问题、风险等进行说明，使投资者能够了解两者之间存在的

---

① 米晓文. 机器人投顾对我国金融消费者权益保护的启示［J］. 华北金融，2016（3）.

差异①。具体如下：

第一，健全智能投顾内部信息披露制度。细化信息披露制度流程，制定简单明确的信息披露规则。智能投顾运营者应当真实、及时、准确、完整地披露可能对投资者的投资决定产生较大变动的信息，披露的信息必须保证简单扼要，完整说明风险，以便投资者对投资市场变动及时掌握并为可能产生的损失提前做准备。

第二，建立一个统一的智能投顾信息披露平台。所有企业的信息可以在此平台上查阅，保证投资者可以第一时间查看最新的智能投顾信息及发展动向。

第三，智能投顾运营者要切实履行信息披露职责。智能投顾企业在依法公开披露信息之前，不得非法对他人提供相关信息。同时，健全信息披露问责机制，企业中的负责人在信息披露文件中的承诺必须详细具体且实际可操作，尤其是就补偿或者赔偿责任作出明确的承诺并切实履行。

（五）健全智能投顾配套纠纷解决机制

不同智能投顾平台所使用的算法具有较高的相似性，且智能投顾平台的用户数量相对较大，导致其管理资金总量也处于较高水平。当智能投顾进行投资操作时有可能会导致市场中出现大量埋单，这就很容易引发其他投资者做出错误判断，导致股市动荡幅度进一步加大。为了解决该问题，平台运营人员应当根据每笔业务不同金额成立相应的风险资金池，通过这种方式逐步将资金释放到资本市场中，从而降低网络化操作所带来的风险。在风险准备金不足的情况，运营人员应当采取积极创新等方式降低自身承受的赔偿负担，并为每位客户投保责任险，在非营运原因引发的事故中设定最高赔偿金额。如果智能投顾平台出现重大事故导致自身出现破产情况，投资者需要委托监管部门对自身财产进行特殊保护，还应当从法律层面将投资者补偿款设置为最优先级，通过这种方式来保护投资者合法权益不受到侵害。

用户在智能投顾平台实际服务中如果对平台给出的投资建议产生质疑，将会导致他们对平台给出的所有信息持有较高怀疑态度，此时仅依靠线上信息很难获取这部分用户的认可，这就要求智能投顾平台通过加强线下服务等方式来转变他们的观念。

第一，面对投资者投诉，智能投顾平台可根据问题复杂程度对其进行区分。部分相对简单的问题交由智能平台进行处理，较为复杂的问题则交由人工客服来

---

① 郭雳，赵继尧. 智能投顾发展的法律挑战及其应对［J］. 证券市场导报，2018（6）.

完成，在人工介入后仍然没有解决该问题则可通过线下服务的方式对客户所面临的问题进行解决。对于不同性质的纠纷适用不同的基础性法律，如触及刑事的案件就按照刑法来解决，触犯民法规定的纠纷，就按照民法相关规定进行解决；对于专门性的智能投顾纠纷，在各地证监局监管的基础上，由证券专业人员组成智能投顾专门调解机构进行调解，或者设置专门的在线仲裁。

第二，如果客户经过以上处理后仍然不满意智能投顾平台的处理结果，那么就应当通过司法途径来解决该问题。这不仅需要遵循现行金融监管的规定，还应当考虑民法、刑法等相关适当规定，充分发挥自由裁量权的同时，寻求社会公共利益与交易主体利益的平衡①。此外，还应当将金融监管、金融审判良好地结合在一起，通过这种方式建立相对完善的金融纠纷解决机制。

第三，智能投顾还可以将外部资源引入其中，如对投资者开展业务专题培训等，使其能够在面临智能投顾纠纷时及时获得相应的法律知识，依法解决自身所面临的问题，以降低双方维权成本，提高纠纷解决效率。

第四，通过较长时间的司法实践后，可根据自身实际发展情况建立"智慧法院"，对司法大数据进行深入挖掘，从而建立以智能投顾为核心的报告分析体系，对部分具有较高普遍性的智能投顾法律问题确定合理的审判尺度。

六、结论与展望

智能投顾是指通过数据信息分析、运用智能化算法等对投资者财务情况、风险承受能力、预期收益目标等要求进行分析，并根据分析结果为投资者提供具有较高针对性的资产配置建议。其作为一种新型金融科技，在财务管理领域获得良好发展。但随着资本市场逐步发展，其所面临的风险也出现较大变化。因此，必须加强风险防范工作，并完善智能投顾相关法律规制，为维护金融安全、保护投资者合法权益等提供充足法律支持。亦因此，对智能投顾法律规制进行研究不仅具有重要的理论价值，而且具有重要的实践意义。

基于对智能投顾及相关概念的界定，以及对其典型模式、发展历程与普遍存在的风险的考察可知，智能投顾的发展具有必要性。基于规范分析法，在对智能

---

① 胡章灿，傅佳伟. 智能投顾行业发展现状及监管［J］. 金融纵横，2017（12）.

投顾基本理论认识的基础上，梳理我国智能投顾法律规制现状，认为我国智能投顾法律规制中存在诸多问题，包括智能投顾发展缺乏专门性法律规范、智能投顾销售牌照管理不够明确、智能投顾适当性义务缺乏法律依据、智能投顾运营者可能违反信义义务四个方面。基于比较分析法，考察域外智能投顾法律规制制度可知，域外智能投顾具有相对完善的法律规范、明确的营运者准入制度、完备的信息披露制度以及完善的投资者保护体系，这对我国智能投顾法律规制的完善具有一定的启示意义。据此，应从以下五个方面完善我国智能投顾法律规制：一是完善智能投顾相关法律法规，如修改《证券、期货投资咨询管理暂行办法》，而修改时必须注意"鼓励创新，建立明确的证券投资咨询服务方式和完善的监管机制，建立完善的投资者合法权益保护机制"等内容。二是明确智能投顾监管主体，在现行框架下则理应由证监会及其下属机构等监管，以证监会作为统一的上层监管主体也可以减少各地监管部门的冲突；同时发挥出行业自律的作用，由行业自律协会对智能投顾业务进行全方位管理，并出台具有较高科学性的监管机制与业务规范，推动智能投顾获得良好的发展。三是科学设定智能投顾运营者准入门槛，即监管部门根据我国智能投顾产业发展现状，制定严格的市场准入门槛，对满足相关要求的企业颁发相应的牌照，通过这种方式建立完善的市场机制。四是加强智能投顾投资者保护，即完善投资者适当性制度、建立投资者教育制度、完善投资者数据隐私保护制度和运营者信息披露制度。五是健全智能投顾的配套纠纷解决机制。

目前学界对智能投顾尚未形成统一认知，对其本质及内涵研究依然不够透彻；理论研究在某种程度上脱离于金融实践，对策实施亦比较困难。而笔者并未实际接触智能投顾金融实践，因此，实证研究方面亦有所欠缺。故而，未来有待于学界从理论和实践层面对智能投顾法律规制问题继续展开深入研究。

参考文献

专著类

[1] 尚福林.欧盟金融工具市场指令［M］.北京：法律出版社，2010.

[2] 世界银行.金融消费者保护的良好经验［M］.中国人民银行金融消费

权益保护局译．北京：中国金融出版社，2013．

　　［3］王波．规制法的制度构造与学理分析［M］．北京：法律出版社，2016．

　　［4］邢会强．金融消费者权利的法律保护与救济［M］．北京：经济科学出版社，2016．

　　［5］吴弘．证券法教程［M］．北京：北京大学出版社，2017．

　　［6］徐恪，李沁．算法统治世界智能经济的隐形秩序［M］．北京：清华大学出版社，2017．

　　［7］［美］保罗·西蒙尼．金融科技创新［M］．马睿，汪吕杰译．北京：中信出版社，2017．

　　［8］顾谦．区块链+赋能数字经济［M］．北京：机械工业出版社，2018．

　　［9］［美］施博德．未来计算［M］．沈向洋译．北京：北京大学出版社，2018．

　　［10］李劲松，刘涌．智能投顾：开启财富管理新时代［M］．北京：机械工业出版社，2018．

期刊类

　　［1］杨东．论金融法制的横向规制趋势［J］．法学家，2009（2）．

　　［2］黄韬．我国金融市场从"机构监管"到"功能监管"的法律路径［J］．法学，2011（7）．

　　［3］汪其昌．对金融服务者施加信义义务：英美保护金融消费者的一个独特制度［J］．经济研究参考，2011（20）．

　　［4］于春敏．金融消费者的法律界定［J］．上海财经大学学报，2012（4）．

　　［5］孟繁永．美国证券投资顾问市场发展及借鉴［J］．证券市场导报，2012（10）．

　　［6］杨东．论金融法的重构［J］．清华法学，2013（4）．

　　［7］李有星．互联网金融监管的探析［J］．浙江大学学报（人文社科版），2014（4）．

　　［8］杨东．从法律角度看互联网金融变革［J］．清华金融评论，2014（5）．

　　［9］米晓文．机器人投顾对我国金融消费者权益保护的启示［J］．华北金融，2016（3）．

　　［10］徐慧中．我国智能投顾的监管难点及对策［J］．金融发展研究，2016

（7）.

　　［11］张立钧．中国智能投顾业蕴藏巨大潜力［J］．清华金融评论，2016（10）.

　　［12］李晴．互联网证券智能化方向：智能投顾的法律关系、风险与监管［J］．上海金融，2016（11）.

　　［13］姜海燕，吴长风．智能投顾的发展现状及监管建议［J］．证券市场导报，2016（12）.

　　［14］袁康．证券公司设立互联网综合理财平台的制度构建［J］．证券法苑，2016（18）.

　　［15］蔡元庆，黄海燕．监管沙盒：兼容金融科技与金融监管的长效机制［J］．科技与法律，2017（1）.

　　［16］智能投顾：智能时代的财富管理专家［J］．中国总会计师，2017（2）.

　　［17］李晴．智能投顾的风险分析及法律规制路径［J］．南方金融，2017（4）.

　　［18］冯永昌，孙冬荫．智能投顾行业机遇与挑战并存（上）［J］．Focus 专家视野，2017（6）.

　　［19］路青．智能投顾海外先行［J］．大众理财顾问，2017（6）.

　　［20］于文菊．我国智能投顾的发展现状及其法律监管［J］．金融法苑，2017（6）.

　　［21］陈小慧．传统投顾需自我救赎［J］．理财顾问，2017（6）.

　　［22］冯永昌，孙冬荫．智能投顾行业机遇与挑战并存（下）［J］．金融科技时代，2017（7）.

　　［23］杨丽．中国智能投顾的发展现状及监管对策［J］．金融与资本，2017（7）.

　　［24］李文莉，杨玥捷．智能投顾的法律监管及风险建议［J］．法学，2017（8）.

　　［25］巴洁如．"智能投顾"监管的国际实践［J］．环球瞭望，2017（9）.

　　［26］伍旭川．迎接金融科技的新风口——智能投顾［J］．清华金融评论，2017（10）.

　　［27］胡章灿，傅佳伟．智能投顾行业发展现状及监管［J］．金融纵横，2017（12）.

［28］李苗苗，王亮．智能投顾：优势、障碍与破解对策［J］．南方金融，2017（12）．

［29］乔智迪．对智能投顾在中国发展困境的反思——以理财魔方为例［J］．金融经济，2017（14）．

［30］张妮妮．智能投顾的发展现状及监管建议［J］．中国市场，2017（19）．

［31］陈煜，任敏．关于智能投顾法律规范框架的基本分析［J］．清华金融评论，2018（2）．

［32］刘彬．智能投顾的发展之本与困难之源［J］．中国银行业，2018（2）．

［33］李亚辰，吕祥友．智能投顾风险分析与监管路径研究［J］．中国物价，2018（2）．

［34］麻斯亮，魏福义．人工智能技术在金融领域的应用：主要难点与对策建议［J］．南方金融，2018（3）．

［35］袁淼英．我国证券智能投顾运营商市场准入制度的构建［J］．西南政法大学学报，2018（3）．

［36］艾佳宁，孟克．商业银行智能投顾模式探索——以摩羯智投为例［J］．华北金融，2018（4）．

［37］刘勇，李劲松．智能投顾的理论基础与收益原理［J］．大众理财顾问，2018（4）．

［38］吴烨，叶林．“智能投顾”的本质及规制路径［J］．法学杂志，2018（5）．

［39］张怀增，李继云．基于信任和项目偏好的协调过滤算法研究——兼论智能投顾的发展现状及监管建议［J］．无限互联科技，2018（5）．

［40］郭雳，赵继尧．智能投顾发展的法律挑战及其应对［J］．证券市场导报，2018（6）．

［41］程娟，周雄伟．基于人工智能的证券金融服务创新研究［J］．金融科技时代，2018（10）．

［42］张议文．基于我国智能投顾行业现状的反思与建议［J］．现代商业，2018（10）．

［43］郑佳宁．论智能投顾营运者的民事责任——以信义义务为中心展开［J］．法学杂志，2018（10）．

［44］牛雪芳.论金融科技视角下我国智能投顾规制的法律路径［J］.黑河学刊，2018（11）.

［45］翟慧婧.金融科技背景下我国智能投顾市场发展研究［J］.中国高新科技，2018（19）.

［46］马元平，曹伊.我国证券公司智能投顾业务发展对策［J］.合作经济与科技，2019（1）.

学位论文

［1］朱国栋.HA 证券公司投资顾问业务的优化对策研究［D］.安徽财经大学硕士学位论文，2017.

［2］刘晨.多指标选股智能投顾策略构建研究［D］.上海师范大学硕士学位论文，2018.

［3］余西娜.基于智能投顾的传统配对交易在 A 股市场的拓展应用［D］.上海师范大学硕士学位论文，2018.

［4］杨旻玥.我国智能投顾发展探究——以招行摩羯智投为例［D］.浙江大学硕士学位论文，2018.

外文文献

［1］Administrative Proceeding File No. 3 – 17280，In the Matter of Morgan Stanley Smith Barney LLC ［EB/OL］.https：//www. sec. gov/litigation/admin/2016/34 – 78021. pdf.

［2］Megan Ji. Are Robots Good Fiduciaries? Regulating Robo – Advisor Under the Investment Advisers Act of 1940 ［J］. Columbia Law Review，2017（6）：117.

［3］Michael Tertilt ，Peter Scholz. To Advise or Not to Advise—How Robo – Advisors Evaluate the Risk Preferences of Private Investors ［EB/OL］. https：//ssrn. com/abs tract＝2913178.

［4］Melanie L. Fein. How are Robo – Advisors Regulated? ［EB/OL］. https：//ssrn. com/ abstract＝3028232.

［5］Melanie L. Fein. FINRA＇s Report on Robo – Advisors：Fiduciary Implications ［EB/ OL］. https：//ssrn. com/abstract＝2768295.

［6］Securities and Exchange Commission，SEC Proposes Role Requiring Investment Advisers to Adopt Business Continuity and Transition Plans ［EB/OL］. https：//

www. sec. gov /news/pressrelease/ 2106 – 133. html.

[7] Securities and Exchange Commission, Investor Alert: Automated Investment Tools [EB /OL]. https//www. sec. gov/oiea/investor – alerts – bulletins/autohstmg-toolshtm. html.

[8] Securities and Exchange Commission, Dodd – Franke Act Changes to Investment Adviser Registration Requirements [EB/OL]. http: //www. sec. gov/divisions/ investtment/iraissues/dfia registration. pdf.

[9] Tom Baker , Benedict Dellaert. Regulating Robo Advice Across the Financial Services Industry [J]. Erim Report, 2017, 103 (2): 713 – 750.

[10] The Financial Industry Regulatory Authority, Digital Investment Advice Report [EB/ OL]. http: //www. finra. org/sites /default/files/digital – investment – advice – report. pdf.

第二篇

监管篇

第三章 我国金融科技法律监管研究

一、问题的提出

近年来，金融领域的技术创新——金融科技（Financial Technology，Fintech）呈上升趋势，成为金融界的流行术语。金融科技与现有法律体系存在一定的内在不兼容，在许多情况下它不容易适应现有的监管框架，并需要监管机构及时做出适当的回应。而此类法律回应的充分性和及时性不仅决定了金融科技防范法律风险的可行性，还决定了其对整个市场经济潜在的影响力以及促进社会积极变革的能力。但是，监管部门对金融创新的反馈常常难以理解、前后矛盾或为时已晚。因此，对金融科技进行适度、适时的法律监管已成为世界各地监管机构的挑战。

习近平总书记在2018年二十国集团领导人第十三次峰会上揭示了我国金融科技的发展现状，同时强调了对金融科技引发风险的担忧——"世界经济数字化转型是大势所趋，新的工业革命将深刻重塑人类社会，我们既要鼓励创新，促进数字经济和实体经济深度融合，也要关注新技术应用带来的风险挑战"。自金融危机以来，金融科技公司迅速崛起，在许多方面扰乱了金融业，尽管这些颠覆性的创新为消费者带来了巨大好处，但囿于金融科技某些独特性质，也引发了一系列的风险。首先，与传统且复杂的金融机构相比，金融科技公司导致了规模小且分散的参与主体的扩散，这些参与主体更容易受到外部冲击的影响；其次，与大型金融机构相比，新兴金融科技公司的业务科技含量高，计算过程不透明，监管机构难以有效地监控它们的行为；最后，与成熟的金融机构相比，初创型金融科技公司业务分散且覆盖面小，对声誉影响和诚信约束也较小。对此，监管机构致力于识别金融科技相关参与主体，并监控其行为，平衡金融科技的创新发展与风险防范，从而维护整个金融系统的稳定。

综上，本文聚焦于当今金融业和法律界共同的热点问题——我国金融科技的法律监管研究，探讨如何在法律层面更好地促进我国金融科技的健康发展。

二、金融科技法律监管的一般考察

自 2008 年的全球金融危机以来，金融业的格局被迅猛发展的金融科技创新逐步打破。以我国为例，2004 年诞生的支付宝移动支付钱包仅用 10 年就跃居为全球首屈一指的移动支付厂商，支付宝的方便快捷使市场上大量现金流减少，颠覆了我国整个社会商品买卖的交易方式；2012 年 P2P 网络借贷平台①进入爆发式增长期，以其直接透明、审核门槛低、放贷速度快等特点迅速席卷小额贷款市场，对银行信贷业务造成了不小的冲击；2013 年，在线货币市场基金推出，仅用 4 年时间，凭借其高于银行利率、不设最低投资额、低风险且允许随时取款等优势在 2017 年迅速成为全球最大的货币市场基金。随着金融科技的创新越来越频繁和快速地出现，我国如何防范这些技术所带来的风险，以及如何调整我国的监管方法，以适应新产品、新服务不断涌现的新金融世界，也变得更为紧迫。

（一）金融科技及相关概念界定

1. "金融科技""互联网金融"与"科技金融"

金融科技是金融和科技的有机结合，这种创新的结合揭示了现代技术的重大突破。它着重于将先进的科学信息技术应用于金融领域，目的在于打破现有的金融边界，进而实现金融产品、金融服务、金融供给模式等传统金融领域的全面革新。近年来，金融科技增长迅速且应用广泛，囊括了资金融通、支付清算、资产管理等众多领域。

金融科技在我国很长时间都是以互联网金融（Internet Finance，Itfin）的概念存在，两者既有联系又有区别。互联网金融强调的是利用互联网技术和信息通信技术对金融进行发展，它是将传统金融机构的金融服务从线下转移至线上的新

---

① P2P 借贷，也称为点对点借贷，是指通过使贷方与借贷方匹配的在线服务向个人或企业借钱的行为。

型业务模式，具有金融操作简便快捷、客户体验优化升级等特点，但对于整个金融界实质而言并没有改变。而金融科技可以称之为互联网金融升级的必经阶段，它不只是简单地为金融服务提供了便捷模式，金融科技区别于互联网金融创新的不同性质和速度还促成了各种行业的融合。例如，金融和通信融合的手机支付行业，其具有相对低廉的成本、低门槛和无边界操作等特点，使得金融操作轻松跨越国界，成为金融领域颠覆性的创新。

在金融监管逐步收紧的当下，重新审视金融科技的相关概念，区分其本质有助于监管部门科学的监管举措而非一刀切的维稳抑制。与金融科技着重强调科技运用不同，科技金融（Technical Finance，Techfin）落脚点在于金融，从技术和数据出发，将金融服务添加至其发展链条之中。也就是说，科技金融依赖于个性化的数据库，聚集大量的信息以验证客户偿付能力、支付行为、储蓄记录和其他相关因素的假设，然后利用这些数据和用户信息进入金融领域。虽然金融科技和科技金融都利用技术来获得规模经济效应和范围经济效应。但对科技金融来说，数据的积累和分析是关键，从直接寻找数据相关性的算法开始，然后发展到机器学习，再把这些作用于金融服务。而金融科技主要关注的是金融和技术的应用，目的是利用技术促进金融的提升。简而言之，金融科技是金融中介，而科技金融是技术或数据中介。

综上，从金融中介到数据中介、从互联网金融到金融科技再到科技金融，是金融领域的主要发展趋势。虽然目前的金融科技与科技金融还具有明显的差异，但随着数据分析在金融行业中的地位加重，这些差异将逐渐减少。

2. "金融科技"与"监管科技"的联系

"监管科技"（Regtech）作为金融科技的子集，与金融科技有着千丝万缕的联系，它是"监管"（Regulatory）和"科技"（Technology）两个术语的缩写，用于描述在法规、监控、报告和合规性方面使用技术，特别是信息技术。

金融科技兴起浪潮往往是自下而上推进的。在 2008 年全球金融危机之前，金融科技的研发推进主要是由现存的金融机构投入大量资金以支持其运营。然而，金融危机后金融科技的驱动主要是靠一波新兴的金融科技初创企业，这些新进参与者之间的区别并不在于其运用的新科技有所不同，而是由它们所属的企业类型——是新兴的初创企业还是现有老牌金融机构进行区分。大量新型初创企业涌入金融市场，它们或与现有老牌金融机构竞争，或与其合作，或被收购，这使得金融新科技发端并兴盛于这些灵活的初创企业，进而促成整个行业的颠覆与变革。如今，相关的金融机构越来越关注科技的运用，以应对新兴初创企业带来的威胁。

与金融科技相反，监管科技是自上而下发展起来的。2018 年，中国证监会印发《监管科技总体建设方案》明确要求"通过科技手段为证券监管提供全面精准的数据和分析服务，实现对市场运行状态的实时监测，及早发现、及时处置违法违规行为"。因此，技术人员积极响应监管机构或是大型金融机构的需要来研发新技术，以实现降低监管及合规要求成本，提高市场监控能力。

（二）金融科技法律监管的主要对象

金融科技几乎已渗透到每个金融服务领域，推动着整个行业的创新和变革。但由于金融科技公司产品服务的复杂性、业务模式的多样化，导致一直无法从法律层面对其下一个限制性的定义。因此，本文对金融科技公司涉及的各个主要领域进行分类介绍，以便更好地了解金融科技监管的主要对象。金融科技行业的公司涉及的产品和服务根据其独特的商业模式可以划分为四个主要的板块，与传统银行功能类似，分别是资金融通领域、资产管理领域、支付领域和其他领域，如图 3.1 所示。

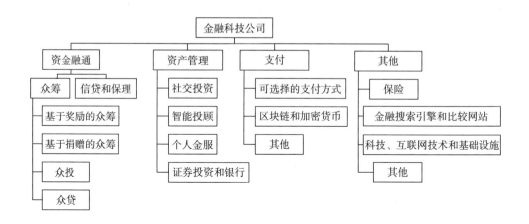

图 3.1　金融科技行业的划分

资料来源：Ahmed T. Al Ajlouni, Monir Al – hakim. Financial Technology in Banking Industry: Challenges and Opportunities［M］. International Conference on Economics and Administrative Sciences. 2018：3 – 5.

在资金融通领域中，金融科技公司使个人和企业都获得了融资，这一领域的公司业务还可进一步细分为两类：一类是提供众筹服务；另一类是提供信贷和保理服务。众筹描述的是一种由大量"支持者"提供资金以实现共同目标的融资方式，众筹公司填补了传统银行忽略的小额资金需求，在股权筹集、债务融资等领域开辟了新的天地，逐步改变了资金融通的过程。

在资产管理领域中，金融科技公司致力于提供投资理财等服务，这一领域的金融科技创新依靠了大量的计算机技术，其中典型代表就是智能投顾。智能投顾是投资组合管理的系统，投资建议的提供通常基于自动化算法，根据客户的风险承受能力、投资期限等条件设定多元化的投资策略。

在支付领域中，金融科技公司推出了各种关于支付交易的颠覆性产品和服务，其中加密货币的诞生和支付方式的转变使支付领域成为金融科技法律监管关注的重点对象之一。

在其他领域中，将无法通过传统银行功能（资金融通功能、资产管理功能和支付功能）分类的金融科技公司业务全部囊括其中，如提供保险的金融科技通常被称为保险科技。

只有在足够了解了监管对象的基础上，才能制定出最适合金融科技创新发展的监管政策。本文在划分金融科技公司所涉行业的基础上，选取我国学术界和产业界的热点——支付领域的第三方支付、众筹领域的众筹融资和资产管理领域的智能投顾以及数字货币作以简要介绍，了解其特征和运行原理，为后文监管问题的分析和路径的完善提供依据。

1. 第三方支付

日益快速的技术变革推进了近十年来金融科技的迅猛发展，支付领域尤其明显。许多金融公司开始使用新技术来创建更快捷、更便宜、更方便的支付和转账系统，逐步改变人们货币交易的习惯，其中第三方支付是其代表之一。第三方支付是非金融机构在交易双方之间作为交易和信用的中介，它利用高新技术实现资金转移与结算。转移可以用于多种目的，如消费者之间的双边支付。第三方支付可以降低金融系统中与交易速度和便利性相关的交易成本，它允许商家或客户通过简单且安全的账户登录进行支付，而不是在网上提供完整的银行卡详细信息。

第三方支付在我国出现较早，但因我国电子商务发展缓慢，第三方支付迟迟未见起色。直至 2003 年阿里巴巴集团支付宝业务的推出，电子商务交易安全信用问题得到了保障，网上销售额稳步上升、第三方支付交易规模飞速扩大。随后财付通、e 拍通、买卖通等替代支付服务相继崛起，短短十余年，发展迅猛、势不可当。目前第三方支付在我国已成为支付主流方式，打破了银行业在支付清算方面的垄断地位。

2. 众筹融资

金融科技在资金融通领域的主要创新是众筹融资。众筹融资从本质上来说是目标驱动的大规模小额信贷。它利用互联网等技术，在寻求融资的主体、潜在投资者和促进融资的中间人之间建立联系，这些联系促进了与融资项目相关的信息交流和资金募集。众筹融资以其门槛低、融资项目多样、融资手续简单快捷等特点迅速扩张，众筹公司在股权筹集、债务融资等方面取得了巨大的发展，促进了社会与经济的发展和进步。下面进行简要介绍。

（1）众筹融资在股本方面的发展。传统的初创公司从投资者那里筹集大量资本的途径是通过首次公开募股或风险投资公司，这两种途径成本都很高昂，通常都将初始投资者的领域限制在大型投资机构或非常富有的个人身上，但一些金融科技公司改变初创公司寻求资本与寻求投资人的联系方式，通过像"天使汇"和"众众投"这样的众筹平台接触到更广泛的受众。股权众筹平台促进了完全在线的交易，推动了众筹行业的发展，此类股权众筹平台的激增表明初创企业潜在资金来源的持续扩张。

（2）众筹融资在企业和个人借贷方面的发展。企业贷款一直是一个不确定性和成本都较高的市场领域，许多银行为了确保贷款的收回率，贷款的审批通过更偏向于大企业和大资本的业务。对于个人或中小型企业的资金需求审批程序复杂、条件要求严苛，即使成功获批，放款的周期也很冗长，而目前金融科技公司创新推出的 P2P 信贷填补了这一空白。P2P 信贷并不是金融科技公司自己提供贷款，而是将需要资金的一方与愿意提供资金的普通个人联系起来，大大降低了个人和中小型企业为产品开发和业务扩张筹集资金的难度和成本，改善了广泛市场中的资本配置。

3. 智能投顾

资产投资涉及大量的金融知识和专业技能，金融消费者通常依赖专业的投资顾问做出投资决策，而投资管理机构由于资产管理收费不透明、投资结构受限等原因受到金融消费者的诟病。2008 年金融危机后，许多金融消费者对传统的投资管理机构失去了信心。对此，一些初创金融科技公司将人工智能技术赋能金融科技，推出机器人理财的金融服务，用智能算法推荐最科学的投资方案，意外取得了不错的成效。机器人理财又称智能投顾，是自动化的金融和投资工具，用它的使用算法来管理金融消费者的投资。在大多数情况下，它们具备了收集、分析和预测人类行为的能力。例如，它们根据客户的个性、生活方式和社会阶层来计算其风险偏好，帮助金融机构提供更加个性化和智能化的财富管理服务。随着金融消费者对投资工具理解的不断加深，运用智能投顾技术的好处也越发明显。第一，智能化和自动化功能提高了资产配置的计算效率，减少了大量人力需求，降低了财务管理成本；第二，除降低成本外，智能投顾技术还大大增加了金融消费者获得复杂资产管理服务的机会；第三，人工顾问可能存在认知偏见和不正当的动机，引导客户购买符合其财务利益而非客户利益的产品，而大多数智能投顾通常试图通过被动的基金管理实现稳定增长，不会受到这样的限制；第四，智能投顾还提高了个人投资服务的透明度。一些传统的财富管理服务会对投资收取隐藏费用，而智能顾问可以让客户更清楚地了解他们的资金是如何投资的，从而自主选择增加或减少投资比例，人工智能再根据客户的选择调整财务目标和风险偏好，加强客户对投资组合的主观控制。

4. 数字货币

除上述三个方面外，金融科技还创新了金融更基本的方面，即货币本身的结构——数字货币。创造货币、分配货币和供给货币一直以来都是政府的职责，而金融科技数字货币的发明对政府货币控制系统发起了挑战。

数字货币是一种没有实物形态，仅以数字或电子形式存在的货币。国际上通常将虚拟货币和加密货币等电子货币作为数字货币的一个类别。这些数字货币具有与实物货币类似的属性，但允许即时交易和无边界的所有权转移。用数字货币替代法定货币的优势在于：数字货币比传统的支票、电汇、自动清算或其他支付方式更快、更便宜、更安全，此外还能防止通货膨胀。

虚拟货币通常指的是通过电子方式创建和存储，在特定虚拟社区内使用的电子形式的货币。它既不由中央银行或公共机构发行，也不附加在法定货币上，而是被自然人或法人接受的付款方式，并以电子方式进行转移、存储或交易的数字货币。

加密货币通常是指使用区块链技术实现的特殊虚拟货币，具有去中心化的特点，不需要任何中介代理站在结算方之间。它基于区块链技术，基本上是将包含所有者信息和每个区块的信息存储在日志中，通过采用加密技术，在数字环境中安全存储和处理所有值。下面用图3.2简单表示货币各类别之间的关系。当前，全球尚未有国家发行具有法定地位的数字货币，但包括我国在内的许多国家都在积极研发，全力推进法定数字货币的发行进程。此外，为了防范法定数字货币、虚拟货币及加密货币可能出现和已经出现的风险问题，我国也做了很多努力。

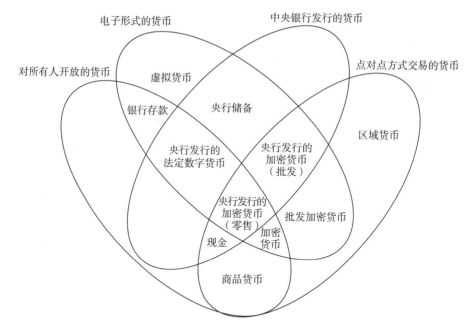

图 3.2 各类货币关系

资料来源：Morten Linnemann Bech，Rodney Garratt. Central bank cryptocurrencies ［M］. BIS Quarterly Review，2017：59.

（三）金融科技法律监管的必要性

金融科技的兴起引起全球对整个金融体系稳定性的担忧。学界普遍认为：
"当个体行为者脆弱，容易受到冲击影响；负面影响的传播途径广泛；信息不对
称现象普遍以及整体市场过于庞大时，系统性风险发生的程度最高。"大型金融
机构由于其规模经济、分散化经营和资本化等经济性特征，即便它破产后带来的
影响较小型金融科技公司的影响更大，但其抗风险能力也较强。因此，对系统性
风险影响因素分析时不能仅以规模大小为参照，大型金融机构的许多缺陷和不当
行为确实容易诱发系统性风险，但规模较小的金融科技公司也会存在许多容易引
发甚至导致系统性的风险。

首先，在小型金融科技公司更容易受到突发性不利冲击的情况下，系统性风
险会增加。许多金融科技公司规模小、人员精减，致力于提供某一类金融服务。
全球智能投顾鼻祖 Betterment，员工不到 200 名，且只专注于投资建议这一种服
务，避开了其他创收途径；美国第一家且是最大的一家 P2P 在线贷款公司 Pros-
per，在旧金山总部仅有 150 名员工，尽管 Prosper 是该行业的领导者，却尚未开

始盈利；虚拟货币公司的规模甚至更小，在北美，平均每家公司只有 12 名员工①。金融科技的这一特点——低成本和高效率的商业模式，是金融科技取得成功的主要原因，但因为没有大型金融机构的规模和多元化的经营模式，也极易受到资本急剧变化的影响。

其次，金融科技这个行业对黑客攻击具有高度敏感性。在经济紧张时期，其基础编程大概率包含的漏洞是冲击传播的途径之一，互联网中的黑客可以以多种形式出现，他们收集信息、盗窃数据，乃至造成彻底的系统故障。另一条冲击传播途径是金融科技相关操作的自动化决策模式，以资产管理领域为例，资产管理领域潜在的系统性问题是：如果企业在压力时期面临大规模资金赎回，它们会以不利的条件解除头寸，迅速平仓。若危机加深，条件恶化，那么先出手的一方就会在市场上占得优势。这可能会导致像上一次金融危机的系统性风险，即企业通过"贱卖"问题资产，以降低在等待市场复苏时面临更大损失的风险。若资产管理公司的决策只是反映了投资者的主要意图，那么资产管理公司也许不应被视为风险的创造者，他们只是在执行其他人的决定。但在金融科技领域，许多投资建议及决策都是经过算法得出的，不同的市场条件下的计算容易产生偏差，况且这些算法还尚未在经济紧张时期进行过测试与检验。因此，算法的高速交易将导致市场的不稳定。如果金融科技资产管理算法作为一个类别表现出"羊群效应"——他们倾向于基于外界的选择做出类似的决策——那么系统性风险就越发被放大。

最后，大部分的金融科技公司不像大型金融机构需要承担大量的信息披露义务，高度信息不对称致使公众对金融科技行业有关信息可获得量甚少，为金融科技行业的投机行为和虚假繁荣创造了发展的摇篮。许多 P2P 借贷平台为个人和公司提供了相互交易的方式，但平台本身不承担与交易相关的风险。平台免责而由第三方担负风险的做法使平台行为缺乏外部强制的约束力和内部的管控力，从而为了寻求最大利益不断增加其实施风险行为的可能性。如果一家金融科技抵押贷款公司从自己产生的每笔抵押贷款中受益，却不用承担不良贷款的任何成本，它就没有什么短期激励措施来阻止高风险抵押贷款的产生和出售。在这些情况下，金融科技公司乐于从创造和维持信息的不对称中获益。

虽然传统的大型金融机构仍控制了大部分的市场份额，但当下金融科技的增长迅猛，业务范围席卷全球。随着规模的扩大、行业市场所占比例的增长，金融科技公司也在快速扩张，从而与之相关的系统性风险也随之增加。因此，不能只

---

① William Magnuson. Regulating Fintech［J］. Vanderbilt Law, 2018（71）：1167 – 1226.

看其带来的繁荣与增长，还要看到它的负面影响。该行业亟须法律监管介入，对相关行为进行界定、对其引发的相关风险进行防范和限制，使其在有限范围内进行创新和发展，以维持整个金融体系的稳定和有序。

（四）金融科技法律监管的理论依据

1. 金融脆弱性理论

由于金融业具有高负债经营的固有特征，金融业经济基本面的微小变化就能导致资产价格和金融结构发生巨大变化。1985 年，美国经济学家 Hyman Minsky 提出了金融脆弱性理论。其理论基于两个假设：第一，生产增长导致企业债务的加速增长，进一步扩大生产的同时也扩大了银行信贷的需求贷款。由于经济高速增长时期，大量投机性信贷增加，稳定的财务状况严重恶化，导致了金融的脆弱性。第二，债务清偿困难导致金融体系的不稳定，金融体系进入债务通缩的危机，从而导致经济周期的衰退。

传统金融的内在脆弱性已经让人们拉起了警钟，时刻关注金融系统的稳定性。在我国金融科技腾飞、第三方支付崛起、众筹融资活跃、数字货币风靡、P2P 爆雷等一系列事件发生后，科技融入的新金融的脆弱性更应引起金融业的高度关注。因此，对于金融科技这种风险高发的不稳定性行业，引入合理适度的政府监管来防止金融市场崩溃是必须且必要的。

2. 管制公益性理论

管制是指运用法律手段实现社会经济政策目标，如政府可以建立经济和社会规制，以实现资源配置优化、市场高效稳定或收入分配公平公正等目标；公益性也可称之为公共利益性，进一步可描述为稀缺资源用于个人和集体物品的最佳分配。管制公益性理论是福利经济学的一部分，是政府管制的"公共利益理论"。它强调监管应使社会福利最大化，而监管是成本或效益分析的结果，以确定改善市场运作的成本是否大于增加的社会福利。在理论上的最优经济体中，市场有效地分配资源，但在实际情况下往往并不完美，市场可能会低效或不公平，因此需要适当的政府干预以克服失败。

金融科技作为金融业的新兴产业，其创新性和风险性呈正相关。为了避免抑制其创新，我国金融科技监管主要采取宽松包容的观望态度，一开始任由其自由发展，当风险变得不容忽视时才迅速监督规范行业的行为，而如何监管和规制又是一个新的问题。本书认为，监管应在平衡创新和风险防范的基础上着重对金融消费者的保护，将公众利益摆在首位，以追求社会福利最大化来控制监管成本，从而实现金融科技监管资源的帕累托最优。

3. "双峰"监管理论

"双峰"监管由英国经济学家 Michael Taylor 提出，又称为"双目标型监管"。"双峰"是唯一一个将监管分为两个独立监管机构的模式——一个是市场行为和消费者保护，另一个是审慎监管。双峰监管的好处显而易见，监管层次更高，范围也更广。双峰模型的结构是：每个监管机构都必须依赖其他监管机构提供必要的信息和合作，使其能够实现自己的监管目标并做出回应。这种结构将建立具有明确及准确职权范围的监管机构，消除监管职能在不同监管部门间的监管重叠；将建立解决金融服务监管目标之间冲突的机制；将推动一个公开、透明和负责的监管进程。

目前，以英国为首的多个地区已开始采用双峰监管结构，对银行业和金融业监管机构进行了重大改革。这些地区的做法也为我国提供了一个监管金融科技市场的借鉴。但是，尽管双峰具有很大的吸引力，为避免将过多不必要的监管内容引入监管机构，我国必须谨慎行事。监管机构可以借鉴双峰监管的基本监管目标，在防范化解系统性风险、维护金融体系安全稳健的基础上，以防止市场不当行为和消费者保护为目标，保证金融市场的公开透明①。

三、我国金融科技法律监管的问题探讨

（一）我国金融科技法律监管的发展

我国拥有多家世界领先的金融科技独角兽企业，是全球金融科技创新的积极推进者之一。在深入了解金融科技法律监管主要对象的运作原理后，代入我国金融科技的监管历程，找出监管机构对其采取的相应措施，有利于对金融科技监管现状进行检视，明确我国金融科技面临的监管挑战，从而设计出适合我国国情的金融科技法律监管路径。

1. "包容式"监管阶段

1999 年，招商银行推出国内首个网上银行，开启了互联网金融移动支付的新业态，随后第三方支付平台、P2P 网络借贷平台、众筹融资平台等金融科技新

---

① Michael Taylor. Twin Peaks：A Regulatory Structure for the New Century ［M］. 20 Centre for the Study of Financial Innovation，1995：3 - 7.

模式的相继引入，我国金融行业焕发一新。金融科技的实施处于一个初期阶段，具体来说是为了实现市场公平诚信和投资者保护等目标，而对金融科技的推广应用是否会使这些监管目标受到损害当时是尚未明确的。面对金融科技这一全新领域，监管机构还没有太多内容需要考察，因此，1999～2009年，我国监管部门采取了"包容式"的监管态度，鼓励金融科技的积极创新。

我国"包容式"监管具体表现为金融科技行业准入门槛的放松。相比当前金融科技的审慎监督，在这一监管阶段，金融科技行业的相关从业者并未设定准入资格，不用申请执业牌照便可自由进入、自行经营，有些业务甚至只需备案无须注册，整个金融科技业呈现出开放和多元的发展态势。在监管工具单一、监管对象模糊的金融科技早期发展阶段，"包容式"监管的主导地位避免了当时"一刀切"的僵化监管思维、缓解了我国金融信息不对称问题、提高了金融业的交易效率、优化了金融领域的资源配置、丰富了广大群众的投资手段。

2."过渡式"监管阶段

2010～2015年，得益于上一阶段的包容式鼓励创新，我国金融科技行业发展空前繁荣，但其中的潜在风险也逐渐显露。2010年开始，监管部门开始认识到金融科技所带来的各类法律风险会造成市场波动、消费者权益受损，于是逐渐采取更为明显的监管方式，将关注的重点从金融科技热门业态是否合法转移到运营是否合规上，发布了一系列规范法规惩治金融科技的不当行为，防范金融科技风险的扩大。2010年6月，《非金融机构支付服务管理办法》明确要求非金融机构支付业务开展金融业务需要持证经营；2012年10月，《证券公司客户资产管理业务管理办法》对智能投顾平台设定特定业务的经营许可审批；2014年12月，《私募股权众筹融资管理办法（试行）（征求意见稿）》对股权众筹进行分类，并设定合格投资者和股权众筹平台的标准；2015年12月，《非银行支付机构网络支付业务管理办法》对非银行支付机构从事网络支付业务制定管理意见。

分析上述2010～2015年出台的监管措施，可以看出该阶段对金融科技的监管仍较为宽松，大多规范旨在调整金融科技的业务边界和准入门槛，设定行业主体经营资格，要求其持牌持证经营，强调金融科技规范有序的发展，总体上仍以鼓励为主。而2015年后，国家一改以往宽松包容的态度，行业政策不断收紧、监管力度不断加大，监管范围不断扩展，进入集中整治的"运动式"监管阶段。由于2010～2015年这一时期上承"包容式"监管，下启"运动式"监管，因此，本文称其为"过渡式"监管阶段。

3."运动式"监管阶段

即使"过渡式"监管阶段采取了大量举措填补金融科技的监管空白，但并未完全遏制住该行业的混乱局面。截至 2015 年底，网络借贷问题平台达到 896 家，是 2014 年的 3.26 倍，2013 年的 11 倍多。其中，6 月、7 月、12 月问题平台数量最多，3 月总数量超过 2014 年全年问题平台数。2016 年开始，监管部门加快对金融科技行业乱象的整顿，发布大量的"命令强制性"规范，自此我国进入了"运动式"监管阶段。这一阶段的监管无疑是有史以来最为严格和紧迫的，监管部门更加注重市场秩序、健康创新和风险监督。为了修复细分领域的监管漏洞，为消费者提供切实的保护，监管部门介入金融科技领域的方方面面，查漏补缺似的搜寻风险漏洞并精准填补，有利于短期内迅速解决该领域的风险积累，维持金融市场的暂时稳定。

以对第三方支付的法律监管为例。第三方支付交易包括两个非同时步骤：第一，客户发起委托的付款交易，并将付款金额交付给付款机构；第二，付款机构将金额转发给收款人。显然，这两个步骤之间产生了时间差。在这个时间差内，这笔款项将存入以支付机构名义持有的储备账户中，被称为"客户备付金"，并以一定比率累计利息收入。随着金融科技业务的不断扩大，这笔由于时间差问题始终留存于平台的"客户备付金"也越来越多，形成暂时的"沉淀"，因此学界也称这笔资金为"沉淀资金"。在第三方支付平台蒸蒸日上的同时，平台随意挪用、抽逃沉淀资金，转而购买高收益型理财产品甚至利用备付金账户进行洗钱犯罪等行为频繁发生。对此，2016 年 10 月，国务院出台《互联网金融风险专项整治工作实施方案的通知》要求平台不得挪用、占用客户备付金，且要将其存在指定银行内；2017 年 1 月，人民银行发布《关于实施支付机构客户备付金集中存管有关事项的通知》正式对客户的备付金实施集中存管，要求支付机构按比例缴存至指定账户，且不计付利息，以免"吃利差"的情况发生。

监管部门基于金融科技主要业态引发的法律风险实施更具针对性和实效性的专项整治，有效打击了金融科技各领域的不当行为，撤销了大量不合格企业的经营资格。由于这一监管阶段具有明显的对应性、阶段性和临时性特征，符合"运动式执法"的表现形式。因此，将 2016 年至今的监管称之为"运动式"监管。

（二）我国金融科技法律监管的现状

我国一直处于金融科技发展的前沿，是全球金融科技市场最具活力和先进的地区之一。究其原因在于多种因素的长期作用：早期金融基础设施不发达，金融科技的出现满足了传统银行业无法满足的消费者需求的增长机会；社会数字化水平的高度提升以及电子商务的高速增长为金融科技打开市场提供了前提基础。

为了确保金融消费者在安全、健康的金融环境中活动，对金融科技的创新进行科学、合理的监督管理至关重要。选取代表性金融科技业态，对其法律监管的具体举措进行梳理（见表 3.1～表 3.4），可以看出，早期我国金融科技的指导及规定数量少、间隔时间长，相关内容过于笼统、不详细也不具体，对金融领域某些禁止性规定存在模糊区域，监督力度不够、制度防范不足。后期随着金融科技风险因素的增加，风险范围的逐步扩大，监管机构迅速部署防控，频繁出台针对性政策意见，加强对金融科技行业的管制。

表 3.1　我国第三方支付行业相关规范

规范名称	发布日期	相关内容
《关于加强商业银行与第三方支付机构合作业务管理的通知》	2014 年 4 月	加强了对第三方支付机构相关业务的风险管控
《非银行支付机构网络支付业务管理办法》	2015 年 12 月	对非银行支付机构从事网络支付业务制定管理意见
《互联网金融风险专项整治工作实施方案的通知》	2016 年 10 月	要求非银行支付机构不得挪用、占用客户备付金，且应存在指定银行内
《关于实施支付机构客户备付金集中存管有关事项的通知》	2017 年 1 月	正式对支付机构客户备付金实施集中存管
《我国人民银行支付结算司关于将非银行支付机构网络支付业务由直连模式迁移至网联清算平台处理的通知》	2017 年 8 月	关闭了银行与第三方支付平台的直连，所有第三方支付都无权代扣

表 3.2　我国众筹融资行业相关规范

规范名称	发布日期	相关内容
《私募股权众筹融资管理办法（试行）（征求意见稿）》	2014 年 12 月	对股权众筹进行分类，并设定合格投资者和股权众筹平台的标准
《关于促进互联网金融健康发展的指导意见》	2015 年 7 月	确定证监会负责股权众筹融资业务的职责
《网络借贷信息中介机构业务活动管理暂行办法》	2016 年 8 月	对非银行支付机构从事网络支付业务制定管理意见
《互联网金融风险专项整治工作实施方案的通知》	2016 年 10 月	规定平台必须审核融资项目的具体情况和资格条件
《关于促进互联网金融健康发展的指导意见》	2017 年 7 月	积极提倡新型互联网融资方式融资

表3.3　我国智能投顾行业相关规范

规范名称	发布日期	相关内容
《证券投资顾问业务暂行规定》	2010年10月	对投资顾问咨询服务的机构和人员设定准入审批
《证券公司客户资产管理业务管理办法》	2012年10月	对智能投顾平台设定特定业务的经营许可审批
《证券公司监督管理条例》	2014年7月	与智能投顾合作的境外无内地牌照的证券公司涉嫌非法经营
《关于规范金融机构资产管理业务的指导意见》	2018年4月	明确规定智能投顾的资质问题以及非金融机构不得借智能投顾超范围经营

表3.4　我国数字货币相关行业规范

规范名称	发布日期	相关内容
《关于防范比特币风险的通知》	2013年12月	规定了比特币的性质和监管方式
《关于防范以"虚拟货币""区块链"等名义进行非法集资的风险提示》	2018年8月	进一步对虚拟货币的使用进行了规范
《关于支持深圳建设我国特色社会主义先行示范区的意见》	2019年8月	以深圳为主阵地促进数字货币研究先行试探

金融科技的发展遵循一定的演进过程——从"太小而不关心"到"太大而不能忽视"直至"太重要而不能倒下"。我国早期包容宽松的监管环境推动了金融科技的快速腾飞，帮助我国金融消费者和中小企业解决了传统金融行业存在的效率低下等问题。到了我国金融科技发展热潮期，金融监管机构基本上一直都在追赶金融科技的创新，努力为新生的金融科技行业提供充足的发展空间。在此期间，监管机构中总是选择一种"按顺序排列的方法"进行风险预防，即观察、监控、收集数据、检查、分析、监督、要求遵守和重新采取行动。然而，互联网时代金融科技的创新和发展速度对这种繁杂滞后的管理方式带来了直接挑战，根源在于改革的速度和现有监管雷达无法及时标记风险。因此，尽管早期监管当局包容式的监管态度促进了该行业的发展，但缺乏详细的规章制度也加快了从"太小而不关心"到"太重要而不能倒下"的转变，金融科技引发的风险又快又猛，监管机构不能及时应对，导致金融领域出现了大量的欺诈行为和问题平台，一旦确定其构成重大的系统性风险威胁就要求所述主体的合规性，可见我国监管机构回应仓促、应对风险准备的不足，金融监管改革势在必行。

目前，我国的金融科技监管仍处于探索阶段，存在诸多问题，难以跟上当今金融科技创新的步伐，容易出现"政策出台即过时"的尴尬局面：监管职责不清造成监管碎片化与监管套利；监管对象识别困难导致监管不透明；监管协调不足致使监管滞后等，这些问题容易在后期引发政策负面反弹效应，下面详细分析我国金融科技法律监管存在的问题。

（三）我国金融科技法律监管的问题

当前我国"运动式"强监管尚未达到预期监管效果，监管机构针对创新的监管举措略显仓促。因此，下文对金融科技法律监管现阶段存在的问题进行剖析，以期寻求科学合理的可持续的监管发展道路。

1. 监管制度不够完善

我国对于金融科技法律监管大量针对性规范措施只能起到暂时的弥补作用，监管制度跟进的速度过慢和现有雷达无法及时标记风险让监管部门始终处于被动地位。

（1）行业准入门槛过高。

金融监管机构现在面临着更多的挑战，在引进新的金融科技公司和保护现有金融机构的健全性之间取得平衡就是其中之一。如今的技术进步使得金融科技公司或初创型金融科技企业能够以可承受的成本提供金融服务，打破了非金融机构进入金融市场的壁垒。这一发展使金融科技创新者能够将金融产品和服务带给无银行或银行利用率低的人群，促进了金融的包容性。然而，这也可能削弱已经在市场内从业主体的竞争力，从而危及这些从业主体乃至整个金融市场的稳定。在现行监管体制下，金融监管机构可以通过许可证制度作为一种把关机制来控制金融市场的竞争。我国对大部分金融科技的市场准入设置了牌照制度，即要求金融科技公司只有在取得营业许可证才能提供相应服务，但目前对该营业许可的准入设置门槛较高，资源利用率较低。以申请第三方支付性质的企业营业许可权为例，我国要求其注册资本不得低于1亿元，且该注册资本为实际出资额，不能以认缴的方式进行。而美国《统一货币服务法》要求经营者需要维持不低于2.5万美元的资本净值，折合人民币约17万元；欧盟基于促进其数字货币机构发展的考虑，颁布指令将初始资本由100万欧元下降至35万欧元，折合人民币约265万元①。可以看出，我国对该领域的门槛资本要求在全球也属于较高水平，但对其监管的水平却不够，主要体现在相关规制文件的立法层次和法律效力较低。因而，较高的门槛和无效率的监管导致公司超出许可业务范围经营现象也较为普遍。

---

① 王艳丽. 我国互联网金融经营者市场准入制度探析［J］. 理论与改革，2016（1）：137－140.

（2）退出机制不健全。

如今，金融科技各业态已融入人们生活的各个方面，监管部门对金融科技各业态的法律边界、资格准入、信息披露等方面都作了具体阐述，但我国仍缺乏一部具体的细节性退出规范文件。只有《网络借贷信息中介机构业务活动管理暂行办法》曾提及过网络贷款平台的退出程序，"暂停或终止业务时应至少提前 10 个工作日通过有效渠道向平台用户公告；经备案的平台拟终止此项金融服务的，应提前至少 10 个工作日书面告知金融监管部门，并办理备案注销"。此后陆续有地方政府发布《退出指引》文件指导平台的正确退市，这说明官方也在积极鼓励平台主动承担相应的退出责任，减少落跑行为。但此类文件均为草案性质，法律效力较低，影响力较弱。退出机制缺乏明确的导向会使许多从业者陷入两种极端困境：一是无视规则，粗放发展；二是谨小慎微，缺乏创新，停滞不前。无论陷入哪一种困境都将严重损害众多市场参与者的相关利益甚至威胁到整个金融市场的稳定。因此，有必要出台全国范围内统一的规章或条例，对行业退出进行指引和约束。

（3）沉淀资金管理制度不完备。

上文提及，在金融科技发展蒸蒸日上的同时，平台随意挪用抽逃沉淀资金，转而购买高收益型理财产品甚至利用备付金账户进行洗钱犯罪等行为层出不穷，引起了监管机构的重视和担忧。对此，国家已出台相应的法律加以规范，但对于沉淀资金管理的法律制度安排不完善、监督不到位，大多数规定都流于表面，没有实质性的进展，使平台具有巨大的道德风险损害客户利益以谋求更高的收益。一方面，如《国务院办公厅关于印发互联网金融风险专项整治工作实施方案的通知》《关于实施支付机构客户备付金集中存管有关事项的通知》等规定要求第三方支付机构"不得再自行留存客户备付金，并将客户备付金账户开立在指定银行内实施集中存管"。这使备付金无法定的投资渠道，资金长期处于闲置状态不利于投资利用，造成资源浪费。另一方面，虽然出台了备付金集中存管的规定，但对于沉淀资金在集中存管期内产生的孳息甚至投资所得该如何分配，却未作规定，容易产生侵害消费者财产权的后果。对沉淀资金保障措施的正确运用可以避免引发更大的管理风险，从而推进监管机构对金融科技相关平台的科学监管。

2. 监管职责划分不清

当下，我国没有一个单一的监管机构负责监管金融科技，取而代之的是"一委一行两会①"分业监管模式对金融科技不同的服务和产品实施不同的监管：涉

---

① "一委"指金融稳定发展委员会；"一行"指中国人民银行；"两会"指中国证监会、中国银保监会。

及支付的金融科技相关业务由央行负责监管；涉及借贷、信托、消费金融的金融科技相关业务由银监会负责监管；保险类的金融科技相关业务由保监会负责监管；基金销售、股权众筹融资等金融科技相关业务由证监会负责监管。但金融科技常常会出现跨区域和跨行业的交叉经营，因此难以从法律层面对其作出统一的界定。以腾讯的微信为例，它提供了多项金融服务，作为支付工具进行支付时，监管职责归属于人民银行；而作为借贷平台进行贷款、作为信托平台进行资产管理时，又涉及银监会的监管职责。

金融科技业务广、分散性强，依赖于由小型参与主体组成的分散网络以及决策算法。金融科技领域新产品和新服务法律边界无法得到明确的认定，往往会成为职权划分的障碍。监管机构不能及时确定哪些主体应该纳入其监管范围，极易形成监管职责和监管权力的重叠，导致暂时的监管真空、监管重复、监管效率低下和监管碎片化。我国的利率和资金发行量长期受到官方的管控，金融体系长期处于金融抑制中，而逐利的市场必将试图利用任何由于管制而可能产生的监管套利①。在此背景下，监管职责不清不但给经济带来巨大的机会成本，还为监管套利打开了大门。

3. 监管协作程度较低

从国内层面看，2017年5月，央行成立金融技术委员会，全面协调金融技术工作和政策。从其成立的主旨及授予的职能来说，金融科技委员会名义上是一个为金融科技工作的协调机构，但它并不具备实质的监管权力。当它雷达预警机制监测到风险时，只能将信息传达至具有监管实权的监管机构。而金融科技背景下的风险预防要求的就是速度的及时性，不能立刻作出监管决策的时间差会导致监管滞后，从而引发一系列问题。由此可见，目前我国尚未设立具有明确授权的金融稳定角色，国内金融科技领域的法律监管的统筹与协调较为缺失，在金融危机萌芽或者蔓延时，监管机构往往不能从全局的角度及时洞察产生风险源的金融项目、作出风险把控的决策，多主体共同执法的监管重叠现象依然存在。

从国际层面看，在金融科技快速扩张的环境下，金融监管机构与其他国家同时进行有效协调也很重要。因为金融科技业务发展不受地域限制，大部分金融科技企业正逐步实现全球业务覆盖的布局。但目前仍没有一个国际上达成一致的监管框架。金融科技行业在扩展版图的情形下将面临各国不同的司法管辖，有的地区态度包容，有的地区标准苛刻，如此一来，相关企业便可利用各国的监管误差

---

① 曹凤岐. 互联网金融对传统金融的挑战 [J]. 金融论坛，2015 (1)：3 - 6.

逃脱相对严格的监管惩罚。我国金融科技监管机构的对外交流渠道较少，程度较低，风险数据共享量不足，应积极响应国际监管框架的构建，加入或创立金融科技法律监管合作平台，促进全球金融市场的稳定和金融科技行业的发展。

四、域外金融科技法律监管的经验启示

（一）域外金融科技法律监管实践

金融科技几乎影响了全球金融体系的每一个领域，全球多个地区的监管机构一直在积极摸索和试验更为合适的监管理念，寻求开发更为有效的监管方法，以更好地对金融科技进行风险识别、更快了解金融科技市场动态。熟悉域外金融科技监管框架和政策，了解域外监管如何成功地应对金融科技领域的挑战和机遇，对于我国平衡金融科技领域中的各类冲突和矛盾有着充分的借鉴意义。

1. 创新金融监管模式

金融科技的创新速度之快使法律监管始终存在一定的滞后，因此，各国开始探索更科学的监管手段，以期在创新和防范风险的矛盾中寻求平衡。尽管大多数国家的创新监管模式还处于运营的早期阶段，但已有的成效表明，它们在一定程度上鼓励了金融创新，并加强了当地金融市场和金融体系的竞争力。

（1）英国。

2015 年，英国金融行为监管局发起一项名为"项目创新"的倡议，首次引入了沙盒的概念。该项目旨在允许金融科技公司向金融市场推出其创新产品和服务、商业模式和交付机制，而不受金融行为监管局实施的监管限制。为了实现这一目标，金融行为监管局开发了一种灵活的"监管沙盒"——通过创建一个"沙盒单元格"，负责处理沙盒的应用程序并监督金融科技公司在里面的测试过程，金融行为监管局能够根据具体情况，就特定金融科技公司放宽哪些监管规定作出决定。因此，项目创新并不是针对某一类别的金融科技公司，相反，它意识到每个金融科技公司都面临着独特的监管挑战，所以它将在沙盒测试期间为每个公司提供单独的帮助。通过降低市场进入者和成熟金融机构的行政壁垒及成本，金融行为监管局的沙盒机制为金融科技公司提供一个安全的创新空间。

英国金融行为监管局于 2016 年 5 月开始接受来自金融科技公司的第一批沙

盒项目申请。为了成功进入沙盒测试，金融科技公司必须在英国境内包括零售银行业务、一般保险和养老保险、养老金和退休收入、零售贷款、零售投资、投资管理和批发银行业务这七个业务部门中的一个部门内运营。此外，金融科技公司还必须满足以下标准才能获得金融行为监管局的沙盒保护资格：第一，金融科技公司必须寻求在英国金融服务市场监管下的创新；第二，创新必须具有突破性或与市场已有的创新显著不同；第三，创新必须有利于消费者并促进良性的竞争；第四，金融科技公司必须展现出在沙盒中测试其创新的真正需求；第五，金融科技公司必须持有完善的测试计划，以发展新的解决方案、了解适用的规例及减低可能发生的风险。

金融行为监管局还特别注意对创新测试过程的持续监督。为了充分保护消费者利益和金融安全，接受"监管沙盒"的金融科技公司在整个测试中直接与金融行为监管局的沙盒单元格合作。在此过程中，根据试验不同阶段得出的反馈不断修正自身算法漏洞以及降低新增数据、突发情况带来的结果不确定性，这在加强消费者保护的监管和减轻对金融科技公司不必要的监管之间取得了平衡。"监管沙盒"明确地鼓励创新，它们为监管机构提供了一种能够洞察创新开发过程的渠道，为帮助这些公司测试其创新想法，金融行为监管局为他们提供强制执行、规则修改或许可豁免的特别待遇，作为鼓励实验的一种手段。金融行为监管局明确表示，"当规则被证明对未来的创新者来说过于繁重时，可以放宽或放弃规则的适用"。可以说，不同于以往政策制定者被动适应金融创新的做法，"监管沙盒"是对监管机构监管方式的全新补充。

综上，英国的"监管沙盒"架起了监管机构和创新主体之间的沟通桥梁，推进了合规和创新的同步发展。一方面，"监管沙盒"是为创新主体提供一个可在实际情况下从事创新和试验的环境，降低了创新主体的试错成本和政策风险；另一方面，监管机构通过与创新主体的接触和跟进，深入了解到创新主体的经营模式和技术构造，参与到创新主体新产品、新服务试验推出的全过程，及时根据最新发展情况调整自身监管方案。

（2）中国香港和澳大利亚。

目前为止，英国首推的创新监管模式已经取得了巨大的成功。作为主动创新性金融监管模式的代表之一，近年来以其独特的创新性和自由性优势成为多国争相借鉴模仿的对象。

香港的监管机构为保证创新的安全性，在借鉴英国"监管沙盒"的基础上严格限制了主体的参与资格。在英国沙盒中，创新的金融产品或服务可以在一系列固定的规范条件下进行测试，沙盒为那些负担得起的创新金融科技公司提供试错空间并降低法律不确定性。而我国香港地区的沙盒只对已经获得香港金融管理局授权的金融机构开放，未经授权的公司，如非传统的科技初创企业，必须与授权的银行公司合作才能进入沙盒，一旦进入，创新者就有相当大的监管空间来发展自己的创意①。沙盒的设计目的是帮助银行和公司测试新产品，即使这些产品尚未达到适用的监管标准。但香港证监会不会删除任何对保护投资者至关重要的法规，在香港"监管沙盒"中运营的合格公司将要求遵守一些适当的规定，比如必须遵守适用的财务资源要求。因此不应将香港金融科技的"监管沙盒"视为避免相关法律和法规要求的机制。总的来说，香港似乎在依靠现有的监管规范来确保那些参与沙盒的主体是有经验的、有能力的，因为相对于新的和不太熟悉的参与主体，他们的操作会更具安全性。

澳大利亚也开发出了类似但不完全相同的"监管沙盒"，它提供了类似"监管沙盒"功能的"创新中心"。2019 年，澳大利亚发布了《财务法修正案》，将服务市场监管机构和证券与投资委员会在没有金融服务许可证或从业牌照的情况下，为金融科技公司的产品或服务提供为期 12 个月的许可豁免延长至 24 个月②，允许它们在真实环境中测试金融服务和基于信贷的创新。这次通过的修正案，不仅延长了"创新中心"的豁免期限，还扩大了它的许可范围。2016 年的"创新中心"仅允许 12 个月的创新测试，且仅限于针对产品或服务的初创型金融科技公司，而此次修正后允许的业务范围包括了金融咨询、信贷合同发放和众包融资。同时，为了保护消费者免受未经许可的测试的风险，监管机构将采取一系列措施增强监管，如限制某些产品服务及客户的数量、必须遵守披露和其他规定的义务、要有赔偿投资者的损失的能力等。澳大利亚认为"创新中心"的监管机制是测试金融科技产品的一种有效方式，为金融科技公司未来的监管之路提供了便利。

2. 采用金融监管科技

2008 年，全球金融危机之后的监管改革和技术发展正在改变整个金融市场、金融产业和金融机构的性质。为了加强市场纪律，维持金融市场的诚信和稳定，监管机构和企业都开始专注于解决金融监管方面的挑战——监管缺口的分析，致力于开发合规工具、交易和监管报告工具，活动监控工具、实时风险评估工具等。监管迅速转型的金融体系需要增加对科技的使用和依赖，监管科技通常代表

① Brian Yap. Asia's Fintech Battleground [J] . 36 International Financial Law Review, 2017 (28)：28 - 29.

② *Australia extends fintech sandbox remit after long wait* 发布于 Finextra，https：//www. finextra. com/newsarticle/35275/australia - extends - fintech - sandbox - remit - after - long - wait，最后访问日期为 2020 年 2 月 12 日。

使用技术应对金融科技公司在管理监管风险和合规方面面临的挑战，它旨在移动端采用高新技术帮助金融机构和监管机构提高跨行业或跨市场的风险识别及预防。在这种背景下，全球金融监管机构越来越希望了解如何利用监管科技推进监管工具，应对数字经济带来的监管挑战。监管科技通过简化合规性，使企业将资金投入更具生产力的用途中，减少了进入市场的障碍，降低了系统中的风险。此外，监管科技还可以使监管机构使用现代报告和分析基础架构来发现和纠正滥用，从而提高监管的质量和效率。

（1）新加坡和加拿大。

新加坡和加拿大成功完成了利用分布式账本技术（Distributed Ledger System，DLT）进行跨境、跨币的支付试验，降低了国际支付风险、增加了交易安全、提高了监管效率。分布式账本技术是监管科技发展的一个里程碑，为监管部门和金融机构提供了一种完全不同的方式来进行和跟踪金融交易。其本质上是一个记录资产交易的数据库，是跨地区、跨机构之间一致复制、共享和同步的数据库。与传统数据库不同，分布式账本不需要一个中央机构来对操纵行为进行检查，其所有的信息都使用加密技术安全而准确地存储，并且可以使用密钥和加密签名进行访问。一旦信息被存储，就变成了网络规则控制的不可变的数据库，因此，在防止网络攻击和数据更改方面具有独特的优势。此外，在帮助金融监管机构实现实时监控、自动监督报告和执行方面分布式账本技术也有巨大潜力，其特别适合于建立数字经济的基础设施，如数字身份制度，从而进一步发展监管科技。

2019 年 5 月，新加坡金融管理局和加拿大银行使用合作分布式账本技术和中央银行数字货币成功进行了跨境和跨货币支付的试验。这两个国家的央行成功地连接了各自的国内实验性支付网络，即 Ubin 项目和 Jasper 项目①，这两个项目都建立在两个不同的分布式账本技术平台上。项目团队使用一种称为"哈希时间锁合约②"的技术来连接两个网络，并允许"外汇交易同步交收③"结算，而无须受信任的第三方充当中介。新加坡和加拿大在该项目中取得的成功充分说明利用

---

① Ubin 项目和 Jasper 项目是新加坡金融管理局和加拿大银行分别进行的两个试验。他们试图利用分布式账本技术提高跨境支付的效率，降低相关的风险和成本，使跨司法管辖区的实体能够在没有中介的情况下直接相互进行支付。

② 哈希时间锁合约（hash time locked contract，HTLC）是一类使用哈希锁和时间锁的支付，要求付款的接收方通过生成付款的密码证明，在最后期限之前确认收到了付款，或者放弃索赔的能力，将付款返还给付款方。

③ 外汇交易同步交收（payment versus payment，PvP）是一种确保在当且仅当以另一种或多种货币支付的最终转移发生时，以一种货币支付的最终转移才发生的结算机制。

分布式账本技术具有提高效率和降低跨境支付风险的巨大潜力，可以促进执行安全且高效的大规模交易，鼓励了全球金融界积极借鉴这份经验，推动更安全、更快捷、更便宜的国际支付，为消费者、企业和更广泛的金融行业带来丰厚的收益。

（2）澳大利亚。

监管科技领域具有的巨大潜力，加速了监管机构、金融机构、科技企业向合作监管模式的演变。在合作监管模式中，监管科技推进企业建立合规文化，发现学习机会并节省与监管事务相关的时间和金钱，金融公司反过来为制定有效的指导方针、最佳做法和监管科技解决方案提供必要的投入。澳大利亚的监管科技部署已经实施了一段时间，联邦政府连续几年对监管科技解决方案拨款资助，在促进监管合规性，市场完整性和保护消费者方面取得了不错的成效。

2018年8月，澳大利亚证券和投资委员会收到了联邦政府在2018～2019财年和2019～2020财年的资助，以促进澳大利亚成为开发和采用监管科技解决方案的全球领导者。澳大利亚证券和投资委员会在2018～2019财年利用这笔额外的资金制定了一系列监管科技计划，这些计划着眼于帮助金融公司解决与金融服务有关的风险管理和合规性问题，从而促进消费者的保护和市场的完整性。对此，澳大利亚证券和投资委员会在2018～2019财年实施了四项监管科技计划：一是金融推广演示及研讨会，邀请五名示范者对金融推广材料进行分析，以确定潜在风险和违规特征；二是财务咨询文件展示及研讨会，旨在研究监管科技如何用于改善澳大利亚金融财务咨询行业的合规性，六名示范者使用综合数据集以及关键风险指标来测试其监管科技的解决方案，以识别潜在的不合规的财务建议；三是语音分析和语音到文本的试验和研讨会，澳大利亚证券和投资委员会分享了一项监管科技试验的发现，该试验研究了语音分析和语音对文本的转换以帮助识别和分析金融服务行业的不良销售行为；四是技术辅助指导工具试验，这个试验设计并开发了一个概念验证机器人，以帮助企业应对信贷和金融服务许可监管框架。

3. 注重消费者的权益

消费者信心是维持和提高金融市场增长水平的必要条件，根据管制公益性理论和双峰监管理论，政府在主动监管金融风险的同时还要防止市场不当行为，维护消费者的合法权益。反过来，通过保护金融消费者的权益，从而确保整个金融市场的稳定，也是防范金融风险的有效手段之一。

（1）美国。

美国为解决金融科技创新问题做出了一系列的努力，其中对于金融消费者的保护方面极为重视。主要体现在以下三个方面。

第一，美国监管法规对消费者保护的重视。美国监管法规对金融公司的核心要求就是"完全的信息披露"，以此确保金融消费者所做的决定是在知情情况下的自愿行为。美国的许多部门法都对此作了相关规定，要求金融机构向消费者提供详细的信息披露。例如，《平等信贷机会法》《公平信用报告法》《公平债务催收行为法》《储蓄信托法》《证券法》等。

第二，美国成立了专门机构对金融消费者进行保护。美国国会于 2011 年创立了消费者金融保护局，专门接管监管机构的消费者保护权力。作为唯一一个致力于提高消费者金融利益的联邦机构，美国消费者金融保护局创办了一个名为"项目催化剂"的促进创新项目。在这个项目中，监管机构与创新者合作，鼓励创新者在创新产品和服务中直接采取消费者保护措施，以使监管机构不会主动对他们采取执法行动。监管机构与企业合作，了解它们如何将技术创新融入产品，并测试监管将如何影响这些服务，有助于监管机构支持创新和消费者保护。

第三，美国利用监管执法行动激励金融科技公司保护消费者。在美国，各金融监管机构会密切审查金融科技的应用程序以保护消费者。例如，联邦贸易委员会 2016 年开始推出了一系列政策论坛，从市场贷款开始讨论金融科技对消费者的影响。这种官方重视使公司行为受到一定的约束，维护了金融市场的公平与稳定。为了保持其金融体系在全球经济中的竞争力，美国在领导创新发展的同时一直持续将消费者的安全和稳健放在首位。这样的领导地位需要在金融服务领域中扶持创新，无论是相关监管机构或是金融科技类创业公司，在重点保护消费者的同时还要随时注意潜在的风险危机。

（2）欧盟。

欧盟也从立法的角度要求从业者披露最详细的信息，以充分确保消费者的知情权。欧盟一直在积极与各国监管机构合作，鼓励在所有市场上进行金融科技创新。为了应对近年来金融科技飞跃给金融消费者带来的巨大风险，欧盟于 2018 年推出旨在提高欧盟金融市场的透明度，并使特定市场所需的法规披露标准化的《金融工具市场指令》（第二版）（*Markets in Financial Instruments Directive* Ⅱ，MiFID Ⅱ）。其是欧盟为在当下科技融入金融领域的发展现状中规范欧盟金融市场和改善投资者保护而制定的新立法框架。根据《金融工具市场指令》（第二版），金融服务和活动的提供者必须遵守该规则确保投资者得到适当的保护，相关主体必须诚实、公正、专业地根据客户的最大利益行事。相比于 2008 年版本的《金融工具市场指令》（第一版），《金融工具市场指令》（第二版）充分考虑了金融科技产生的诸多影响，要求金融科技公司开展业务必须向客户提供完整和清晰的信息，包括自身及其提供的服务、金融工具、所有成本和相关费用；规定了更多的报告要求和测试，以减少暗池的使用——允许投资者在不透露身份的情况下进行交易的私人金融交易所和场外交易；充分评估并披露为客户设想的金融服务或活动是否适当和准确；等等。

4. 加强数据安全保护

在当下金融领域继续数字化和集中化的发展情况下，金融行业越来越容易受到来自黑客等网络犯罪活动的攻击，使得数据安全和个人信息的泄露风险越来越大，各国相继采取措施加强数据安全的保护，防止个人信息的泄露。

（1）美国。

美国对于数据安全的加强主要体现在建立法律进行保护[1]方面。

马萨诸塞州立法机构是授权监管机构开发数据安全监管框架的先驱，该框架超越了《反不正当和欺诈行为法》规定的数据泄露通知的强制执行范围。马萨诸塞州消费者事务和商业监管局发布了相关规定，该规则适用于"拥有或者许可获得居民个人信息的所有人"。无论其属于哪个行业，这些数据保管人必须"制定、实施和维护一个全面的信息安全计划"。马萨诸塞州的一个监管机构将这些要求提炼成一份合规检查表，并发布了一份"常见问题"清单，以帮助企业了解其义务。这些规定以及监管机构的相关指导，就像一个完整的数据安全监管框架，影响着在马萨诸塞州开展金融业务的任何主体。

2017年，纽约金融服务部颁布了一套针对金融服务的《金融服务网络安全细则》。这些规则是部门性的，但适用范围较广，规范着受《银行法》《保险法》或《金融服务法》监管的所有主体，包括银行、投资公司、信托公司、保险公司、经纪人和抵押贷款机构等，影响到了大多数全国性金融科技服务公司。《金融服务网络安全细则》对数据信息的保护体现在基于风险可控前提下提供可替代的合规模式，如使用安全分包监管。它要求细则中所涵盖的数据保管人必须指定一个IT安全主管进行定期风险评估，每年进行安全渗透测试[2]，并配置其网络以保护个人数据免受未经授权的查阅。在诸如控制外部访问之类的特定情况下，特定的技术措施可能是强制性的，如加密或多因素身份验证。

---

① William Mc Geveran. The Duty of Data Security [J]. Minnesota Law Review, 2019, 3 (103): 1154 – 1158.

② 渗透测试是对计算机系统、网络或web应用程序进行测试，以发现攻击者可以利用的安全漏洞。渗透测试可以通过软件应用程序实现自动化，也可以手工执行。

马萨诸塞州和纽约州遵循的程序化监管要求金融科技公司从评估、规划和管理三个方面履行数据安全的职责，而加利福尼亚州采取了不同的方法。加州的法律要求所有企业在处理加州居民的个人信息时"实施和维护合理的安全程序和措施"。加州没有像马萨诸塞州和纽约那样颁布正式的法规，而是在2016年发布了一份详细的叙述性报告，要求各企业应履行自己在数据安全方面的义务。报告结合了互联网安全中心的关键安全操作，作为"合理的"数据安全性指导。总的来说，加州的数据安全机制的运作更像是消费者保护框架，该框架赋予了联邦贸易委员会和州检察长一般的监管自由裁量权，但实际上却受制于该州"合理的程序和措施"的法定要求。

俄亥俄州最近颁布了另一种州数据安全法，该法规提供了法律惩罚的豁免激励作为改善数据安全的诱因。俄亥俄州的法规规定，如果数据保管人遵守了数据安全框架一系列列明要素之一，则可以在因违约而引起的侵权案件中，对侵权行为进行豁免辩护。此外，俄亥俄州法规特别要求数据保管人制定并遵守旨在提供信息安全的数据保护计划，并根据自身的资源和风险调整这些保护。简而言之，俄亥俄州的法规旨在为履行数据安全义务提供一个"积极的辩护"，以促使其主动提高对数据保护的安全措施。

（2）欧盟。

2018年，欧盟实施了一项专门的新数据保护规定——《通用数据保护规则》（GDPR），用以加强公民权利、简化数字时代的企业合规义务。尽管实施的时间相对较晚，但在数据保护法方面，欧盟却有着悠久的历史[①]。在欧盟成立之前，许多欧洲国家，如英国、法国和德国，都有关于"信息自决权"的司法概念。第二次世界大战后，数据保护法在欧洲的重要性引起了人们的关注，更具体地说，极权主义政权利用监视技术犯下危害人类的罪行以及计算机科学的进步，促使人们开始考虑制定数据保护立法的必要性。

《通用数据保护规则》的目标是双重的：一方面，其旨在实现欧盟公民个人数据的自由流动权利；另一方面，其以数据保护权利为基础，建立了一个基本权利保护框架。《通用数据保护规则》适用于所有在欧盟运营的公司，即使这些公司的总部不在欧盟，这一规定扩大了监管机构的执法范围，提高了其执法效率。《通用数据保护规则》在保护欧盟公民的个人的隐私和信息数据不受侵犯的同时，为企业创建一个更清晰、更严格的监管范围。该规则明确规范了数据托管人

---

① Oprysk, Liliia. The Forthcoming General Data Protection Regulation in the EU ［M］. Juridica International, 2016: 23 – 31.

的权利和数据保管人的相应义务：数据保管人对其数据的任何处理必须得到托管人"明确和肯定的同意"；数据托管人有权获得关于谁在处理数据、什么数据和为什么处理数据的清晰易懂的信息；数据托管人可以要求数据保管人删除其个人信息资料；数据托管人从一个社交网络切换到另一个社交网络时，据有向另一服务提供商传输数据的权利；数据托管人有权知道数据何时遭到了黑客攻击；等等。

（二）域外金融科技法律监管启示

上文详细分析了域外金融科技发达地区的监管规则和基本理念，概括出主要发达地区金融科技监管的实践：创新金融科技监管模式、采用金融监管科技、强调消费者保护在监管过程的重要性以及注重金融数据和信息的保护。我国与域外发达地区相比，金融科技法律监管还处于探索阶段，风险防控措施不完善，监管漏洞明显。因此，在借鉴域外先进治理经验的同时要结合我国实际国情，注意四个着力点。第一，我国监管制度滞后，监管速度往往跟不上创新速度。在此背景下，创新监管模式，引入"监管沙盒"，在实现创新的同时满足合规要求。第二，我国现有的监管手段落后，风险预警过慢，宜采用科技融入监管的办法，用"监管科技"监管"金融科技"。第三，传统的消费者保护手段在金融科技领域难以落到实处，资金的安全、信息的安全以及金融消费者的救济都给金融科技的监管带来新的挑战。我国要强调消费者保护的监管目标，完善金融消费者相关制度保障，实现真正意义上的普惠金融。第四，数据泄露不仅会侵害个人隐私权，而且还会导致监管环境的不透明，要积极推进我国数据安全的立法进程，强化个人信息的法治保障。

1. 引入"监管沙盒"机制

"监管沙盒"就是在简化规则和合规框架的帮助下，通过创造一个与监管机构对话的空间，促进新产品的开发和测试。这一举措具有重大收益，"监管沙盒"可以向监管机构发出预警——他们的规则可能不再有利于实现监管目标。同样，沙盒还有助于完善正在制定的新法规、新标准，因为实验数据可以揭示规范和标准是否存在不足、是否需要进行补充以应对尚未出现过的突发情况。因此，我国可以引入"监管沙盒"的监管机制，在模拟测试环境中改进金融创新产品或服务的合规性，通过在沙盒中测试监管的边缘极限，针对更广泛的市场对过时的规则及时更新，实现监管速度跟上创新速度，改善监管滞后的问题。充分借鉴域外国家的经验，根据测试主体的不同情况提供持续的监督和帮助；针对创新产品和服务的具体情况延长测试豁免期；同时控制沙盒内的风险在一个安全范围内，对测试主体的资格审核要严进严出。

2. 用"监管科技"监管"金融科技"

金融科技的发展使得金融服务业面临大量新的监管，学习、解释和遵守大量的合规要求需要大量的资源和足够的人力。在此背景下，监管科技的出现不仅有助于监管机构清除由于人手不足和资金不足而无法处理的大量工作，还能帮助企业消除不同法规的要求和客户验证数据中的重叠与共性内容。简言之，金融科技的增长引发了对监管科技的需求，监管机构亟须提升监管手段以应对监管对象智能化，亟须推动以数据驱动为核心的监管方式——监管科技，将人工监管转向机器监管和数据分析。

我国要在资金和政策上对"监管科技"多加援助，推动监管机构、金融机构、科技企业向合作监管模式的演变。首先是国与国之间的合作，如新加坡和加拿大建立跨国合作机制实现跨境、跨币支付的试验，降低了国际支付风险、增加了交易安全、提高了监管效率；其次是监管机构和科技企业的公私合作，在这个组织模式中，监管机构可与技术供应商签订技术支持合同来促进监管科技的采用。例如，监管机构聘请一家科技公司开发一个基于监管科技的平台，通过该平台，监管机构可实时接收监管对象违规活动和可疑交易的信息和警报。积极寻求科技企业的合作，有利于金融监管机构精简其组织结构，促进监管科技的采用。面对不断超前的金融科技发展，用"监管科技"来监管"金融科技"是当前数字化经济时代金融监管的必要选择。

3. 强调消费者保护的监管目标

无论是对消费者还是对市场来说，金融危机后的金融改革都着重强调了消费者保护的重要性。因此，金融科技公司也应当积极开发并维护健全的合规性系统来保证这一点。金融科技公司必须将消费者置于第一位，消费者保护应是其产品基因中的一部分，必须保证其产品和服务安全、透明且对用户友好。在其公司业务增长和规模扩张的同时必须努力增加消费者的选择余地，拓展用户获取金融服务的渠道。总之，消费者保护应当是金融科技公司在其所提供的产品和服务中的考虑重点和出发动机。为了切实保证消费者的合法权益，我国应将金融消费者保护作为金融监管的主要目标，全方面加强对金融消费者的保护。例如，制定严格的金融科技企业信息披露制度，确保金融消费者最充分的知情权；设立专门的金融消费者权益保护机构，为金融消费者提供法律帮助；完善消费者的救济机制，在诉讼过程中为消费者这类弱势群体的举证责任提供便利，采取举证责任倒置原则，严格实行无过错责任原则；等等。

4. 推进数据安全立法进程

有效地收集和利用个人金融信息对金融科技未来发展的成功至关重要，对个人金融信息数据进行复杂而系统的分析也有助于对金融消费者的行为形成新的见解，从而推动新产品和服务的产生。数据安全的重要性使得必须对网络安全防护不断升级，拥有大量数据的金融科技公司要建立健全网络安全、数据安全和隐私保护体系，并在产品和服务的生命周期内全程维护和完善。如果个人金融信息和专利的数据能被轻易获取，将来就会有更多尝试获取此类数据的非法行为，最终埋下安全隐患。加强数据信息保护、构建网络安全体系必须成为大大小小的金融科技公司的第一优先要务。对此，我国可借鉴美国和欧盟的经验，从立法上加强对数据安全的保障；采取灵活的执法和监管指导；为金融科技企业提供特殊的豁免保护，作为鼓励其提高自身安全性能的激励措施；明确数据信息托管人的权利和受托人的义务，实现最完善的个人金融信息的数据安全保护。

五、我国金融科技法律监管的完善建议

域外金融科技法律监管实践经验为我国金融科技法律监管的完善提供了参考依据。我国监管机构要踊跃参与并积极主动地确保国家对金融科技的监管是有效且高效的，平衡好金融创新多重目标之间的矛盾。为此，本文从法学的视角出发，针对我国监管职责不清、监管制度不完善和监管协调不够这三个问题提出完善我国金融科技法律监管的路径。

（一）完善我国金融科技法律监管的总体思路

1. 明确金融科技监管目标

我国金融科技的发展大体上顺应了金融改革的方向，成为打破监管惯性思维、推动金融监管创新的排头兵。我国金融科技法律监管总是优先解决创新与发展的问题，监管态度从最初的"包容式"到现在的"运动式"，一直处于"摸着石头过河"的被动地位。而现如今创新发展的速度越来越快，金融科技引发的法律风险问题却并未得到很好的解决，这中间最为关键的是如何平衡金融科技的创新发展与风险防范。要解决这个关键问题的前提是先要明确我国金融科技的监管目标，主动积极地处理金融科技发展过程中产生的各种矛盾。

因此，从宏观上看，我国金融科技法律监管的总体目标应当是：既要保持现有金融体系的稳定，又要增强金融资源的普及性和公平性，建立金融产业与金融科技创新产业的良性互动共生模式，在保护金融消费者的前提下，共同推动金融科技创新和金融服务转型。简单来说，金融科技法律监管就是要实现普惠金融、金融稳定、金融诚信和消费者保护的四大目标①。根据这个目标，监管机制要发挥审慎监管的作用，通过提供成本更低、效率更高、交易更安全的信贷方式实现普惠金融；增加存款和贷款组合的多样性，减少金融机构之间的风险集中，从而维持金融稳定；促进交易的可追溯性，监管 KYC 验证流程，利用监管科技降低合规成本，实现金融诚信；减少信息不对称，增加行业透明度，确保对金融消费者的保护。

2. 采用"穿透式监管"理念

众所周知，监管主体的明确性是监管制度有效性的决定因素之一，而金融科技的某些特征给监管增加了不小的难度，监管机构无法很好地约束相关主体的行为。原因如下：一方面，金融科技行业的种类多、差别大，监管机构不能及时确定哪些主体应该纳入其监管对象范围，此种形式的权力下放往往会成为有效监测的障碍。另一方面，监管机构在确定监管对象后难以监控其行为，许多金融科技公司的具体活动涉及大量专业技术，算法过程复杂，不公开也不透明，容易产生算法黑箱。即使将其算法完全公开，其计算过程的复杂性一时也难以理解，从而导致监管时效性的不强。在参与主体数量众多而行为不易核实的情况下，不同监管机构对类似业务的行为规则和监管标准不同，无法实现对金融科技业务的全面监管。我国在 2018 年对金融监管架构进行了整改。由原来的"一行三会"变成了"一委一行两会"②。采取的是"功能监管"理念，总的来说，这一举措减少了监管的重叠，减轻了监管机构的权力冲突，使我国的金融科技监管更加高效，但根本上并未改变金融科技主体识别困难的局面。

因此，准确识别监管对象，提高金融科技行业透明度，促进金融科技领域健康发展的重要方面，就要采用"穿透式监管"理念③，根据业务属性确定行为规则和监管主体，加强监管的统筹协调。贯彻"穿透式监管"理念包含两个层次，第一个层次是按照"实质重于形式"的原则，穿透金融科技产品和服务合法的

① 李真，袁伟. 美国金融科技最新立法监管动态及对我国的启示 [J]. 金融理论与实践，2020 (4)：69 – 76.
② 银监会与保监会合并为银保监会。
③ 许恋天. 互联网金融"穿透式"监管：逻辑机理与规范运用 [J]. 税务与经济，2019 (3)：1 – 10.

表面形式，洞悉其非法的本质，根据产品功能、业务特征、法律属性等方面甄别金融科技业务和服务的性质，明确监管主客体和适用规则，对其实施全过程的监管。第二个层次是穿透金融科技行业的资金来源和资金去向，把握核心监管指标、突破监管限制，在资金流向全过程中识别是否存在违法行为。这一层次的穿透难度较大，要适当融入监管科技，依靠大数据和区块链实现金融科技行业相关行为的监管穿透。

3. 建立"智能监管"模式

不同地区的监管机构在监管金融科技方面采取了不同的政策偏好，具体工具和监管机制的选择就证明了这一点。一些地区的监管机构热衷于通过向创新者提供沙盒来接收监管实验，而另一些监管机构则试图在现有监管范围内引进新技术。我国金融科技监管早期对新产品、新服务的合规检查呈宽松的包容态度，在行业尚未暴露严重风险之前，监管当局对金融科技的监管既有监管真空，又有监管滞后等问题。当行业出现较大的经济损失并显现风险扩大的趋势时，监管当局才匆忙就当下漏洞进行补救，陆续出台行为细则进行规制，监管灵活性和实效性相对落后。

为了促进创新和保护消费者，维持金融市场的稳定，监管当局应采取分门别类的差异化管理，采取"智能监管"模式对金融科技的创新进行监督。所谓"智能"是指监管要顺应不断变化的监管环境，使用灵活、灵敏和实时的工具以促进金融科技新情况的有效应对，它支持采用先进的分析方法来产生更好的监管，对不断变化的金融机构和市场结构进行监测、控制并迅速加以约束。多种监管方法的有机结合的"智能监管"使监管机构在不同发展阶段有效应对不同的创新形式。例如，沙盒等非正式的指导有助于帮助全新的技术合规，沙盒还可以使监管机构收集有关新产品的信息，作为决定未来如何对其进行最佳监管的基础；试点等试验性监管可以为创新者在真正投入实践中提供发展路线图，发现监管现实缺口并及时补正；更正式的方法，如牌照、章程或立法，更适合于监管风险和利益更为明确的成熟金融技术。

综上，本文认为，我国应打造一种多层次、立体化、广覆盖的综合性监管模式推进金融科技的健康发展。对不同对象进行指导、试验和控制时，政策制定者应采取不同监管方式来实现对不同形式创新的风险防范，走出一条"智能监管"的道路。

（二）优化我国金融科技法律监管的制度设计

1. 构建中国版的"监管沙盒"制度

监管速度既不能滞后于金融科技的发展速度，也不能超前于金融科技的创新速度。借鉴域外创新监管模式的经验，构建中国版"监管沙盒"制度，为我国金融科技创新模拟一个真实的市场环境，在鼓励创新的同时降低合规风险。因此，从法治层面出发，构建中国版"监管沙盒"要考虑以下三点：第一，确保有法可依，"监管沙盒"制度中对申请者资格认定和选拔办法等相关规定应尽可能具体和明确；第二，要确保有法必依，尽量减少监管的任意性——如果认为某些选定的参与者获得了不基于客观选择标准的不公平的监管对待，那么沙盒会失去其对金融科技公司的吸引力；第三，制度要强调程序公平，应向公众公开整个沙盒的申请过程和结果。

此外，有关部门应不断促进"监管沙盒"在我国落地生根，从小部分地区试验开始，效果良好再逐步扩大范围，逐步完善我国金融科技监管政策，推动金融科技产业发展壮大。目前，我国金融科技"监管沙盒"选取了北京市、上海市、福建省等十省份作为试点[1]，旨在探索一条可复制推广的我国金融科技应用创新之路。从沙盒制度的设计出发也要注意一些具体的问题：第一，沙盒应用中提出的商业模型的新颖性和影响力应该是考察申请者的主要选择标准；第二，参考香港地区只对具有授权的公司开放以降低风险，大内地政府也应针对不同情况的参与主体制定不同的操作标准；第三，监管机构要防止滥用沙盒的情况，比如可以引入付费机制，要求特定的企业为参与沙盒付费，而对某些初创企业类的新型创新力量给予豁免；第四，要强调沙盒的设计是为了降低特定业务的合规性成本的特征，以此吸引有潜力的初创金融科技公司加入；第五，要对沙盒参与对象提供持续性的帮助与监督，根据具体情况适时调整豁免权限和期限。

2. 引入市场准入"负面清单"制度

由上文对我国金融科技法律监管中存在的问题分析可知，我国对于非金融机构从事相关金融科技类业务，在准入门槛和业务范围上有着远高于国际水平的要求。对此，应参考域外相关行业的注册金额，适当降低此类企业进入金融科技领域的资本门槛，以鼓励行业的创新和良性竞争，同时要提高该类金融科技企业的技术门槛，用技术水平筛选金融科技领域的合格参与主体比注册资本的门槛更为科学合理。因而，我国监管当局可在金融科技市场的准入门槛上实施"负面清单"管理机制，为金融科技监管提供决策信息。所谓"负面清单"，是指"非禁即入"，清单上会列明限制或禁止的事项，此外皆可自由参与。

对于这份开放式"负面清单"具体内容制定方面，首先，"负面清单"的实

---

① 新华网. 中国版金融科技"监管沙箱"全速推进［EB/OL］. http：//www. xinhuanet. com/money/2019 – 11/21/c_ 1210362831. htm. 最后访问日期为 2020 年 5 月 20 日。

施要有配套法律法规的建设，一旦出现清单明令禁止事项，相关部门要根据相应规则严惩不贷，保证清单的贯彻落实。其次，这份清单应该向公众开放，而且要持续、统一，因为过于包容或相互矛盾的目标不仅会向金融科技行业，还会向监管机构发出复杂的信号，致使各级、各地行政执法措施各异，严重情况下甚至会产生诸如"竞次"的负面监管竞争。最后，要确保清单的清晰性和明确性，确保监管机构和被监管机构的相互理解，这对没有金融机构支持或没有充当"翻译"的金融科技孵化器帮助下运作的新兴企业而言，这种理解非常必要，能让他们及时了解行业规范，避免因"不懂"而违法的行为产生。监管机构可以考虑多种方法，比如准备非专业人员可以理解的说明材料，或让其员工参与行业咨询，鼓励其与监管机构积极接触。

在缺乏针对金融科技专项法规监管的情形下，引入"负面清单"对准入门槛进行管理，有助于提高整个金融市场的自由化水平，但会变相降低金融市场的准入门槛。所以，对于实缴资本不达标、风险控制能力不够、征信数据信息不全以及 IT 信息技术落后等问题企业都应写入清单内，在预防金融系统性风险的基础上促进金融市场的开放与进步。

3. 健全金融科技行业的退出制度

一套有效的退出机制是在对其客户、交易对手甚至整个市场的不利影响减至最小的情况下，使监管对象停止其不规范的业务活动、取消其经营资格。包括公司主动终止经营、被动破产清算、战略性业务转型等。此外，有效的退出机制还可以帮助退出主体评估其是否有足够的资源以有序的方式清盘退出，特别是在该主体陷入破产的困境下。我国 2015 年爆发的网络借贷 P2P 平台爆雷退出乱象就是整个行业的失误与教训，为避免此类事件的再次发生，我国有必要尽快健全金融科技行业的退出机制，切实维护消费者的权益和金融市场的稳定。英国金融行为监管局于 2019 年出台的《清盘计划指南》（Wind – down Planning Guide）①，对我国非金融机构的退出机制提供了宝贵的经验借鉴。

一方面，可出台统一的行业退出条例。《网络借贷信息中介机构业务活动管理暂行办法》曾提及过网络贷款平台的退出程序，"暂停或终止业务时应至少提前 10 个工作日通过有效渠道向平台用户公告；经备案的平台拟终止此项金融服务的，应提前至少 10 个工作日书面告知金融监管部门，并办理备案注销"。此后陆续有地方政府发布《退出指引》文件指导平台的正确退市。这说明官方也在

①　阳光互联网金融创新研究中心. 金融科技研究报告 2019 – 25：非银金融机构的有序市场退出 [EB/OL]. http://thuifr. pbcsf. tsinghua. edu. cn/931. html。最后访问日期为 2020 年 6 月 2 日。

积极鼓励平台主动承担相应的退出责任，减少逃跑行为，但此类文件均为草案性质，法律效力较低，影响力较弱。因此，有必要出台全国范围内统一的规章或条例，对行业退出进行指引和约束。首先，监管当局应细化主动申请退出的流程，如申请退出的条件是什么、向谁申报、审核需要多少时间等；其次，还应成立清算小组对退出企业进行彻底有效的清算，严格审查退出主体的经营状况；再次，退出企业要向监管机构上交详细的退市计划，解决好现存的债务等问题，监管机构确保计划合格、证明材料齐全后才予以退出；最后，对有潜力但暂时陷入困境的企业施以援手，帮助其处置存量业务，尽量减少破产清算的企业数量，鼓励其业务转型等，最终实现主动积极的清盘而不是跑路。

另一方面，要制定有序的退市收尾计划。为了保护金融市场的稳定和消费者的权益，实现稳妥有序的退出，监管当局还应同时做好相关退市收尾工作。第一，确定退出后，企业要在退出市场前多次向用户公布其退市信息，保障消费者的知情权；第二，退市公告的内容除了仔细说明退市的原因、时间，还要重点说明如何处置退市后对于用户存放于该平台中的遗留资金；第三，因退市给消费者造成的风险及损失，符合相关规定的应给予赔偿，无力赔偿的应从风险保证金划出金额进行补偿，缓解退市后续的保障问题。

4. 制定完备的沉淀资金管理制度

各类金融中介平台在提供从买方账户到卖方账户的担保服务前后和过程中，支付时间差始终会不可避免地使大量沉淀资金出现。我国虽明确了指定银行在接受沉淀资金方面的专属责任，但一未规定沉淀资金集中存管后的投资运营办法，二未对沉淀资金存管期内产生的孳息做归属分配。既容易形成资金闲置、资本浪费，又容易产生侵害消费者财产权的后果。对此，本文提出应制定一个灵活的沉淀资金管理制度，在保证金融安全的基础上为沉淀资金集中管理措施保驾护航。

首先，允许沉淀资金进入稳定的、低风险的资本市场投资运营。对此，可参考我国国家养老保险基金的市场化投资运营，在集中存管的沉淀资金总额中划出一定比例的备付金，交给指定的机构进行统一投资管理。投资金额、投资类别及投资回收周期严格遵循相关规定，实现有效规避风险和资金的最优化配置。

其次，对沉淀资金所获孳息的归属作出详细规定。由于沉淀资金来源分散，大多为个人用户，以资金占比、存管时间为依据对每位用户的孳息所得进行计算成本高且效率低。本文建议，可在刨除管理成本的基础上，对于沉淀资金存管期内所获的孳息可用于购买资金安全保险以保障金融消费者的财产权益。在平台出现问题，无法归还沉淀资金时，由保险公司先行赔付，事后向相关责任人追偿，做金融风险最后的防火墙。

最后，还要确保沉淀资金管理制度的安全性和可操作性。第一，公开透明是沉淀资金管理的基本前提，平台在指定的存管银行中开设唯一的网络支付机构二级账户后，要定期披露资金额度、流向及所获孳息的数额，实现完全严格的资金透明监控；第二，要建立备付金风险数据库和监控工具，对流动性风险指标进行检测，当风险指标超出安全稳定值，自动发出警报，提醒平台及客户及时采取防御措施，减少损失。

5. 设置投资者限额和冷静期制度

投资者额度和冷静过渡期限的设置都有助于易受"羊群行为"金融科技项目的管控。羊群行为是金融领域的重要现象，它是指投资者盲目模仿他人行为的行为，这种行为会在高度不确定和低透明度的金融科技市场条件下变得更为强烈。因此，关于金融科技领域内的投资者保护问题，可引入两项监管改革。

一是限制投资额度，设定"合格投资者"的基准。为了将投资者在每个平台上的投资风险控制在可承受、可控制的范围内，用户必须具备必要的财务手段和金融知识来承担参与此类新兴投资方式的风险，该基准应根据相关政策的出台、社会经济发展的进步不断提升。具体来说，平台可引入 KYC 服务原则，用户进入平台作出投资决定前，平台要对其资产净值、资产规模、治理状况或专业经验的一项或多项信息进行检测，以确定其风险承担能力。若用户达不到"合格投资者"的基准，则平台不允许其作出投资决策。除限制投资者的投资额度外，平台也应对自身的项目投资额设限。以众筹平台为例，利用智能投顾技术为个人投资者和机构投资者设定不同的单次投资限额和每日投资限额以及一个项目可以筹集的最大投资总额。二是设置冷静期制度。对于大额投资决定，平台应为投资者提供一段冷静考虑期，冷静期主要划分为强制考虑期和作出决定期，在强制考虑期内，平台应再次提醒用户投资项目的风险及赎回规则，投资者可随时取消其投资决定；在作出决定期内作出投资决定后，平台可通过生物识别技术，如字迹、指纹、人脸、声音等技术核实投资者的真实身份和意愿。

投资额度和冷静期制度的设立都有助于解决与人群出现相关的独特监管挑战，在控制金融科技业务的风险方面，学界传统上集中于对信息披露文件的重视。而本文认为，群体本身可以影响新市场的出现、建立或失败，除信息披露外，监管机构还需要考虑从众心理，以及在市场形成和市场信息交换的环境中，群体如何集体参与"感知构造"。时机是创新成功的关键动力，因为成功的前提是行动迅速，而大众仍在形成或创新在一定程度上破坏了稳定，在新的利基市场出现之前，这些时机上的紧张关系是难以控制的重要监管考量。所以，投资额度的设置使得投资者在进行高风险的项目投资时在源头上减少损失，冷静期又在一定程度上有助于在快速行动的创新需求和允许投资者在不受群体动态的认知影响下重新评估投资决策之间取得平衡。

6. 出台专门的数据安全保护制度

金融科技公司由于其存有的大数据和个人信息极易受到恶意行为主体的攻击，整个金融服务行业都不得不应对不断演变的隐私安全威胁和数据保护。当前，我国尚未出台专门的《数据安全法》，对于数据安全和网络信息的保护主要依靠《网络安全法》的兜底保障。但对于网络世界的个人隐私如何认定、信息安全受侵害的表现形式如何界定等问题，从法定保护现状看尚不完善，而个人信息的隐私保护不仅涉及人权问题，关键数据的泄露甚至可能危害国家金融安全——个人数据保护的监管缺位致使金融消费者容易受到外界的冲击和损害，金融脆弱性随之增强，金融市场失去了健康稳定的发展，最终导致新一轮的全球金融危机。

因此，本文认为应加快数据安全制度保障。对于企业来说其在收集数据和信息作用于金融服务时，无论是直接作为金融服务提供商，还是间接作为数据传递或访问客户的渠道，都应要求其获得明确的授权，企业不能要求客户同意出售、交换、分享、转移或其他个人信息的披露。同时，要增强企业的数据和信息保护责任，要求其从技术、管理、过程和运行等层面进行保障，多维度保证数据和信息的安全。而对于监管当局，相关信息保护立法也对其做出一定的限制——只对与数据收集和分析相关的监管机构授予信息权，并要求金融科技企业定期将其管辖范围内的向监管当局报告数据和信息的安全状况。此外，如上文所述，监管也要跟上技术进步的步伐，利用"监管科技"来监管"金融科技"，推动监管机构的内部执法流程。监管机构利用技术解决方案来协助数据和信息安全的保护，可以掌握金融风险的预防和管控的主动权，监控和调查潜在的危机活动，一旦数据超越正常监控的阈值，迅速采取行动进行管控。

（三）加强我国金融科技法律监管的行业自律

自律监管避免了"一刀切"的做法，行业可以制定最适合自身行业的规则，降低合规成本，促进公平竞争。其一，行业自律监管几乎不需要另外的体制基础设施，让金融科技行业自行制定行为规则解决争端，可以减少制定和实施金融科技监管有关的行政成本。其二，行业自律组织对违反行业标准的企业实施制裁要比监管部门通过合法渠道开展业务进行管制的速度更快，自律监管对于确保良好的商业行为和提供安全、可预测的全球金融科技发展环境至关重要。其三，行业自律监管真实感受可反映当前政策是否矫枉过正，从而促进立法机构、监管机构等调整相应的监管举措。

1. 通过集体制裁方式倒逼行业自律

要求金融科技公司自我监管的成本是昂贵的，因此总会有许多公司不愿意花费资源也不愿尽最大努力进行监控的情况产生，即使其发现了自身行业中可能给第三方带来负面外部性的风险，也有动机不作为。

因此，本文提出可以通过集体制裁的方式激励金融科技公司提高行业自律。集体制裁是指当集体中的某些个体行为不端时，将处罚个体不端行为的成本强加到整个集体，利用集体中个体掌握的优势信息，刺激其利用这种信息优势推进集体的行业自律监管①。具体来说，就是在制定相关法律监管规则时，适当加入一些对集体制裁的办法，相关知情者在风险产生导致严重后果时知情不报、瞒报等，整个行业都要受到牵连和制约。这样的举措可以迫使行业参与者更深入地考量他们推向市场的新技术，这些技术所带来的风险，以及私人参与者如何保护自己的公司免受行业危机的影响。

允许监管机构将监管成本强加给整个金融科技行业，而不是要求监管机构找出隐藏其中的个别不良行为者，不仅可以刺激单个金融科技公司监视该集体其他成员的潜在风险行为，还可以促进行业提供有益的监督和补充支持，促进对新兴技术更全面的理解，进入市场的金融科技新兴企业也会更有能力理解和消化政府的监管成本。以众筹为例，若众筹平台出现大量的贷款违约甚至跑路，监管机构就会向整个众筹行业发出警告，收紧行业进入门槛并加大违规处罚力度，从而加重整个行业的监管负担。

2. 成立安全保险基金促进行业自律

鼓励自我监督的方式是成立金融科技各细分领域的行业安全保险基金，如众筹安全保险基金。设立金融科技领域的行业安全保险基金是以保险基金的形式实施的另一种集体制裁，它要求行业所有涉内企业缴纳相应的金额作为风险保证金，当出现个别主体行为不当造成系统性风险冲击时，用以偿还呆账、坏账。当然，鉴于金融科技参与者的多样性和行业不断发展的特征，这将是一个长期的、充满争议的过程，但监管机构在识别相关"受监管主体"时，也会不断地进行

---

① Chris Brummer, Yesha Yadav. Fintech and the Innovation Trilemma [J]. Georgetown Law Journal, 2019 (107): 235-307.

类似的工作，只要保险基金缴纳和管理的过程透明、公平、可信，就能促进行业的适度改善。

首先，保险基金缴纳的数额要根据行业中不同企业的规模和风险大小而定，某些金融科技的龙头企业、独角兽企业理应起好带头作用，按照其盈利的一定比例缴纳保险基金，具体数值有待深化讨论；其次，要选择安全可靠的专门保险机构对这笔巨额保费进行管理和理赔，当风险产生，可由保险机构对受害方先行赔付，后期再向相关企业追偿；最后，政府可制定相关的安全基金制度保证此类同业互保活动的正常运行，在目前制度空白阶段，可参考相关法律法规、规章制度对类似行为的监督管理。

（四）推进我国金融科技法律监管的协调合作

1. 建立"横纵结合"网格化监管协作

监管机构应采取行动与其他监管机构合作，协调规则制定、监督指导和执行行动，以提供尽可能多的一致性和透明度，避免造成不必要的监管混乱或监管延误。域外经验表明，明确的授权和有效的协调有助于金融科技创新主体减少金融监管的不确定性。在此背景下，我国为金融科技各监管部门之间的协调提供一个单一的联络点——金融技术委员会，但它并不具备实质的监管权力，无法真正协调金融科技监管的统一。因此，本文提出建立横纵结合的网格化监管体系，实现金融科技法律监管横向到边、纵向到底的统筹协调，从而降低信息获取成本，减少金融监管的不确定性，并避免监管不一致或监管套利。

从横向角度出发，可以赋予现有的金融科技委员会更实质的监管权力，明确其金融稳定职责：一是通过其自身实质监管权来稳定市场纪律；二是识别金融科技背景下的系统性风险；三是应对金融科技给金融稳定带来的新威胁。将金融科技委员会作为金融科技专门监管机构，以更好了解整个金融市场的动态以及不稳定的、可能发生演变的领域，从而及时、合法地下达统一的监管指令，消除相应授权的重叠来避免监管竞争。

从纵向角度出发，建立一个联动中央与地方政府的双层监管协调机制，地方政府相对于中央对所监管行业的接触方式更深入、更具互动性，要充分利用该优势，有针对性、有选择性地进行地方立法从而加强地方政府的监管职权。建立包括所有相关监管机构代表在内的特定于产品或技术的工作组，进一步加强各地方政府的监管合作，形成网络严密，纵横有序的金融科技法律监管框架体系。

2. 促进全球数据共享及合规标准统一

在经济全球化的当下，金融监管的发展也要考虑到国际层面。由于金融科技业务灵活、范围广阔、区域跨度大，企业可随时搬迁至另一地区，以寻求更好的政治优待，合理规避责任风险。全球监管协调，推进金融科技监管行业的透明化，不仅能减轻各国当局的监管负担，还能有效防范金融科技引发的系统性风险。

我国可从以下两方面寻求金融科技全球监管协调。一方面，我国可促进全球金融数据共享，努力打破数据流动的地区壁垒，加入正式和非正式数据共享的国际交流平台，提高金融科技风险意识，积极分享监管的经验教训。目前，金融科技全球监管协调的主要平台是全球金融创新网络（Global Financial Innovation Network，GFIN），它汇集了来自50多个地区的监管机构对金融科技的监管框架、监管实践和创新监管理念[①]。我国也应积极响应，加入或建立类似的国际交流平台，为从事跨境和跨部门活动的金融科技参与主体提供可访问的监管联系信息，为其提供跨境运营的问题解决环境。另一方面，我国在制定金融科技监管法律法规时要考虑对域外产生的分配效应，不仅需要仔细考虑其对国内企业的影响，而且还需要仔细考虑对国外从业者的影响。具体来说，我国政府可积极与域外的监管机构建立监管联系，围绕国际标准和共同风险制定监管政策，消除地区监管障碍。在统一监管合规标准的基础上，我国可与域外监管机构和金融科技企业合作开发金融科技国际监管平台，自动监控和分析潜在的危机活动，一旦数据超出正常阈值，系统可直接向监管机构传输可视化的报告数据并风险预警，从而提高全球整个金融科技行业的监管透明度。

六、结论与展望

金融的发展离不开金融科技的推波助澜。当下，金融科技的发展已成为主流，我国监管机构要踊跃参与并积极主动地确保国家对金融科技的监管是有效且高效的，平衡好金融创新的多重目标之间的矛盾——既要保持现有金融体系的稳定，又要增强金融资源的普惠性和公平性。针对这一点，本文的研究主要分成两个阶段：第一阶段除了界定金融科技法律监管的相关概念、了解当前金融科技法律监管的主要对象以外，还讨论了我国金融科技法律监管的发展历程和现存的问

① 黄震，张夏明. 金融监管科技发展的比较：中英两国的辨异与趋同［J］. 经济社会体制比较，2019（6）：43－52.

题；第二阶段在域外经验的横向对比和自身发展的纵向对比后，从宏观的角度提出在今后的金融科技发展中，从完善监管的总体思路、优化监管制度设计、加强行业自律以及推进监管协调合作四个方面推动我国金融科技创新和金融服务转型。

由于篇幅有限，无法对金融科技法律监管涉及的所有领域进行特征分析和风险识别，且文章学科交叉跨度较大，大量涉及信息技术类的原理知识未能准确描述，这成为本文的遗憾和不足。金融科技瞬息万变，及时抓住发展机遇，建立一个能及早发现行业发展趋势、优化资源配置、有利于金融消费者的创新监管体系，为监管机构和金融科技行业创造双赢的环境仍是摆在我国面前的一个长期挑战。

参考文献

专著类

［1］阎庆民，谢翀达，骆絮飞．银行业金融机构信息科技风险监管研究［M］．中国金融出版社，2013．

［2］于斌，陈晓华．金融科技概论［M］．人民邮电出版社，2017．

［3］廖珉．金融科技发展的国际经验和中国政策取向［M］．中国金融出版社，2017．

［4］徐忠，孙国峰，姚前．金融科技：发展趋势与监管［M］．中国金融出版社，2017．

［5］刘志坚，京东金融研究院．2017 金融科技报告：行业发展与法律前沿［M］．法律出版社，2017．

［6］乔海曙，邹承惠．中国金融科技行业研究报告（2017）［M］．社会科学文献出版社，2017．

［7］张晓燕．金融科技行业发展与监管 2018［M］．经济科学出版社，2018．

［8］李伟．中国金融科技发展报告（2019）［M］．社会科学文献出版社，2019．

［9］李扬．回归金融本质：中国金融创新与监管［M］．社会科学文献出版社，2019.

［10］度小满金融，北京大学光华管理学院监管科技课题组．新技术新业态：进化中的监管科技及其应用［M］．电子工业出版社，2019.

期刊类

［1］曹凤岐．互联网金融对传统金融的挑战［J］．金融论坛，2015（1）．

［2］廖岷．全球金融科技监管的现状与未来走向［J］．新金融，2016（10）．

［3］IMF课题组，李丽丽．金融科技、监管框架与金融服务业的变革［J］．新金融，2017（10）．

［4］牛静．金融科技发展调查研究——以陕西省西安市为例［J］．调研世界，2017（11）．

［5］黄震．区块链在监管科技领域的实践与探索改进［J］．人民论坛·学术前沿，2018（12）．

［6］王静．全球金融科技发展动因及监管科技发展趋势［J］．证券市场导报，2018（2）．

［7］杨望，戴颖．监管科技推动新金融生态建设［J］．中国金融，2018（10）．

［8］费方域．金融科技与监管科技：生态的视角［J］．新金融，2018（5）．

［9］申嫦娥，魏荣桓．基于国际经验的金融科技监管分析［J］．中国行政管理，2018（5）．

［10］杨祖艳．监管沙箱制度国际实践及启示［J］．上海金融，2018（5）．

［11］杨东．监管科技：金融科技的监管挑战与维度建构［J］．中国社会科学，2018（5）．

［12］沈伟．金融科技的去中心化和中心化的金融监管——金融创新的规制逻辑及分析维度［J］．现代法学，2018（3）．

［13］毛茜，赵喜仓．Fintech创新发展与科学监管研究［J］．科学管理研究，2018（2）．

［14］刘继兵，李舒谭．中国金融科技发展路径优化研究［J］．西南金融，2018（3）．

［15］王宇．金融科技创新之监管对策分析［J］．新金融，2018（6）．

［16］张双梅．中国互联网金融立法与科技乐观主义［J］．政法论坛，2018（4）．

［17］刘奎宁．加强金融监管能力建设应对金融科技创新挑战［J］．武汉金融，2018（7）．

［18］周仲飞，李敬伟．金融科技背景下金融监管范式的转变［J］．法学研究，2018（5）．

［19］刘志云．互联网金融整治背景下的立法思考［J］．企业经济，2018（7）．

［20］中国人民银行马鞍山市中心支行课题组．博弈论视角下 FinTech 创新与监管问题研究［J］．上海金融，2018（9）．

［21］皮天雷，刘垚森，吴鸿燕．金融科技：内涵、逻辑与风险监管［J］．财经科学，2018（9）．

［22］李新宁．金融科技的高质量发展与监管创新——"监管沙箱"的思路借鉴［J］．学习与实践，2018（10）．

［23］唐士亚．运用监管科技促进互联网金融均衡规制——以 P2P 网贷市场准入规制为例的研究［J］．商业研究，2018（12）．

［24］许多奇．互联网金融风险的社会特性与监管创新［J］．法学研究，2018（5）．

［25］徐凤．人工智能算法黑箱的法律规制——以智能投顾为例展开［J］．东方法学，2019（6）．

［26］刘泽东，韩光林．我国股权众筹合格投资者制度的构建研究［J］．金融发展研究，2019（9）．

［27］中国人民银行海口中心支行青年课题组，王宏杰．金融科技监管的国际经验借鉴及政策建议［J］．金融发展研究，2019（11）．

［28］王海波，马金伟．金融科技监管新模式："法链"模式发展路径研究［J］．金融与经济，2019（9）．

［29］张永亮．中国金融科技监管之法制体系构建［J］．江海学刊，2019（3）．

［30］兰虹，熊雪朋，胡颖洁．大数据背景下互联网金融发展问题及创新监管研究［J］．西南金融，2019（3）．

［31］李有星，王琳．金融科技监管的合作治理路径［J］．浙江大学学报

（人文社会科学版），2019（49）.

［32］黄震，张夏明．金融监管科技发展的比较：中英两国的辨异与趋同［J］．经济社会体制比较，2019（6）.

［33］苏海雨．金融科技背景下金融数据监管模式构建［J］．科技与法律，2020（1）.

［34］李真，袁伟．美国金融科技最新立法监管动态及对我国的启示［J］．金融理论与实践，2020（4）.

学位论文

［1］贾楠．中国互联网金融风险度量、监管博弈与监管效率研究［D］．吉林大学博士学位论文，2017.

［2］王立峰．我国金融监管框架优化路径研究［D］．中共中央党校年博士学位论文，2018.

外文文献

［1］Alan Mcquinn, Weining Guo, Daniel Castro. Policy Principles for Fintech ［R］. Information Technology & Innovation Foundation, 2016.

［2］Mark Fenwick, Wulf A. Kaal, Erik P. M. Vermeulen. Regulation Tomorrow: What Happens When Technology Is Faster than the Law ［J］. American University Business Law Review, 2017（6）: 561 – 594.

［3］Douglas W. Arner, Janos Barberis, Ross P. Buckey. FinTech, RegTech, and the Reconceptualization of Financial Regulation ［J］. Northwestern Journal of International Law & Business, 2017（37）: 372 – 414.

［4］Dirk A. Zetsche, Ross P. Buckley, Douglas W. Arner, Janos N. Barberis. From Fintech to Techfin: The Regulatory Challenges of Data – Driven Finance ［J］. NYC Journal of Law & Business, 2018（14）: 393 – 446.

［5］Charles W. Jr. Mooney, Fintech and Secured Transactions Systems of the Future ［J］. Law and Contemporary Problems, 2018（81）: 1 – 20.

［6］Ioannis Anagnostopoulos. Fintech and Regtech: Impact on Regulators and Banks ［J］. Journal of Economics and Business, 2018（100）: 7 – 25.

［7］Mark Lewis. Outsourcing, New Technologies and New Technology Risks: Current and Trending UK Regulatory Themes, Concerns and Focuses ［J］. Journal of

Securities Operations & Custody, 2018 (10): 145 – 156.

[8] Anton Didenko. Regulating FinTech: Lessons from Africa, San Diego International Law Journal, 2018 (19): 311 – 369.

[9] William Magnuson. Regulating Fintech [J]. Vanderbilt Law, 2018 (71): 1167 – 1226.

[10] Chris Brummer, Yesha Yadav. Fintech and the Innovation Trilemma [J]. Georgetown Law Journal, 2019 (10): 235 – 307.

第四章 我国"监管沙盒"法律制度构建研究

一、问题的提出

金融科技飞速发展，主要借助于技术方面的手段进而促进金融创新。一方面，它完全借助了互联网，使数据成为金融资源里很重要的一部分；另一方面，风险也随着金融创新而更新，市场迎接新金融的同时也迎来了新风险。金融科技借助于互联网使其具有开放性、互联性和高技术含量性，与此同时，风险也呈现了更加隐蔽的一面而变得越来越复杂。因此，金融监管部门希望在鼓励金融科技创新和预防金融科技风险之间取得平衡。"监管沙盒"恰恰作为一项适时的工具，通过创建一个"安全空间"（Safe Place）为初创企业的发展提供良好空间，使其不必因为在创新初期不满足监管要求而过早夭折，进一步实现鼓励金融科技创新和预防金融科技风险之间的平衡。

"监管沙盒"是由英国首次提出。英国金融行为监管局（Financial Conduct Authority，FCA）于 2016 年 5 月 9 日启动"监管沙盒"，紧接着，世界各国都陆续开始启动沙盒计划①。在博鳌亚洲论坛 2017 年年会上，中国社会科学院金融研究所副所长胡滨出席并发布了《互联网金融报告 2017》，该报告里专门提到了我国要引入"监管沙盒"来实现监管机制的发展创新。一方面，根据我国目前状况，已基本具备实施沙盒制度的条件；另一方面，该制度不仅有利于提高新产品投入市场的效率，而且同时增强了监管对金融科技创新的适应性。监管部门在保护消费者权益和防范风险的基础上，根据沙盒测试主体的具体情况，主动放宽监

---

① 张景智. "监管沙盒"的国际模式和中国内地的发展路径［J］. 金融监管研究，2017（5）：23.

管要求以减少金融科技创新所面临的规则障碍，进而实现金融科技创新与有效管理和控制风险的有机统一①。

"监管沙盒"制度在金融科技大背景下具有重要的研究意义。而现有研究在"监管沙盒"的属性、功能及具体制度构建上存在分歧。因此，为了促进中国金融科技领域的持续创新和金融监管机制的不断优化，研究中国"监管沙盒"法律制度，不仅具有必要性，而且具有紧迫性。

本文拟在界定基本理论的基础上，分析中国"监管沙盒"制度试点及对现行法律监管的挑战，借鉴代表性国家与地区的"监管沙盒"制度，从中国"监管沙盒"法律制度的主要内容即中国"监管沙盒"的本体制度（主体制度、准入制度、运行制度、退出制度以及金融消费者保护制度）、保障制度以及跨境合作制度三个方面，为我国"监管沙盒"法律制度的构建提供建议。

二、"监管沙盒"法律制度的一般考察

（一）"监管沙盒"的基本界定

1. "监管沙盒"的概念

在界定"监管沙盒"之前，我们先将该词分开来看，即"监管" + "沙盒"，监管很好理解，指的就是监督管理，那沙盒呢？该词是一个计算机术语，简单来讲就是指受限的安全环境，一般通过隔离运行中的程序来对一些来源不可靠的程序创造一个安全的运行环境。

英国于 2015 年 3 月率先提出"监管沙盒"的概念，首次将该计算机术语用到金融领域即对金融科技的监管方面。按照英国金融行为监管局（FCA）的定义，"监管沙盒"是一个"安全空间"，在这个安全空间内，金融科技企业可以测试他们的新产品、新服务、新商业模式和营销手段，而避免在相关活动出现不合监管规则的要求时立即受到约束②。本文对该定义比较认同。

2. "监管沙盒"的属性

"监管沙盒"本质上还是属于一种金融监管，它包含了测试的成分、消费者

---

① 张缘成．《互联网金融报告 2017》引入中国版"监管沙盒"［N］．农村金融时报，2017 – 04 – 10（B5）．

② 胡滨，杨楷．监管沙盒的应用与启示［J］．中国金融，2017（2）：68.

保护的成分和激励的成分。而在沙盒里所进行的测试本质上属于一种比较特殊的市场交易行为，它主要表现为沙盒消费者在这个范围内购买并使用相关新产品或新服务。本文将从监管的时间性角度、差异性角度以及持续性角度来深入分析"监管沙盒"的属性。具体如下：

（1）时间性角度。

从监管的时间性角度来看金融监管分为事前监管、事中监管和事后监管。其中，事前监管集中体现为准入监管，而"监管沙盒"是比准入监管还要靠前的一种监管方式，它跟以往的准入监管有很大的不同，以往的准入监管主要是审查主体是否有资质进入相关的金融市场，其目的是希望保持竞争促进资源的合理配置；而"监管沙盒"的目的并非如此，它最终是想把最好的产品或服务带给消费者，保障金融科技创新在合理合法的前提下充分发挥其活力。所以，从时间性角度来看，监管沙盒是一种特殊准入监管即事前准入金融监管。

（2）差异性角度。

从监管的差异性角度来看金融监管分为差异化监管和同一化监管①。其中，差异化监管就好比具体问题具体分析，是监管主体根据不同的市场主体以及不同的产品或服务，专门制定一些规则，特别注重监管的公平和效率，如果说它有缺点的话，可能唯一的缺点就是成本太高；而与之相比，同一化监管的成本就低很多了，它一般不会针对企业的具体问题制定相应的规则，更注重形式上的公平，会统一做出监管规定，没有考虑到特殊的监管对象导致其在某些方面会阻碍金融科技创新发展，但不是没有优点，在某种程度上这种监管规则可能更符合法律的确定性与普遍性。所以，从差异性角度来看，传统的监管属于同一化，而监管沙盒明显属于差异化金融监管。

（3）持续性角度。

从监管的持续性角度来看金融监管分为临时性监管和持续性监管。其中，临时性监管是指市场主体进入该市场后在一定的时期内受监管规则的约束；而持续性监管是指会一直受监管规则的约束。所以，从持续性角度来看，传统的监管属于持续性，一旦进入市场则一直需受监管机构的约束，直到退出市场，而监管沙盒则不同，它是临时性金融监管，在沙盒测试结束之时就是临时性监管结束之日，若产品日后可以正常投入市场则转为持续性监管。

3. "监管沙盒"对传统金融监管的创新

（1）强调监管适应性。

① 李有星，柯达．我国监管沙盒的法律制度构建研究［J］．金融监管研究，2017（10）：91.

全球金融危机严重影响了世界经济状况，在此环境下，各国均就此危机反思自己并总结如何唤醒经济活力，使金融理念得到了创新，这直接促进了金融科技的创新，同时使监管制度面临改革问题，"监管沙盒"便由此被推出，正是监管部门主动适应金融科技的一种表现①。

监管适应性不仅体现在其出现是为适应金融科技的创新发展，更在监管理念方面得到了集中的体现，监管部门开始形成一些新监管理念，监管者对金融科技创新持续关注，不主动对其活动进行干预，而是以学习的姿态通过对金融科技进行一定的研究与了解，然后作出有利于其创新的决定以促进其创新发展，这和传统的金融监管有着明显的不同，传统金融监管采取的主要是一种主动干预的监管方式。

（2）突出监管弹性。

"监管沙盒"与传统金融监管相比，更注重监管弹性。传统金融监管有一个显著的特点就是规则过于僵化，这将会带来两个极大的不足之处，其一是更容易产生监管套利等问题，究其原因主要因规则过于僵化使监管出现空白或者重叠的情况；其二是不能高效应对金融市场出现的类似于金融科技创新等新产品或服务，究其原因主要还是因规则过于僵化或严格。

"监管沙盒"的出现，为企业带来了一个安全的试错环境，在此空间里监管规则更为灵活，真正地根据企业具体情况实现动态监管。当然，这样的弹性监管并不是凭空产生的，而是依照法律授权给监管部门的自由裁量权为前提的，这便极大地为监管部门就如何平衡创新与风险提供了无限的可能，更有助于使监管效率提高②。

（3）注重监管协作性。

"监管沙盒"与传统金融监管相比，其协作性主要体现在三个方面：其一是重视监管者与被监管者之间的交流机制；其二是监管者之间的交流机制；其三是跨境合作的交流机制。

监管者与被监管者之间的交流机制主要体现在监管部门从申请阶段、审查阶段、测试阶段到退出阶段均动态了解企业的具体状况并给予其相应的引导与改变，与此同时，企业也可及时掌握动态的监管要求，以更好地进行创新；监管者之间的交流机制主要体现在监管者之间为了避免监管空白或者重叠的情况而进行

---

① 李仁真. 国际金融法新视野［M］. 武汉：武汉大学出版社，2013：1－2.
② 李仁真，申晨. 监管沙箱：拥抱 Fintech 的监管制度创新［J］. 辽宁大学学报（哲学社会科学版），2018（5）：112

的跨部门沟通协商；跨境合作的交流机制主要体现在全球金融创新网络（GFIN）的成立，该网络成立于英国提出"全球监管沙盒"建议的基础之上，为加强各国监管合作做出了很大的贡献，一方面促进了各国监管部门的信息交流，另一方面解决了金融科技创新全球性所带来的跨境对接问题。

4. "监管沙盒"的功能

（1）引导金融科技发展。

通过上文我们也知道"监管沙盒"对传统金融监管的创新之一就体现在其强调监管的适应性。监管者对金融科技创新持续关注，不主动对其活动进行干预，而是在测试的全过程对其进行一定的沟通与了解，然后适当地放宽监管要求为企业营造一个利于创新的环境，以促进金融科技创新发展①。

（2）鼓励金融科技创新。

"监管沙盒"是一种突出监管弹性的差异化金融监管，它的属性本身即体现了监管者对创新的一个鼓励态度，具体如下：其一根据企业的具体情形来调整所需要的监管规则，给科技创新营造一个宽松环境；其二监管者对沙盒测试积极参与并及时与创新企业沟通协作，使投资者对创新方案所涉及的风险有所消除，能促进企业最快融资，达到创新目的；其三创新企业可以通过沙盒测试借鉴监管者与消费者的意见，进而完善创新产品或服务。

（3）便利金融消费者。

一方面，很多金融科技创新产品或服务由于不符合监管规则而过早地消亡，"监管沙盒"使更多新产品及服务有步入市场的机会，这进一步为广大消费者提供了更多种类的产品及服务，实现了更多消费者的权益。另一方面，由于其宽松的监管环境使更多的金融产品出现，进而出现了很多优质产品及服务互相竞争的场面，这样又从另一个侧面降低金融消费者获得新产品及服务的成本。

（4）弥补金融监管不足。

"监管沙盒"制度是为了应对金融科技而产生的一种新的监管方式，此监管方式的理念便是借助于测试的方法来对新产品或者服务进行创新，集中体现了监管弹性。弥补了传统金融监管滞后、僵硬以及缺乏交流的不足，实现了从静态监管向动态监管与从被动监管向合作监管的转变。

（5）平衡金融创新与风险。

"监管沙盒"最核心的功能可能就是对金融创新与金融风险的平衡了。从测

---

① 胡滨，杨楷. 监管沙盒的应用与启示［J］. 中国金融，2017（2）：68.

试开始到最终将产品投入市场，整个过程都有监管机构的参与，其充分借助于沙盒的沟通交流机制及时针对具体的问题提出解决方案，构建监管框架，使金融创新得到了更好的发展，让金融风险得到了及时的控制。

（二）建立"监管沙盒"制度的必要性

1. 国际金融监管发展的必然趋势

先是英国金融行为监管局推出了"监管沙盒"计划，后在全球受到了各国的欢迎，新加坡还有澳大利亚借鉴了英国的经验又在国内征求国民的意见推出了"监管沙盒"制度，紧接着阿布扎比、加拿大、中国香港以及中国台湾也陆续推出自己的沙盒计划，2018年8月基于"全球监管沙盒"构想，全球金融创新网络（GFIN）也随之成立。所以，建立"监管沙盒"制度是国际金融监管发展的必然趋势，也是我国跟上国际金融监管潮流的集中体现。

2. 金融科技与金融法治发展的需要

2013年以来，我国金融行业发展快速并经历着技术性的改革，金融创新使金融科技为我们带来了全新的体验，但与此同时，也增加了要面临的市场及法律风险等问题。为了满足金融科技的发展，满足消费者需求，满足法律对风险的适当应对，非常有必要在中国引进"监管沙盒"制度以控制金融科技快速发展所带来的风险问题，满足金融科技发展的需要与金融法治发展的需要。

3. 金融监管者与被监管者良性互动的需要

我国传统的金融监管一般情况下都是监管机构单向监管被监管者，主要原因是现实生活当中从市场的某一新产品出现到监管部门知晓所间隔的时间跨度比较大，监管部门很难及时地了解该产品或服务风险，而被监管者则更难了解监管部门的监管底线，两者缺乏有效的互动模式与渠道。而"监管沙盒"的出现，使被监管企业在沙盒测试中所暴露的风险问题及时被监管部门所掌握，同时被监管者通过与监管部门的沟通协作也十分清楚监管部门的监管底线。所以，金融监管者与被监管者之间的双向良性互动使"监管沙盒"落地更具可能性。

4. 金融监管机制创新的应然之意

金融科技时代已然到来，各种各样的新金融产品和服务涌入大众眼前，比如区块链的出现，再比如大数据时代的到来，都进一步体现了金融与科技相结合是一个必然的趋势，对传统的金融行业来讲，也是一次完美的变革。但由于金融科技多样复杂使落后的监管无法跟上时代的步伐，金融监管必须随着科技创新而创新自身，这时候"监管沙盒"顺应而生，为监管机制创新提供了最为有效的尝试。

（三）建立"监管沙盒"制度的可行性

1. "监管沙盒"实施环境基本具备

有部分学者根据现有"监管沙盒"制度的落地情况，认为"监管沙盒"的适用有地域限制，应该适用于小型的或者普通法系国家或地区，而不能被移植到我国来。但事实上，随着全球金融网络的建立便可知，"监管沙盒"很大的一个优点就是可以突破地理限制，所以国家或地区的领土大小并不能影响其适用，另外虽然目前大多数施行的国家和地区所采用的法律制度体系为普通法系，其制度环境更有利于"监管沙盒"的落地，但不等于"监管沙盒"只能在普通法系国家或地区适用，实际上，我国基本具备运行监管沙盒的环境，一方面，"监管沙盒"与传统金融改革试点之间在运行以及理念方面存在很多相似性①；另一方面，"监管沙盒"与传统金融监管方式与理念方面亦存在很多一致性，比如监管底线思维、平衡创新与风险以及刚性与柔性监管相统一等。

2. "监管沙盒"实施条件已趋成熟

第一，当前的监管体制没有明确反对"监管沙盒"，而且"监管沙盒"的出现还适时地迎合了金融科技的创新发展②；第二，央行牵头颁布了统一的监管新规，陆续出台的互联网金融监管规则、P2P监管规则、第三方支付监管规则以及央行金融科技委员会的成立，都为"监管沙盒"的尽快落地积累了有益经验③；第三，近年来，我国一些地区纷纷引入"监管沙盒"来应对金融创新风险，例如北京地区对互联网金融进行"监管沙盒"模式的试点④，再如赣州等地区的沙盒试点。

三、我国"监管沙盒"的实践探索

（一）我国"监管沙盒"试点考察

"监管沙盒"在我国最多只能算刚刚起步，还处于一个全新的试验阶段，没

---

① 黄震，张夏明.监管沙盒的国际探索进展与中国引进优化研究［J］.金融监管研究，2018（4）：31.

② 胡滨，杨楷.监管沙盒的应用与启示［J］.中国金融，2017（2）：69.

③ 陈浔.监管沙盒的国际经验及其借鉴意义［J］.时代金融，2017（9）：18.

④ 王才.各国金融科技的"监管沙盒"有何不同？［J］.中国互联网金融与投资，2017（10）：68.

有任何已成熟的经验来供我们参考，所以我们需要不断在实践中摸索正确的方向，现本文就我国一些地区的试点进行系统化的考察与总结。

1. 赣州市

江西省赣州市人民政府于 2017 年 7 月 9 日在国际金融博物馆会同国家互联网应急中心以及新华网举办了"赣州区块链金融产业沙盒园暨地方新型金融监管沙盒启动仪式"，签署了合作协议。目前来看，这是我国大陆首个由政府部门主导的区块链"监管沙盒"试点地区。随之成立了全国首个区块链监管沙盒——赣州区块链金融产业沙盒园，并给予政策扶持，以鼓励区块链技术创新和引进更多金融创新领域企业。这使得金融服务实体经济能力大增，赣州区块链金融产业沙盒园已落户科技金融企业 18 家，总面积达 2.5 万平方米。

区块链在我国金融科技创新里颇具代表性，但在发展过程中也难免会存在诸多风险，需要加强对其风险的防范，紧接着，代表合作各方的国家互联网金融安全技术专家委员会秘书长发布了《合规区块链指引》。

2. 北京市

2017 年 2 月 16 日在北京互联网金融安全示范产业园召开《中国互联网金融安全发展报告 2016》发布会，北京市金融工作局党组书记、局长霍学文与清华五道口金融学院教授谢平等出席发布会。该《发展报告》由北京互联网金融安全示范产业园、北京市金融工作局、北京市网贷行业协会以及南湖互联网金融学院联合策划推行。

霍学文在该发布会上透露，北京市人民政府对互联网的发展有自己清晰的思路，将把"监管沙盒"运用到互联网金融进行试点。具体试点地区为北京房山区的北京互联网金融安全示范产业园，主要做三件事，即研发高端且安全的技术、制定行业标准、聚集顶尖企业。产业园的示范作用主要体现在五个方面，即示范其组织性、示范其制度优势、示范其技术驱动、示范其行业标准、示范其顶尖企业。

3. 深圳市

中国电子商务协会、中国电子商务协会金融科技研究院、中国电子商务协会互联网金融研究院、中国电子商务协会反欺诈中心作为主办方会同承办方国盾集团于 2017 年 9 月 23 日在深圳召开了"2017 中国创新产业监管沙盒高峰论坛"。该论坛不仅有国务院、中国人民银行、最高检察院以及科技部等部门领导参会，更有研究金融科技的著名专家及学者参与。

该论坛本着"创新监管沙盒"的理念，以"推进监管沙盒应用"为核心内容，就"监管沙盒"的产生发展、运行流程、实施标准和范围等话题进行了探讨。论坛指出我国采用的是一种适应、跟随式监管办法进行监管，"监管沙盒"有利于鼓励金融科技创新。

该论坛除讨论"监管沙盒"相关话题外，还举行了中国电子商务协会"监管沙盒"促进会与中国电子商务协会深圳市"监管沙盒"产业园的揭牌仪式，在现场由阿希币创始人——中国电子商务协会副理事长龚文先生进行了授牌仪式。而国盾集团区块链的加入，充分享受了"监管沙盒"所带来的一切便利，如上市成本更低以及融资渠道更广，而消费者也因其加入获得更多权益，如更多低成本高服务的新产品与服务出现在市场，为消费者带来更多的选择与更广的权益。

4. 杭州市

中国区块链监管沙盒委员会和中国电子商务协会于 2018 年 9 月 19 日上午批准成立第一个区块链实体应用产业园：杭州湾产业园暨杭州大湾区区块链产业园。该产业园落户杭州，是长三角地区唯一的区块链产业园区，占地面积为 12 万平方米，园区一期面积约 4 万平方米，主要面向食品行业，该园区将由新成立的产业园管理集团有限公司负责管理与规划。

杭州大湾区区块链产业园建立在现代联合集团产业园中，以现代联合集团产业园为总部。该集团是一个民营企业，主要营业商业地产以及健康文化，在全国范围内有很多家分公司，所以按照规划，杭州大湾区区块链产业园将会借助于联合集团将自己的产业园也扩大至我国其他地区，然后以"实体经济 + 区块链"的模式，形成区块链产业园的总部经济，聚齐高端企业及优秀人才，打造"区块链之都"的地标性园区。

5. 贵阳市

贵州省贵阳市政府于 2017 年 5 月 23 日在贵州省贵阳市启动了区块链金融沙盒计划，并欢迎相关企业积极加入贵阳沙盒计划，旨在促进区块链以及大数据等行业更好的发展。2017 年 7 月 25 日，在贵阳国际生态会议中心 3 楼国际厅，由区块链金融协会、贵阳区块链创新研究院、中关村区块链产业联盟联合举行了"防控金融风险，服务实体经济，ICO 行业生态体系建设"的研讨会，出席该会的不仅包括市委、市政府、党组、市委金融工作委员会、国家互联网金融安全技术专家委员会等领导，还有来自区块链行业的著名专家及学者。

研讨会将贵阳区块链创新研究院智库专家团专家成员单青峰列为特邀嘉宾，在会议上签署对区块链 ICO 沙盒共建共享合约，成立了贵阳市的第一批"监管沙盒"区块链项目，为以后区块链服务实体做出了建设性的一步。以下五点为《区块链 ICO 贵阳共识》：第一，贵阳"区块链 ICO 沙盒计划"需加强协作进行共建，由行业内顶尖领先的公司将自己的经验进行分享，在协会达成共识以后，构建母沙盒计划和各领域的子沙盒计划，形成完备可行的监管体制；第二，在共建机制之下，"区块链 ICO 沙盒计划"将开展一些试点，在测试的过程中寻找合适的监管模式等；第三，在确保不损耗参与者权益的基本前提之下，实施有限的豁免或授权来为 ICO 项目测试提供一个安全的创新空间，降低创新成本和政策风险；第四，贵阳市的"区块链 ICO 沙盒计划"鼓励企业勇敢进入测试，由于区块链的不可篡改性及自动执行智能合约等技术致使该项目主要靠市场自身来运行；第五，期望贵阳市的"ICO 沙盒计划"适当在额度管控、白名单管理、协作开发相关监管技术以及加强跨境合作等方面给予 ICO 项目包容性豁免。

（二）我国"监管沙盒"试点的总结与展望

通过对我国"监管沙盒"试点地区的考察，总结如下：

第一，赣州虽然只是一个三线城市，既不是金融中心，经济实力也不强，但却由政府牵头，对"监管沙盒"进行了试点，该试点对我们的意义重大，只要在测试过程中不出现较大的问题，将有向更多地方政府进行推广的可能。

第二，北京与杭州分别对互联网金融与区块链进行了试点，都以产业园的形式表现出来。但我们也看到了杭州有将产业园扩大至其他地区的计划，本文认为该计划并不可行，其一是因为杭州区块链产业园本身处于摸索状态，没有完备的经验可言；其二其他地区政府与其选择作为杭州产业园的分公司，更倾向于在本地区直接落地园区计划，比如目前已有超过 20 个企业入驻青岛"链湾"。

第三，贵阳与赣州类似，都有政府参与，而且贵阳市的《区块链 ICO 贵阳共识》详细地阐述了"沙盒"实施的总体计划，这种在线下的区域性创新也可以理解为一种在我国范围内的试点。

总的来讲，赣州市的试点最具有代表性，毕竟"监管沙盒"是一种新型的监管手段，如果没有政府或者监管部门的参与，只有非营利性组织自己牵头成立的话，不是严格意义上的"监管沙盒"，而只是一种"产业沙盒"而已。我们国家对"监管沙盒"持鼓励态度，中国人民银行金融稳定局局长王景武说，"通过有重点、有目的地在限定区域试行'监管沙盒'机制，能有效推进区域金融改革试点，进而为国家层面的整体改革积累经验"。所以，我国这些"监管沙盒"试点地区为推进区域金融改革试点既做出了一点小贡献，同时也是为我国的整体改革积累了宝贵的经验，更对未来构建"监管沙盒"制度提供了一定的官方支持。

(三) 我国"监管沙盒"对现行监管的主要挑战

1. "监管沙盒"对"栅栏原则"的挑战

"栅栏原则"是一种监管手段，是指对信贷类业务、理财类业务、代理类业务和有价证券投资类业务实行"栅栏"防护并鼓励在"栅栏"内积极创新。具体表现为在信贷类业务设定一定的范围和规模；理财类业务建立专营机制，实行专门业务管理、专户资金管理、专门统计核算；代理类业务要做好隔离防护，尤其是与信贷、理财和投资类业务相区分，严格的防止责任关联；有价证券投资类业务须严格设定自营交易种类与限额。

根据实践可以证明栅栏原则隔离了商业银行与网络借贷之间的风险并且在金融创新方面发挥了不少作用。然而，目前迅速发展的金融科技却大部分都是跨市场或者跨行业的一种创新，使行业边界变得越来越模糊不清，与之相对应的"监管沙盒"主要强调协作交流，涉及跨区域甚至跨境，所以使用隔离方式已难以有效防范风险，让"栅栏原则"陷入尴尬。

2. "监管沙盒"对"监管机构"的挑战

"监管机构"最大的优势就在于它的专业性，它是通过划分监管对象的模式来实现监管的，目前我国主要采用的是"一行两会"的分业监管模式。而"监管沙盒"制度比较重视监管部门与创新企业的沟通，还有监管部门之间的沟通，所以需要的是各个部门的合作交流机制。

然而随着新技术广泛地用于金融科技，加之其本身所固有的跨界与混业的特征，使参与主体也都五花八门，来自不同领域，这时我们就该使用"监管沙盒"模式来进行监管。如果继续用传统的监管方式，这就致使监管时极大可能会出现监管空白或者重叠，继而导致监管措施滞后、效率低下①。具体来看，表现为：其一，监管部门之间缺乏沟通导致对风险的掌握不够，使高风险项目经重复"处理"后可能变成合理合法业务；其二，监管部门由于其跨部门、跨地区的协商不充分，导致出现监管主体不确定以及权力与职责分配不明了的问题，这时候各个监管部门就会互相推诿致使金融风险钻了法律监管的空子。

3. "监管沙盒"对"监管技术"的挑战

"监管技术"是指将最新的技术运用到监管领域来满足监管部门的要求。英国 FCA 将"监管沙盒"中所涉及的监管技术描述为"运用新技术促进监管要求

① 彭景，张莹. 制约"监管沙盒"本土化应用的瓶颈及制度建议 [J]. 西部经济管理论坛，2018 (5)：68.

的实现"。

随着科技进步，监管部门应探索更先进的科技手段进行监管，这就需要监管部门对金融科技创新有前瞻性的认知与判断能力。"监管沙盒"所面临的监管技术阻碍主要表现在以下三方面：其一是某些金融科技企业在技术方面遥遥领先再加之金融科技本身虚拟化程度较高，监管部门若无任何的技术优势，很难进行实时实地的监管；其二是各金融创新公司并无统一的风险控制手段使监管部门对行业的潜在风险与系统风险难以掌握；其三是互联网传播速度极快的特点使一个风险事件会在最短的时间内向市场扩散，这就要求监管部门以更快的方式做出回应，这些都大幅度地对监管技术提出了挑战[1]。

四、域外"监管沙盒"制度的考察与启示

（一）域外"监管沙盒"制度的考察

1. 英国

（1）英国金融科技"监管沙盒"制度的推出与发展现状。

英国金融行为监管局（Financial Conduct Authority，FCA）于 2014 年 10 月设立了创新中心（Innovation Hub，IH），目的在于促进创新企业与监管部门交流并能使监管规则有所放宽等。IH 自建立以来运行的非常好，英国 FCA 便着手研究"监管沙盒"在该国的可行性与必要性，最终于 2015 年 11 月发布报告《监管沙盒》。

FCA 回顾了测试成果：第一，75% 的第一批企业已成功完成测试；第二，在第一批已完成测试的企业中大约有 90% 的企业在测试完成后继续发展向更大的市场；第三，一些限制授权的企业在完成测试后获得了完全的授权；第四，77% 的第二批企业在测试中取得了进展；第五，顺利完成沙盒测试并获得授权的公司更容易融资就相当于获得了 FCA 的监管信用背书；第六，测试后大约有 33% 的企业会基于在沙盒测试中获得的经验对自身进行全方位修正来适应市场环境，促进有效的市场竞争，更好地为消费者服务。

---

① 彭景，张莹. 制约"监管沙盒"本土化应用的瓶颈及制度建议 [J]. 西部经济管理论坛，2018（5）：68.

（2）英国金融科技"监管沙盒"制度的申请测试流程。

英国作为世界上首先推行"监管沙盒"制度的国家，沙盒测试流程比较详细，具体包括以下七个步骤：

第一步：创新公司向 FCA 提交自己的测试方案，里面涉及它该如何满足标准。

第二步：FCA 审查该测试方案，审查时间为 3 个月，如果符合标准则接受提案。

第三步：创新公司与 FCA 相互合作并商量测试方法、参数、结果等，还结合创新企业的具体情况给予完整性或者限制性授权。

第四步：创新企业可以正式开始进行沙盒测试，测试时间为 6 个月。

第五步：创新企业开始进入测试并就第三步所达成的测量标准与 FCA 进行磋商。

第六步：创新企业结束测试，向 FCA 递交最终的报告让其审查。

第七步：FCA 收到并审查最终报告之后评估创新企业，并决定是否将在沙盒之外提供新的市场[①]。

（3）英国金融科技"监管沙盒"制度的运作模式。

第一，评估标准。英国对提交申请的创新企业共拟定了以下五条审查标准：一是监管范围，即所申请的项目是否属于金融业务创新；二是原创性，即申请测试的产品及服务是否具有明显的创新即新颖性；三是消费者受益性，即该创新是否能为消费者权益提供保护并给消费者带来利益；四是必要性，即申请测试的产品及服务是否必须需要"沙盒制度"；五是计划方案准备的充分性，即申请人是否为进入沙盒测试已经一切准备就绪。

第二，退出机制。沙盒企业在整个测试过程中会受到行为监管局的持续关注，直至 6 个月期满，创新企业便退出沙盒测试，根据自己的测试结果向 FCA 递交最终的报告交其审查，并由其决定是否将在沙盒之外的真实市场中进行推广。

（4）英国金融科技"监管沙盒"制度对参与沙盒测试中的消费者保护。

英国对沙盒测试消费者的保护非常重视，在沙盒测试的过程中全方位体现了其重视程度，具体如下：

第一，消费者必须被告知测试过程中可能面对的潜在风险以及受损后可得的

---

① 黄铎，贺璟，刘蕾蕾．英国金融行为监管局"沙盒监管"制度及启示［J］．西部金融，2018
（5）：67．

补偿，换句话说，创新公司只能针对已知情且同意加入测试的消费者进行测试。

第二，在测试过程中，FCA 建议将对消费者的披露、保护和赔偿适用于沙盒中。

第三，沙盒消费者的权利内容应与社会中一般消费者一致，即享有投诉权、求偿权等同等权利。

第四，沙盒主体要具备对沙盒消费者赔偿一切损失的能力。

2. 澳大利亚

（1）澳大利亚金融科技"监管沙盒"制度的推出。

为了使金融科技公司能提高上市率并从容应对风险，2016 年 3 月，澳大利亚证券和投资委员会①（Australian Securities and Investment Commission，ASIC）被联邦政府批准可以实施"监管沙盒"计划。随着监管创新，2016 年 6 月该委员会出台《进一步促进金融服务创新的相关措施（征求意见稿）》，该意见稿中便涵盖"监管沙盒"政策②。

该政策对企业的业务范围予以限定，仅针对贷款咨询与销售业务、简易投资管理以及本国证券。当没有金融服务牌照的企业符合进入沙盒的条件时便可以在特定的时间与空间里进行测试，所以该政策有利于金融科技公司发展创新，从某种程度上讲提高了公司上市的概率。

（2）澳大利亚金融科技"监管沙盒"制度的发展现状。

根据 ASIC 统计的数据，"监管沙盒"自运行以来，取得了以下成就：第一，大幅度提高了创新企业获得许可执照的效率；第二，初创企业在早期获得许可证之前可招资，有利于更便捷地获得融资；第三，有效降低企业产品或服务的创新以及转型成本；第四，加入了全球金融创新网络（GFIN），加强了 ASIC 与他国政府及企业的广泛合作，促进了金融科技的跨境合作。

（3）澳大利亚金融科技"监管沙盒"制度的运作模式。

ASIC 于 2016 年 12 月出台了一个指导文件，文件里主要涉及了豁免企业③，其内容如下：

第一，评估标准。评估标准主要有：公司要保护消费者；资金风险敞口在五百万澳元以内；支付类的企业需得到银行支持；零售客户控制在 100 人之内。满

---

① 澳大利亚证券和投资委员会：是澳大利亚负责监管市场行为，保护金融消费者权益的金融混业监管机构。

② 高玮. 国际监管沙盒的研究对我国的启示［J］. 财经论坛，2017（17）：107.

③ 豁免企业：是指符合沙盒条件的金融科技公司在向 ASIC 备案后，无须持有金融服务或信贷许可证即可测试特定业务。

足以上标准后同时达到许可证豁免规定的公司,除网络贷款公司以外可单独申请豁免。

第二,豁免流程。在测试开始前,公司须向澳大利亚证券和投资委员会备案,经过澳大利亚证券和投资委员会的审查,若其合格则不需要获得许可证即可对特定种类的业务展开测试。

第三,退出机制。所测试的创新产品测试期间一般为12个月,对一些特殊的项目可根据具体的情形申请延长其测试期的具体时长,但有最长延期的限制即12个月。同时,可将零售客户扩到200人,在延长时限也届满时,澳大利亚证券和投资委员会就可以根据公司的测试结果来决定所测试的产品是否要被正式投入到市场。

3. 新加坡

(1)新加坡金融科技"监管沙盒"制度的推出。

金融创新产品或服务正变得越来越复杂多样,该创新产品或服务是否符合监管要求存在诸多不确定性,在这种情况下,一些金融机构或初创企业可能会选择不推出该创新产品,这样会将创新扼杀在摇篮里。

新加坡金融管理局(Monetary Authority of Singapore,MAS)希望新加坡市场会出现更多的创新产品,所以鼓励更多的测试,希望能推出新产品及服务。"监管沙盒"促使金融机构和金融科技公司能够在现实生产环境中运作,但需在明确的空间和持续时间内,尝试创新的金融产品或服务,它还包括有适当的保障措施以承担失败的后果,并保持金融体系的整体安全性和稳健性。

新加坡政府把发展金融科技看得无比重要,陆续出台了很多政策以鼓励金融创新。MAS 于 2015 年 8 月设立金融科技和创新团队(FinTech & Innovation Group,FTIG),2016 年 5 月设立金融科技署①(Fintech Office),2016 年 6 月 6 日针对金融科技创新公司制定"监管沙盒"并公布指南征求国民意见,11 月 16 日确定了相关规则,开始正式实施"监管沙盒"制度。

(2)新加坡金融科技"监管沙盒"制度的发展现状。

根据 MAS 统计的数据,"监管沙盒"经过一段时间的测试,取得了以下成就:

第一,测试过程中,企业对所测产品或服务不停地试错,摸索出了一些产品的标准以提高产品市场占有率。

---

① 金融科技署:其职责为管理金融科技并为初创企业提供一站式服务。

第二，测试是在一个真实的环境里进行，监管部门与企业的及时沟通与指导，使测试企业熟知新政策，极大地增加了其合法合理性。

第三，测试结束后，达到预期目标的企业大部分将自己的产品或服务带到更大的市场中。

（3）新加坡金融科技"监管沙盒"制度的运作模式。

第一，评估标准。由于新加坡推出的"监管沙盒"制度主要是借鉴英国，所以审查标准与英国类似，主要拟定了以下六条审查标准：一是申请所测试的产品或服务须是属于金融科技领域；二是申请企业应有能力实施并推广金融科技；三是申请企业所提交的方案应创新可行；四是所测产品或服务应对金融消费者或者金融行业有利；五是测试的很多环节即测试边界、退出机制等都需经金融管理局21个工作日内评定；六是无法进入沙盒测试的四类产品分别是未经评定、无新颖性、无推广性以及无必要性的产品。

第二，退出机制。关于企业退出沙盒测试的事由，主要有如下五点：一是所测试的产品或服务不能实现预期目标；二是测试企业在测试中违反了新加坡的一些强行性规定；三是企业没有任何理由但不想再继续测试；四是测试中出现由于不可避免的问题导致可能出现的风险高于可能预期实现的目标收益；五是所测产品或服务损害了金融消费者的权益。退出后企业会出现两种状态，一种是继续测试，即由于某种原因致使测试时间不足，在测试结束前提交正当理由申请延期；另一种是企业测试成功，可以将其产品或服务推向更大的市场。

4. 中国香港

（1）中国香港金融科技"监管沙盒"制度的推出。

随着全世界范围内金融科技飞速发展，中国香港出现了越来越多的金融创新，尤其是银行业，如生物认证、聊天机械人等。为了促进金融科技更好的发展，中国香港金融管理局（Hong Kong Monetary Authority，HKMA）于2016年3月成立了金融科技推进办公室（FinTech Facilitation Office，FFO），主要目的是研究金融科技方案促进香港银行及支付行业的发展。2016年9月，中国香港金管局发布文件推出金融科技"监管沙盒"，主要针对银行及其伙伴公司，在没有十分符合现行监管规则的情况下带领银行客户参与测试，中国香港的"监管沙盒"所针对的对象限于银行及其伙伴公司，究其原因，大抵是金管局职能所限即主要监管的是存款类金融机构的缘故。

（2）中国香港金融科技"监管沙盒"制度的发展现状。

2016年9月，中国香港金管局发布文件推出金融科技"监管沙盒"并成功运行，银行业及其伙伴科技公司通过使用沙盒可以更有效地控制实际数据并收集消费者的建议，使其在不停地试错纠错产品或服务的基础上提高质量以正式推广，有助于银行及伙伴科技公司更快推出金融科技项目并降低成本提高质量。截至 2019 年 2 月底，已经有 46 项新科技产品在香港金管局的"监管沙盒"中进行试行，其中有 32 项试行已完成，有关产品也已经于其后推出。此外，有 20 项试行是银行与科技公司合作进行的项目。有关详情如表 4.1 所示。

表 4.1 沙盒使用情况统计资料（截至 2019 年 2 月底）①

涉及技术	试行数目
生物认证（biometric authentication）	7
软令牌（soft token）	4
聊天机械人（chatbot）	2
分布式分类账技术（distributed ledger technologies）	5
应用程式界面（API）	6
金融监管和合规科技（如网上开设银行账户）	6
其他（如经社交媒体平台发放通知服务）	16
总数	46

在"监管沙盒"刚运行的时候，金管局对测试对象作了严格的限定，仅限于银行及其伙伴公司，在后期运行的较为成功以后，证监会和保监会挪用金管局对于"监管沙盒"所设的审查标准以及运作流程等于 2017 年 9 月 29 日，证监会推出证监会"监管沙盒"，为合格企业在将金融科技全面应用于其业务之前，提供一个受限制的监管环境，进行《证券及期货条例》下的受规管活动；保监局推出保险科技"监管沙盒"，以便于授权保险公司在商业运作上，以先导形式试行应用创新保险科技。此次推出将香港"监管沙盒"所针对的对象扩大至受证监会与保监会监管的公司，大大地促进了金融业的创新。与此同时，金管局将沙盒升级，推出沙盒 2.0，其有三项新功能：一是建立起金融科技监管聊天室，其目的是在新的科技应用构思初期向银行及科技公司提供监管反馈意见，避免走冤枉路及加快推出新科技产品的时间，企业使用聊天室可透过电子邮件、视像会议或面谈接触金管局，金管局会定期检讨安排，并会因使用者的建议对聊天室的运

---

① Fintech Supervisory Sandbox（FSS）[EB/OL]. https：//www. hkma. gov. hk。最后访问日期为 2019 年 6 月 2 日。

作流程进行改进。二是银行的伙伴公司可以越过银行而直接与金管局进行沟通。三是金管局与证监会还有保监会加强合作交流为跨界别项目提供一点通切入。任何公司如果想对跨界别产品进行测试，可根据自己的意愿申请其认为最适合的沙盒，所申请的监管机构会作为主要联络点，协助该公司联络其他的监管机构，让公司同步使用沙盒。

（3）中国香港金融科技"监管沙盒"制度的运作原则。

中国香港金管局根据以下四种原则对"监管沙盒"进行运作：

第一，沙盒存在的主要目的是为即将准备在市场推出的创新项目使用。

第二，已经通过金管局审核的银行必须有如下四种保护方案：一是对进入沙盒测试的产品范围、测试阶段、测试期限以及退出机制有一个合理可行的方案；二是在测试期间要有对消费者保护的方案；三是在测试过程中为避免风险要准备一个补充措施的方案；四是要在测试过程中准备好所有测试所需要的设备，有一个全程对测试情况进行关注的方案。

第三，已经通过金管局审核的银行不得借助"监管沙盒"来规避本来应该遵守的法律。

第四，金管局坚持用灵活性原则，其明确表明无意罗列在"监管沙盒"测试中可能会有所放宽的监管规定，想通过沙盒进行测试的银行及其伙伴科技公司应当及早与其联络，金管局乐意随时与银行及其伙伴科技公司个别讨论有关在沙盒环境中可以在监管方面作出的合适弹性安排。

（4）中国香港金融科技"监管沙盒"制度的运作模式。

第一，评估标准。从授权条件来看，香港对所申请沙盒测试的项目授权条件无统一的规定，看似授权标准很宽松，但其实这是最严格的一种授权方式，因为这种授权模式会根据不同项目自身情况进行量身设定；从对金融消费者权益保护来看，金管局要求测试公司必须制定消费者保护计划同时告知金融消费者可能面临的风险，并在不逼迫消费者的情况下等待其自行参加；从金管局的监管角度来看，金管局会在沙盒测试的全过程持续关注并根据可能出现的风险拟定解决计划①。

第二，退出机制。"监管沙盒"测试结束以后，测试主体会出现两种情况。其一是测试成功达到预期目标，可以经金管局批准将所测项目正式推向市场，在沙盒外正常接受监管；其二是测试失败，必须在正式退出前向金管局提交其退出

---

① Hong Kong Monetary Authority. Fintech Supervisory Sandbox ［EB/OL］. http：//www. hkma. gov. hk/。最后访问日期为 2020 年 6 月 2 日。

方案并对在测试过程中给金融消费者或者金融行业造成的损失负责。

5. 全球金融创新网络（GFIN）

（1）全球金融创新网络（GFIN）的基本概况。

FCA于2018年初提出建立"全球监管沙盒"的构想，在此基础上，全球金融创新网络（GFIN）于2019年1月正式启动①。该网络由29个组织组成，致力于为消费者的利益支持金融创新，旨在为创新型公司提供一种更有效的方式与监管机构互动，帮助其在各国寻求扩展新思路，包括在多个辖区内测试其创新产品、服务或商业模式，并且为金融服务监管机构之间就创新相关主题建立合作新框架，分享经验和方法。

全球金融创新网络（GFIN）最早于2018年8月的一份咨询文件中被提出。在回应咨询文件时，收到了来自26个司法管辖区的99份回复，这些行业和其他国际监管机构的反应非常积极，有利于该网络的建立，以促进一种新的实用的创新监管合作方法，并为跨境测试创造一种良好的环境。2019年2月1日，该网络邀请全球范围内有意向参与先导跨境测试的国家和地区积极参与测试，旨在为创新型企业与监管部门创造互动沟通环境，以协助其开展新业务。

（2）全球金融创新网络（GFIN）的功能。

第一，充当监管机构网络，在各自市场（包括新兴技术和商业模式）中进行协作和分享创新经验，并为公司提供可访问的监管联系信息。

第二，为监管科技联合工作知识共享或者经验教训提供论坛。

第三，为有意向在国际市场创新产品或服务的企业提供一个良好的环境以供试验跨境解决方案。

自协商结束以来，全球金融创新网络（GFIN）已经讨论了核心职能的进一步发展和网络的后续步骤。在分享经验并进行讨论的同时，参与的监管机构同意启动跨境测试的试验阶段（针对公司），并为有兴趣加入该网络的监管机构和国际组织正式确定成员和治理结构。

（3）跨境测试应用（公司的试验阶段）。

咨询反馈表明广泛支持创建一个环境，允许公司在多个司法管辖区同时试验和扩展新技术，实时了解产品或服务如何在市场中运作。

第一，为支持跨境测试的发展，为有兴趣加入跨境测试试点队伍的公司开设了为期一个月的申请窗口。

---

① Financial Conduct Authority ［EB/OL］. https：//www. fca. org. uk。最后访问日期为2019年8月2日。

第二，希望参与此试验阶段的公司必须满足他们希望测试的所有司法管辖区的申请要求。例如，希望在英国、澳大利亚和中国香港进行测试的公司必须独立地满足这些管辖区域内监管机构的资格标准和/或其他相关标准。

第三，有兴趣的公司应该在申请在其管辖范围内进行测试之前注意特定监管机构是否是拟议活动的相关机构。

第四，每个监管机构将决定测试项目是否符合其筛选标准、感兴趣的领域以及支持该活动的能力。每个监管机构还将确保为其管辖范围制定适当的保障措施。监管机构仅负责其管辖范围内的测试，并应考虑相关风险。该网络认为在监管机构各自的司法管辖区内维持高标准的消费者保护和市场诚信非常重要。

第五，除非监管机构同意延长，否则试点测试将持续 6 个月。从 2019 年第二季度开始运行。

这个试点对于该网络成员来说同样是对公司的试验。需要一些能够灵活且敏捷参与的公司，并可以为其监管机构提供有关其经验的反馈。公司将受益于在受监管空间中进行测试和竞争的机会，他们的测试将有助于为网络的未来工作提供信息。随着时间的推移，试验可以告知监管机构有关"监管趋同的潜在领域（如简化的应用）"，尽管这是一个长期机会。

（4）全球金融创新网络（GFIN）中参与跨境试验的成员。

全球金融创新网络（GFIN）正在参与跨境试验的成员主要有澳大利亚证券与投资委员会（ASIC）、巴林中央银行（CBB）、百慕大金融管理局（BMA）、不列颠哥伦比亚证券委员会（BCSC）（加拿大不列颠哥伦比亚省）、安大略省证券委员会（OSC）（加拿大安大略省）、加拿大魁北克省金融市场管理局（AMF）（加拿大魁北克省）、香港金融管理局（HKMA）、香港证券及期货事务监察委员会（HKSFC）、匈牙利国家银行（匈牙利中央银行）、阿斯塔纳金融服务管理局（AFSA）（哈萨克斯坦阿斯塔纳）、立陶宛银行（BL）、新加坡金融管理局（MAS）、阿布扎比全球市场（ADGM）、迪拜金融服务管理局（DFSA）、金融行为监管局（FCA，UK）［GFIN 主席］、根西岛金融服务委员会（GFSC）、泽西岛金融服务委员会（JFSC）。

（5）全球金融创新网络（GFIN）鼓励监管机构的加入。

全球金融创新网络（GFIN）是一项开放式举措，并继续欢迎监管机构和国际组织在早期阶段加入该网络，最终确定其入会新成员的职权范围，使该网络能够以透明的方式正式扩大该团队。该网络邀请感兴趣的监管机构和国际组织审核其会员级别，并考虑加入该网络所带来的潜在利益。

（6）全球金融创新网络（GFIN）会员资格完整列表（见表4.2至表4.4）。

表4.2 协调团队（Coordination Group）

组织	管辖权
澳大利亚证券与投资委员会（ASIC）	澳大利亚（Australia）
巴林中央银行（CBB）	巴林（Bahrain）
加拿大魁北克省金融市场管理局（AMF）	加拿大魁北克省（Québec, Canada）
根西岛金融服务委员会（GFSC）	根西岛（Guernsey）
香港金融管理局（HKMA）	香港（Hong Kong）
香港证券及期货事务监察委员会（HKSFC）	香港（Hong Kong）
阿斯塔纳金融服务管理局（AFSA）	哈萨克斯坦（Kazakhstan）
新加坡金融管理局（MAS）	新加坡（Singapore）
迪拜金融服务管理局（DFSA）	阿拉伯联合酋长国（United Arab Emirates）
金融行为监管局（FCA）	英国（United Kingdom）
消费者金融保护局（CFPB）	美国（United States）

表4.3 会员（Members）

组织	管辖权
百慕大金融管理局（BMA）	百慕大（Bermuda）
艾伯塔证券委员会（ASC）	加拿大艾伯塔省（Alberta, Canada）
不列颠哥伦比亚证券委员会（BCSC）	不列颠哥伦比亚省（British Columbia, Canada）
安大略省证券委员会（OSC）	加拿大安大略省（Ontario, Canada）
库拉索中央银行和圣马丁岛（CBCS）	库拉索岛和圣马丁岛（Cura? ao and Sint Maarten）
埃斯瓦蒂尼中央银行（ECB）	斯威士兰（Swaziland）
匈牙利国家银行（HNB）	匈牙利（Hungary）
马恩岛金融服务管理局（IOMFSA）	马恩岛（Isle of Man）
以色列证券管理局（ISA）	以色列（Israel）
泽西岛金融服务委员会（JFSC）	新泽西（Jersey）
资本市场管理局（CMA）	肯尼亚（Kenya）
立陶宛银行（BL）	立陶宛（Lithuania）
南非储备银行（SARB）	南非（South Africa）
阿布扎比全球市场（ADGM）	阿拉伯联合酋长国（United Arab Emirates）

表 4.4　观察员（Observers）

组织	管辖权
深圳前海金融管理局（QFA）	中国
扶贫协商小组（CGAP）	全球
国际货币基金组织（IMF）	全球
世界银行集团（WBG）	全球

（二）域外"监管沙盒"制度的比较与启示

1. 域外"监管沙盒"制度的相同点

英国是"监管沙盒"概念的首创国家，世界上其他的国家或地区大多是在沿用英国制度的基础上再与本国具体国情结合而发展创新的，所以总体而言，监管方式大都与英国相类似。本文通过对以上国家或地区"监管沙盒"制度进行比较与分析，发现各国家在准入方面、信息反馈方面、消费者权益保护以及跨境合作等方面都具有相同点，具体如下：

（1）设定科学的准入门槛。

各国家及地区均对申请进入"监管沙盒"的企业设置了准入门槛。英国包括明确所申请的项目属于金融业务创新，申请测试的产品及服务具有明显的创新即新颖性，该创新能为消费者权益提供保护并给消费者带来利益，申请人为进入沙盒测试已经一切准备就绪以及确有必要进行沙盒测试；澳大利亚的准入门槛包括零售客户不超过 100 个，交易总额不超过 500 万澳元，有足够的赔偿能力，有争端解决机制以及满足信息披露；新加坡的准入门槛包括对申请参与沙盒测试的企业进行筛选；而香港地区"监管沙盒"对所申请沙盒测试的项目授权条件无统一的规定，看似授权标准很宽松，但其实这是最严格的一种授权方式，因为这种授权模式会根据不同项目自身情况进行量身设定。

（2）兼顾鼓励创新和防范风险

各国家及地区在最初实施"监管沙盒"的时候考虑的都是为了更好地促进金融科技创新而采取的一种监管措施，所以但凡实施"监管沙盒"的国家或地区均认为"监管沙盒"在促进金融科技创新的同时，后果也在可以掌控的范围内，对消费者以及金融系统稳定性的影响也是局部的。

（3）强调金融消费者保护

在"监管沙盒"测试中，不管哪个国家或地区，对消费者保护都是重中之重的内容，以上国家或地区在消费者保护方面有很多的相同之处，主要体现在以下四方面：

第一，各国均要求在测试之前告知金融消费者可能面临的风险。

第二，各国均要求金融消费者参与测试是自愿而非胁迫，更有部分国家要求必须有消费者同意参与沙盒测试的书面文件。

第三，各国均要求参与沙盒测试的创新企业与金融消费者有良好的双向沟通机制。一是方便创新企业向金融消费者随时告知测试的具体情况与突发风险；二是金融消费者在测试过程中遇到问题可以及时与创新企业沟通，便于高效解决问题。

第四，各国均要求创新企业有合理的退出方案与补偿方案，若突然出现潜在的风险不至于让消费者来承担一切不利后果。

（4）重视测试结果反馈以及时调整监管规则。

各国家和地区都非常重视测试结束后对测试结果的反馈。英国规定公司测试完成后需递交沙盒经验总结报告；澳大利亚是进行监管科技圆桌讨论会，讨论未来运用及风险，加强全球性跨境监管科技合作；新加坡是通过市场以及行业对"监管沙盒"的反馈进行收集并给予回应；中国香港则是建立金融科技监督聊天室。

总的来讲，监管部门与创新企业实时的交流，不仅可以让企业对最新的监管规则了如指掌，更使监管部门通过对测试产品的动态情况及时掌握风险情况，为完善"监管沙盒"的规则提供了支持①。

（5）设定完备的退出机制

各国家和地区均对退出机制进行了较为完备的规定。英国是测试时间至 6 个月满时，创新企业便退出沙盒测试，根据自己的测试结果向 FCA 递交最终的报告交其审查并由其决定是否将在沙盒之外的真实市场中进行推广；澳大利亚是所测试的创新产品测试期间一般为 12 个月，对一些特殊的项目可根据具体的情形申请延长其测试期的具体时长，但有最长延期的限制：12 个月，同时，可将零售客户扩到 200 人，在延长时限也届满时，澳大利亚证券和投资委员会就可以根据公司的测试结果来决定所测试的产品是否要被正式投入到市场；新加坡是具体制定了五种企业退出沙盒测试的事由；中国香港则是测试成功达到预期目标的企业可以经金管局批准将所测项目正式推向市场，在沙盒外正常接受监管，而测试失败的企业必须在正式退出前向金管局提交其退出方案并对在测试过程中给金融消费者或者金融行业造成的损失负责。

① 张景智."监管沙盒"制度设计和实施特点：经验及启示［EB/OL］.银行业研究，2018（1）：58.

（6）重视"监管沙盒"跨境合作。

英国、澳大利亚、新加坡以及中国香港均重视"监管沙盒"跨境合作。这几个代表性国家或地区全都是始创成员，都共同见证了全球金融创新网络（GFIN）从被提出到成立的过程，目前都属于正在参与跨境试验的成员，加强了监管部门之间的沟通协作，营造了适应跨境方案测试的环境，最终实现跨境监管合作以促进金融科技创新。

2. 域外"监管沙盒"制度的不同点

本文对英国、澳大利亚、新加坡、中国香港做了比较分析，分别在以下方面存在不同：监管主体方面，各国均有不同，都有其与之相关的监管主体；监管时间方面，英国的一般要求为 6 个月，而澳大利亚为 12 个月，新加坡没有规定具体的时间长度，中国香港则规定为 3～9 个月；准入方面，澳大利亚对资金敞口有自己严格的要求，而新加坡与英国的企业准入门槛主要涉及金融科技企业的创新性，而中国香港则是对所申请沙盒测试的项目授权条件无统一的规定，看似授权标准很宽松，但其实这是最严格的一种授权方式，因为这种授权模式会根据不同项目自身情况进行量身设定；各国和地区的适用范围也有很大的区别，新加坡明确将适用范围限于金融科技领域，而英国和澳大利亚则范围更广一些，要求显著创新以及对消费者有利；中国香港在"监管沙盒"刚运行的时候，金管局对测试对象作了严格的限定，仅限于银行及其伙伴公司。在后期运行的较为成功以后，证监会和保监会借用金管局对于"监管沙盒"所设的审查标准以及运作流程等，2017 年 9 月 29 日，证监会推出"监管沙盒"，为合格企业在将金融科技全面应用于其业务之前，提供一个受限制的监管环境，进行《证券及期货条例》下的受规管活动；保监局推出保险科技"监管沙盒"，以便于授权保险公司在商业运作上，以先导形式试行应用创新保险科技。此次推出将中国香港"监管沙盒"所针对的对象扩大至受证监会与保监会监管的公司，大大地促进了金融业的创新。为更直观明了，本书对英国、澳大利亚、新加坡、中国香港"监管沙盒"制度的不同点归纳为表格形式（见表 4.5）。

表 4.5　现有"监管沙盒"制度的不同点

国家或地区	监管主体	期限	监管对象	业务类型
英国	FCA	6 个月	金融科技公司、金融机构和为其提供专业服务的公司	智能投顾、支付清算及数字身份认证；保险、支付、零售银行和零售贷款

续表

国家或地区	监管主体	期限	监管对象	业务类型
澳大利亚	ASIC	最长 12 个月	金融类和非金融类机构	证券智能投顾
新加坡	MAS	时间不确定,可提前一个月申请延长	金融机构和金融科技公司,不包括为其提供技术及服务支持的公司	保险智能投顾
中国香港	HKMA	3~9 个月	银行业金融机构及其伙伴公司	生物认证、软令牌、聊天机械人、分布式分类账技术、应用程式界面、金融监管和合规科技(如网上开设银行账户)、其他(如经社交媒体平台发放通知服务)

3. 对我国"监管沙盒"法律制度构建的启示

在控制风险的基础上实现金融创新是所有国家监管部门需要考虑的一个问题,在金融科技飞速发展的当代,需要借鉴以上域外代表性国家或地区的有益经验,进而发展创新我国的监管模式。因此,立足于基本国情,结合上文所述,如何探索我国"监管沙盒"制度的路径,本文主要有如下启示:

(1)法律明确授权为"监管沙盒"的实施提供合法性和正当性基础。

"监管沙盒"作为一种监管创新尚处于试验测试阶段,我们需要确定它的主体、准入门槛、运行流程以及退出机制等内容,根据各机构职责,本文建议,我国"监管沙盒"法律制度的整体框架可由央行①联同证监会②以集灵活性与便捷性为一体的行政规章的形式制定,比较适用"监管沙盒"引入我国的初期阶段③。

(2)创新监管手段并发展监管科技是"监管沙盒"的技术保障。

首先需要明确的是监管科技是什么?它是指借助最新的金融监管手段对一些交叉型风险进行预防与消除的能力。有利于促进金融创新企业持续良好的发展,同时可以转型我国传统金融监管中的事后针对整顿型的监管方式,从而更好地服务金融科技。我国目前特别缺乏监管技术的支持,很难最大限度发挥出"监管沙

---

① 央行:有拟订宏观金融监管以及银保行业方面法律法规草案的权利。

② 证监会:有拟定有关证券市场法律法规草案的权利。

③ 黄震,张夏明.互联网金融背景下改革试点与监管沙盒比较研究 [J].公司金融研究,2017(3):34.

盒"的功能,只有以监管科技为依托的"监管沙盒"才能够带着金融监管走出困局。因此,监管科技手段的创新永远没有终点。

(3)设定科学的准入门槛、运行机制以及完备的退出机制是"监管沙盒"的科学路径。

英国、澳大利亚、新加坡、中国香港都对自己所实施的"监管沙盒"设定了不同的准入门槛、运行机制以及退出机制。这些看似是流程一样的存在,其实对"监管沙盒"具有很重要的意义,更是构建"监管沙盒"制度的重要组成部分。

因此,本文建议我国在构建"监管沙盒"制度之时更要注重如何去构建一套既科学又完备的机制。

(4)保障金融消费者权益是"监管沙盒"的重中之重。

在正式测试开始之前,测试主体必须从多方面保证一切信息安全,并告知消费者可能的风险,不是胁迫消费者而是取得其自愿的书面同意;在测试过程中,持续跟踪,确保消费者信息的安全;在测试结束后,给予其与正常消费者一样的依法求偿等权利。在此基础上,测试主体还要制定详细明确的保护及补偿方案且必须经过金融监管部门的审核①。

(5)积极加入"监管沙盒"跨境合作是"监管沙盒"的必然趋势。

金融创新网络(GFIN)由成立的 12 名成员扩大到现在的 29 个组织,旨在为创新型公司提供一种更有效的方式与监管机构互动,包括希望在多个辖区内测试其创新产品、服务或商业模式,还旨在为金融服务监管机构之间就创新相关主题建立合作的新框架并分享不同的经验和方法。

29 名成员中,已有 17 名成员加入了跨境测试计划工作小组。而我国一直是以一个观察员的身份观望着,为了促进跨境沟通协作,营造适应跨境方案测试的环境,最终实现跨境监管合作以促进金融科技创新,我国应尽早加入该组织并参与其中成为其正式会员。

五、我国"监管沙盒"法律制度的构建

我国"监管沙盒"法律制度缺失,亟须借鉴国外先进经验与启示,结合我

---

① 张景智. "监管沙盒"制度设计和实施特点:经验及启示 [J]. 银行业研究,2018(1):64.

国试点情况，并参考现行监管体制来构建我国"监管沙盒"的法律制度。基于此，本文将分别从"监管沙盒"的本体制度、保障制度以及跨境合作制度来进行建构。

（一）我国"监管沙盒"法律制度之本体制度

"监管沙盒"法律制度的本体制度包括主体制度、准入制度、运行制度、退出制度和金融消费者保护制度。主体制度主要包括"监管沙盒"测试的申请主体与实施主体，此部分的设置明确了谁来监管，又监管谁的问题；而准入制度的基本内容包括申请资格和准入标准这两个方面，是对申请主体进入相关金融市场的资质进行监督管理，其目的是希望保持竞争促进资源的合理配置；运行制度主要的内容是"一行两会"与地方人民政府在测试前与测试主体商定测试方案和保护方案，然后根据企业的具体情况放宽规则，力求兼顾金融创新与管控风险的统一，允许可以为金融消费者带来更多利益的金融创新产品及服务进入市场，保证金融创新的合规运行；退出制度包括自动退出、被动退出和主动退出三部分内容；金融消费者保护制度主要强调便利消费者，突出消费者的核心地位并且保障沙盒消费者的消费自由权、信息安全权、公平交易权、知情权、求偿权以及救济权等各项权益。

1. 我国"监管沙盒"的主体制度

（1）"监管沙盒"测试的申请主体。

本文认为，"监管沙盒"测试的申请主体可根据"沙盒"测试在我国的发展水平，然后在不同阶段来确定相应的申请主体。

在"监管沙盒"制度运行初始期，根据我国金融监管水平以及科技发展水平来看，申请主体应包括正规金融机构与准金融机构[①]。其中正规金融机构包括商业银行、证券公司和保险公司等；准金融机构包括小额贷款公司，融资性担保公司以及P2P网络借贷平台等。为何要如此设置，主要是因为：正规金融机构也面临着发展困境，通过申请"监管沙盒"测试可以使这些机构在向市场投入新产品及服务时更容易被广大消费者所接纳，另外正规机构一般拥有比较雄厚的经济实力和很深的社会影响力，所以会得到更高的社会认可度，也更易保障消费者的权利；而准金融机构则可以通过申请"监管沙盒"测试享受监管部门的优惠政策，便于促进中小企业的融资，这些企业虽处于初创期，但其整体规模依然很

---

① 李有星，柯达. 我国监管沙盒的法律制度构建研究［J］. 金融监管研究，2017（10）：94.

大，尤其是在一些比较发达的地区，平台的数量也基本达到了一个不变值，所以对整个金融科技同样有着不可比拟的影响力，另外与正规金融机构相比，这些准金融机构与监管部门更缺乏沟通协作致使监管部门无法准确地掌控其风险，与此同时，公司也无法摸清监管部门的底线，因此更需要进行"监管沙盒"的尝试以使两者之间相互协作沟通。

在"监管沙盒"制度运行成熟期，为了最大化地促进金融科技创新，可借鉴域外代表性国家将申请主体放宽到其他金融科技企业。这些企业规模比较小，不敢轻易尝试风险性投资，如果选择进行"监管沙盒"测试肯定要花费一些时间与金钱，会让他们有所犹豫，此时，监管部门可对那些符合其他要求的企业进行一定的补贴，对其放宽部分监管规则并鼓励其提交申请参与测试。

（2）"监管沙盒"测试的实施主体

确定"监管沙盒"测试的实施主体需考虑到我国"监管沙盒"的试点地区，并参考现阶段"一行两会"的监管体制，再结合国外的经验，来最终确定我国"监管沙盒"测试的实施主体。本文认为，在此前提下，具体的实施主体还要根据"监管沙盒"测试在我国发展的不同阶段来加以确定。

在"监管沙盒"制度运行初始期，本文认为，我国应当采用二元制框架即由"一行两会"负责对正规金融机构进行监管，由地方人民政府（省级或市级）负责对准金融机构进行监管。另外由国务院金融稳定发展委员会对这两类实施主体进行监督以及宏观风险控制。

在"监管沙盒"制度运行成熟期，本文认为，我国应当在继续采用二元制大框架的基础上发展为多层次监管模式，即由"一行两会"负责对正规金融机构进行监管，由地方人民政府（省级或市级）负责对准金融机构与其他金融科技企业进行监管。若在沙盒运行的成熟期由于其对申请主体的放宽导致符合申请条件的主体越来越多，而实施主体的有限性不足以应对测试的顺畅运行，致使企业需要大幅排队等候时，则可以将部分审核权授权给非营利性机构并对其相关活动进行监督管理。另外由国务院金融稳定发展委员会对实施主体进行监督以及宏观风险控制。

为何要对监管主体进行如此设置，主要由我国现行的监管体制、监管能力以及监管成本所决定。具体原因为：第一，正规金融机构本身与中央金融监管机构及其派出机构联系紧密，两者之间沟通信息的话会相对便利一些，进而节约"沙盒"的运行成本；第二，根据对我国"监管沙盒"试点进行考察，发现地方人民政府在地方金融监管中发挥着重要的作用，如赣州市的"监管沙盒"试点就由其人民政府直接主导，而且地方人民政府可以凭借自身的职能高效的调动各部门的力量来支持"监管沙盒"的实行，为其提供保障；第三，为什么要将权力限制在省级和市级主要是考虑到县级和乡级的技术设备相对比较弱，不利于"监管沙盒"的良好运行；第四，为避免"监管竞次"①，所以设置国务院金融稳定发展委员会对监管部门进行监督。

总的来讲，正规金融机构由各自所涉及的领域相对应的负责监管的机构进行监管，而准金融机构和后期放宽的其他金融科技企业按照行政区域范围由所属的省级和市级地方人民政府进行监管。监管部门之间也要相互配合，尤其是当申请测试的产品或服务涉及跨地域，则实施主体可在所跨领域的监管主体的指导及协助下实施监管。

2. 我国"监管沙盒"的准入制度

准入制度主要是针对申请主体进入相关金融市场时对其资质进行监督管理，其目的是希望保持竞争且促进资源的合理配置。主要包括两方面的内容，分别是申请资格和准入标准。由"一行两会"与地方人民政府负责审核申请主体是否有资质并且符合准入标准，为提高审核效率，本文建议审核期应当确定为30日。

（1）申请资格。

申请资格是指申请"监管沙盒"测试的主体所应当符合的条件即申请企业自身的资质条件。在"监管沙盒"制度运行初始期，申请测试的主体须是正规金融机构或准金融机构；在"监管沙盒"制度运行成熟期，申请测试的主体不受所限。

（2）准入标准。

准入标准是指申请"监管沙盒"测试的主体所应符合的标准即申请企业进入沙盒之前必须满足的条件，是准入制度的重中之重。

第一，在申请主体申请前，"一行两会"及地方人民政府应该为潜在客户提供咨询服务，介绍"监管沙盒"制度的相关测试信息。

第二，申请时对产品或服务选择的标准，产品或服务是否属于金融科技领域；产品或服务是否具备显著创新性；产品或服务是否具备投入市场的必要性。

第三，申请时做好测试准备，具体体现为是否制定了完备的测试计划（包括测试的方法、进度以及目标等是否合理可行）以及是否制定了公平有效的消费者权益保护计划。

---

① 监管竞次：指监管部门基于本地区利益而产生不正当竞争，争先降低监管标准致使消费者与公共利益受到损害。

（3）我国"监管沙盒"的运行制度。

运行制度主要的内容是"一行两会"与地方人民政府在测试前与测试主体商定测试方案和保护方案，然后根据企业的具体情况放宽规则，力求兼顾金融创新与管控风险的统一，允许可以为金融消费者带来更多利益的金融创新产品及服务进入市场，保证金融创新的合规运行。具体包括以下流程：

第一，在测试期间，由"一行两会"和地方人民政府实时实地考察并记录其测试情况，并对其测试期间进行弹性控制，本文建议根据具体的测试内容来进行确定，但最长不超过9个月。可有例外规定即所测产品在到期之时效果很好且确实需要继续测试可申请延期但需提供相关证明。

第二，在测试期间，"一行两会"与地方人民政府针对企业的具体情形调整监管规则，所以不同的测试主体可能会被适用不同的监管规则，因此，在测试期间监管部门将不会制定统一的运行规则，但并不意味着测试主体可以为所欲为，测试主体的行为不得超过授权范围且要遵循未被放宽的规则。

第三，在测试期间，"一行两会"与地方人民政府不得过度干预，由于"监管沙盒"最主要的测试环境就在于其提供的是真实市场，所以为了不影响测试结果的真实应保持市场的自发性。可有例外即测试主体为所欲为或者实现了测试计划里所列的事由时监管部门可以主动干预。

3. 我国"监管沙盒"的退出制度

我国"监管沙盒"的退出制度包括自动退出、被动退出和主动退出三部分内容。

（1）自动退出。

为了使"监管沙盒"测试在不损害金融消费者权利的情况下正常进行，自动退出的事由需要以明确的形式规定下来。主要包括以下两方面：

第一，"监管沙盒"测试期间届满且没有申请延期。

第二，测试主体与"一行两会"或地方人民政府可协商后根据所测产品的属性以及自身需要在测试计划里确定退出事由。

（2）被动退出。

被动退出与自动退出相类似，其事由也应以明确的形式规定下来，发生该事由的时候，"一行两会"或地方人民政府有权力直接终止测试主体继续测试并要求该主体退出"沙盒"测试。主要包括以下三方面：

第一，测试很明显将无法实现计划目标。

第二，所测产品或服务存在不可修复的风险。

第三，沙盒测试主体严重地违反监管要求并损害消费者权益。

（3）主动退出。

主动退出是指"监管沙盒"测试主体可以根据自己的意愿无理由主动退出"沙盒"测试。但因其参与过程中会占用一部分行政资源，所以在退出时应列明自己的缘由并及时提交给"一行两会"与地方人民政府。

沙盒的测试主体，不管以何种方式退出之后，都应当及时向"一行两会"或地方人民政府提交对该测试的总结报告，监管部门根据提交的报告和测试期间所做的记录对所测试的产品或服务进行评估。为鼓励更多的潜在申请主体进入沙盒测试，即使测试结果没有达到预期目标，也不能因为测试结果终身限制所测试产品，只要该产品在退出沙盒后逐步满足了现行监管规则，便可自由投入市场中。

4. 我国"监管沙盒"的金融消费者保护制度

金融消费者保护制度主要强调便利消费者、突出消费者核心地位并且最大限度地保障沙盒消费者的消费自由权、信息安全权、公平交易权、知情权、求偿权以及救济权等各项权益。在"监管沙盒"测试中保护消费者权益的具体方式有以下六种：

第一，保护其消费自由权。告知消费者测试环节可能面临的相关风险后，不能强迫消费者，而是要根据消费者自己的意愿来决定是否愿意做沙盒消费者。

第二，保护其信息安全权。在消费者同意进入沙盒测试以后，要对消费者的信息给予最大程度的保护。

第三，保护其公平交易权。必须告知沙盒消费者测试所制定的消费者保护计划，使双方当事人可以就补偿协议达成共识。

第四，保护其知情权。必须告知沙盒消费者测试所存在的风险及消费者保护计划，使其知道自己即将进入一个什么样的测试环境里。

第五，保护其求偿权。测试过程中所面临的风险，只要测试主体没有破产，皆由该主体承担所有赔偿责任，消费者什么都不用承担。

第六，保护其救济权。参加沙盒测试的消费者应享有与一般普通消费者一样的救济权，如投诉权等。

（二）我国"监管沙盒"法律制度之保障制度

"监管沙盒"制度的运行不仅需要最主要的本体制度，更需要足够的监管资源给予其保障，以促使其达到最高效的运行。具体保障制度包括人才保障制度与技术保障制度。

1. 人才保障制度

"监管沙盒"制度对监管人才的要求很高①。首先，监管部门在参与沙盒测试的过程中，要对申请主体的资质进行审核；要对所测产品的性质、显著创新性和是否必须投入市场进行审核；要对测试计划与消费者保护计划进行审核；还要对测试情况进行实地考察与记录；还要与测试主体进行沟通协作；更要对最后的测试结果进行评估。这一切都要求监管人员是一个很懂金融科技的专业人员。其次，监管人员在针对具体测试产品做出放宽监管规则的时候，就需要面临暂时放宽的规定与现行监管体制不一致的情况，这一切又要求监管人员是一个很懂监管的专业人员。因此，"监管沙盒"制度的运行需要既懂金融科技创新又懂监管的复合型监管人才。

复合型监管人才的培养，需要相应的人才保障制度，具体包括人才奖励制度、补贴制度等。通过人才保障制度，激励复合型人才积极参与监管。而只有集金融监管专业人才与金融科技专业人才于一身的复合型监管人才，才是"监管沙盒"制度实施效果的人才保障。

2. 技术保障制度

监管科技是指借助最新金融监管手段对一些交叉型风险进行预防与消除的能力。而英国 FCA 对其定义为"高效且低成本地解决监管与合规要求的科技创新应用"②。为什么说技术保障制度主要体现在鼓励创新性监管科技？究其原因，主要是因为"监管科技"有利于促进金融创新企业持续良好发展。我国目前特别缺乏监管技术支持，因此很难发挥出"监管沙盒"的最大功能。只有以监管科技为依托的"监管沙盒"，才能够带着金融监管走出困局。具体而言，在事前监管方面，采用新监管技术手段对所申请测试产品的相关数据进行收集分类以及整理共享，再用大数据分析可能存在的风险，使其风险在进入测试时就被监管部门所掌握并动态监测；在事中监管方面，通过对测试主体新产生的大量信息进行分析处理，便可最快发现测试中的问题，做出相应的风险防控，提高监管的有效性。因此，监管科技手段的创新永远没有终点。

监管科技的技术保障制度主要体现在鼓励监管科技创新的制度上，包括一些

---

① 杨祖艳. 监管沙箱制度国际实践及启示［J］. 上海金融，2018（5）：95.

② 英国金融行为监管局（FCA）及其下设创新中心（Innovation Hub）2014 年、2015 年探索提出用技术支持金融监管的理念，通过 FCA 与 PRA 合作，采用新技术的方式帮助监管者和企业更好地实现监管要求，降低合规成本。这种技术促进合规和监管的方式被监管者和业界称之为"RegTech"。

减免税优惠、补贴制度、奖励制度等。例如，可颁发创新奖对积极创新的部门进行公开奖励，以促进其不断创新，进而保障"监管沙盒"制度的顺利实施。

（三）我国"监管沙盒"法律制度之跨境合作制度

英国 FCA 于 2018 年初提出建立"全球监管沙盒"的构想，在此基础上，全球金融创新网络（GFIN）于 2019 年 1 月正式启动。全球金融创新网络由刚成立时的 12 名成员扩大到现在的 29 个组织，旨在为创新型公司提供一种更有效的方式与监管机构互动，包括希望在多个辖区内测试创新产品、服务或商业模式。它还旨在为金融服务监管机构之间就创新相关主题建立合作框架，分享经验和方法。因此，全球金融创新网络（GFIN）本身就是一种跨境合作制度安排。

该网络于 2019 年 2 月 1 日邀请有意在多个地区测试其创新金融产品、服务或商业模式的企业申请参与先导跨境测试。现有多个金融服务监管机构为有意在国际市场测试创新产品或服务的企业推出先导跨境测试，并各自在所属地区宣布该计划。测试旨在为创新型企业提供与监管机构互动的有效方式，以协助其开拓新业务。截至目前，29 名成员中，17 名成员已经加入了跨境测试计划工作小组。

另外，全球金融创新网络（GFIN）本质上作为一项开放式合作制度安排，一直欢迎监管机构和国际组织在早期阶段尽快加入该网络，最终确定其入会新成员的职权范围，使该网络能够以透明的方式正式扩大团队。而我国目前正以一个观察员的身份观望着，我们可以先观察其他国家及地区的测试情况，尽快将我国国内的"监管沙盒"制度落地；其后跟上国际趋势尽早加入该组织成为其普通会员，为了促进跨境沟通协作，营造适应跨境方案测试的环境，最终实现跨境监管合作以促进金融科技创新；在加入该网络的后期，我们更应该积极地参与并配合，争取再从一个普通会员变成颇具影响力的核心国家。

六、结论与展望

随着金融科技的快速发展，创新风险也不断增加。监管机构既要考虑控制风险又要促进创新，其受到了巨大的冲击与挑战。"监管沙盒"的出现为此解决了一大难题。以目前情形来看，我国需从制度方面大力推进"监管沙盒"在我国的落地，促进我国监管方式的创新与转变。

金融科技创新很大程度上是借助于互联网的技术，而互联网有许多不可预见的因素一直在增加，导致金融科技创新过程中所带来的风险更加隐蔽。我们应始终秉持金融创新与金融监管同步进行的理念，允许多方同时在线试错、纠错并进行风控。尽管"监管沙盒"目前尚处于试验阶段，但由于其诸多强大的功能以及金融科技的日趋成熟，不难想象"监管沙盒"制度在未来必将广泛使用。

参考文献

专著类

［1］杨东．金融服务统合法论［M］．北京：法律出版社，2013.

［2］刘俊海．现代公司法（第三版）［M］．北京：法律出版社，2015.

［3］［荷］凯勒曼．21世纪金融监管［M］．张晓朴译．北京：中信出版社，2016.

［4］王达．美国互联网金融与大数据监管研究［M］．北京：中国金融出版社，2016.

［5］彭冰．投资型众筹的法律逻辑［M］．北京：北京大学出版社，2017.

［6］徐忠，孙国峰，姚前．金融科技：发展趋势与监管［M］．北京：中国金融出版社，2017.

［7］李彦彦．互联网金融：商业模式与风险控制［M］．北京：法律出版社，2017.

期刊类

［1］吴凌翔．"试验性金融监管"的概念创设与理论构建［J］．西南金融，2017（9）．

［2］柴瑞娟．监管沙箱的域外经验及其启示［J］．法学，2017（8）．

［3］蔺鹏，孟娜娜．商业银行交叉金融创新的风险防控与监管策略——基于"穿透式"监管视角［J］．南方金融，2017（6）．

［4］中国人民银行广州分行课题组．中美金融科技发展的比较与启示［J］．南方金融，2017（5）．

［5］孙国峰．从 FinTech 到 RegTech［J］．清华金融评论，2017（5）．

［6］伍旭川，刘学．金融科技的监管方向［J］．中国金融，2017（5）．

［7］张景智．"监管沙盒"的国际模式和中国内地的发展路径［J］．金融监管研究，2017（5）．

［8］刘瑜恒，周沙骑．证券区块链的应用探索、问题挑战与监管对策［J］．金融监管研究，2017（5）．

［9］周双，刘鹏．我国互联网金融风险化解与监管体系创新研究［J］．新金融，2017（3）．

［10］黄铎，贺璟，刘蕾蕾．英国金融行为监管局"沙盒监管"制度及启示［J］．西部金融，2018（5）．

［11］李文红，蒋则沈．金融科技（FinTech）发展与监管：一个监管者的视角［J］．金融监管研究，2017（3）．

［12］张斌．互联网金融规制的反思与改进［J］．南方金融，2017（3）．

［13］王广宇，何俊妮．金融科技的未来与责任［J］．南方金融，2017（3）．

［14］黄震，张夏明．互联网金融背景下改革试点与监管沙盒比较研究［J］．公司金融研究，2017（3）．

［15］黄震，蒋松成．监管沙盒与互联网金融监管［J］．中国金融，2017（2）．

［16］胡滨，杨楷．监管沙盒的应用与启示［J］．中国金融，2017（2）．

［17］蔡元庆，黄海燕．监管沙盒：兼容金融科技与金融监管的长效机制［J］．科技与法律，2017（1）．

［18］黎来芳，牛尊．互联网金融风险分析及监管建议［J］．宏观经济管理，2017（1）．

［19］李仁真，申晨．监管沙箱：拥抱 Fintech 的监管制度创新［J］．辽宁大学学报（哲学社会科学版），2018（5）．

［20］杨祖艳．监管沙箱制度国际实践及启示［J］．上海金融，2018（5）．

［21］黄震，张夏明．监管沙盒的国际探索进展与中国引进优化研究［J］．金融监管研究，2018（4）．

［22］邹之光．我国金融科技监管及政策建议［J］．合作经济与科技，2018（1）．

［23］郭丹，黎晓道．监管沙盒对金融监管的突破——兼谈其潜在的局限性

［J］．哈尔滨商业大学学报（社会科学版），2018（1）．

［24］张景智．"监管沙盒"制度设计和实施特点：经验及启示［J］．银行业研究，2018（1）．

［25］崔宇琪，许霄腾．区块链金融监管沙盒制度探究［J］．太原学院学报（社会科学版），2019（1）．

外文文献

［1］FCA, Regulatory Sandbox［EB/OL］．https：//www. fca. org. uk/news/regulatory – sandbox, September 2, 2017.

［2］Ivo Jenik, Regulatory Sandboxes：Potential for Financial Inclusion? ［EB/OL］．CGAP and originally appeared on the CGAP website, August 17, 2017.

［3］Hussam Razi, Regulatory Sandbox – A need of the hour in Pakistan［EB/OL］．https：//karandaaz. com. pk/blog/regulatory – sandbox – need – hour – pakistan/, June 9, 2017.

［4］Gerard, O. Virtual Currencies：Growing Regulatory Framework and Challenges in the Emerging Fintech Ecosystem［J］．North Carolina Banking Institute, 2017（21）．

［5］Lawrence G Baxter. Adaptive Financial Regulation and Regtech：A Concept Article on Realistic Protection For Victims of Bank Failures［J］．Duke Law Journal, 2016（12）．

［6］Monetary Authority of Singapore. Consultation paper on fintech regulatory sandbox guidelines［EB/OL］．6 June 2016.

［7］Chiu, I. Fintech and Disruptive Business Models in Financial Products, Intermediation and Markets – Policy Implications for Financial Regulators［J］．Journal of Technology Law & Policy, 2016（21）．

［8］Australian Securities and Investment Commission, Testing Fintech Products and Services Without Holding an AFS or Credit Licence［EB/OL］．http：//asic. gov. au/, August 16, 2016.

［9］Monetary Authority of Singapore, MAS FinTech Regulatory Sandbox Introduction［EB/OL］．http：//www. mas. gov. sg/, June 19, 2016.

［10］Financial Conduct Authority, Regulatory Sandbox［EB/OL］．http：//www. fca. org. uk/, September 8, 2015.

第三篇

救济篇

第五章　我国证券市场先行赔付制度研究

一、问题的提出

近年来，我国证券市场虚假陈述等证券违法违规行为的案件数量不断攀升，为保护证券市场投资者的合法权益，证券监管部门不断加大对此类行为的打击力度。从现有实践案例的考察出发，可以看到我国证券市场对投资者的保护手段还是传统的民事救济，这种方式的确能以公平的角度出发维护投资者合法权益，但维权时间长且效率低下，对于时间就是金钱的证券市场来说，还是不能够切实解决这些问题。因此，为了进一步真正完善保护投资者的路径，先行赔付制度慢慢被引入证券市场并开始在其中发挥重要作用。

在实践方面，我国证券市场上有三起案例都运用到先行赔付制度，它们分别是 2013 年万福生科虚假陈述案、2014 年海联讯虚假陈述案以及 2016 年欣泰电气欺诈发行案。虽然三起案例在细微之处是有区别的，但是整体的赔付流程都是保荐机构或发行人的控股股东先行出资成立赔付基金，交付中国证券投资者保护基金有限责任公司（以下简称"投保基金公司"）管理，由其对适合投资者进行赔付，最后由先行赔付主体通过法律途径向连带责任人追偿。

在法律层面，2015 年证监会发布的《公开发行证券的公司信息披露内容与格式准则第 1 号——招股说明书》（以下简称《招股说明书》）规定了发行人等主要责任人所承担的个别和连带法律责任，并明确了保荐人的先行赔付义务。更值得关注的是在 2020 年 3 月，新《中华人民共和国证券法》（以下简称新《证券法》）的实施，明确赋予做出虚假陈述、内幕交易等证券违法违规行为的责任主体可与受损的适格投资者达成和解协议进行先行赔付后追偿。因此可见在立法上对证券市场先行赔付制度的重视程度正在逐步提升。

先行赔付是实践倒逼制度，它借鉴我国其他领域对相关弱势群体的保护制度，再结合证券市场的实际案例从而逐渐形成。这项制度的出现为我国证券市场投资者权益保护迈进了一大步，也使证券市场更加稳定且繁荣发展，得到了广大投资者以及相关证券监管部门的广泛认可。虽然国外并没有直接与之相同的制度，但是有本质上保护投资者的类似制度可以进行借鉴学习。毕竟先行赔付制度还处于初步探索阶段，相关规定不够细致，相关专家学者的研究还不是很全面。因此，不论是基于理论原因还是现实需要，都亟须对先行赔付制度进行系统研究分析，总结现有的实践经验，不断细化制度设计，以更好地实现其应有的价值。

二、证券市场先行赔付制度的理论考察

为了保护投资者，证券市场先行赔付制度应运而生。此项制度是从其他领域借鉴而来的，要想了解该制度的本质和目的，需要先了解先行赔付制度的起源，也就是其他领域的先行赔付制度内涵，进而明确证券市场先行赔付制度的内涵、特点及功能。同时，也要对证券市场先行赔付制度和证券投资者保护基金进行对比分析，以思考如何形成有效衔接以更好地保护投资者合法权益。

（一）先行赔付制度的起源

先行赔付制度在我国很多领域都有法律上的实践，这都能为证券市场的先行赔付制度带来可参考和学习的地方，因此需要运用法律视角对既有领域的制度内涵进行分析，为了能简单明晰地了解其他领域先行赔付制度的内涵，笔者将其归纳成表格形式（见表5.1）。

表 5.1　其他领域先行赔付制度的内涵

年份	法律名称	制度内涵
2018	《中华人民共和国食品安全法（2018 修正）》	消费者因不符合食品安全标准的食品受到侵害时，有权要求生产经营者先行赔付，若最终责任归于生产者，经营者有权向其追偿。除赔偿损失外，消费者可向生产者或经营者要求支付赔偿金
2018	《中华人民共和国社会保险法（2018 修正）》	基本医疗保险基金和工伤保险基金在第三人或用人单位找不到或不支付时，有义务先行偿付职工医疗费用或保险待遇，事后向第三人或用人单位追偿

年份	法律名称	制度内涵
2018	《中华人民共和国旅游法（2018 修正）》	在旅行社以不合理低价组织诱骗旅游者参加旅游，途中却通过另行付费旅游项目以及安排购物等不正当利益时，旅游者有权要求旅行社办理退货并先行垫付退货货款
2013	《中华人民共和国消费者权益保护法》	消费者在购买、使用商品时，包括在展销会、租赁柜台或网络交易平台等，因商品缺陷造成人身财产损害时，有权利向销售者或生产者先行索赔，事后销售者或生产者可向真正责任人追偿
2011	《中华人民共和国道路交通安全法》	保险公司和道路交通事故社会救助基金对在交通事故中的受伤人员先行垫付全部或者部分的抢救费用，事后向交通事故的真正责任人追偿
2010	《最高人民法院关于审理铁路运输人身损害赔偿纠纷案件适用法律若干问题的解释》	铁路运输企业由于车外第三人投掷石块等造成车内旅客人身伤害时，找不到第三人的情形下，为保护旅客的合法权益，应当及时支付全部损失以保证旅客能及时得到救济，在铁路运输企业赔付后，有权向第三人追偿

（二）证券市场先行赔付制度的内涵

由上述可知，先行赔付制度起源于其他领域，在此基础上分析梳理已出台的有关证券市场先行赔付制度的法律法规，有助于更好地理解证券市场先行赔付制度的本质内涵。

2002 年，最高人民法院发布的《关于受理证券市场因虚假陈述引发的民事侵权纠纷案件有关问题的通知》（以下简称《通知》）中首次提出证券市场上违反应披露的信息义务的责任人，没有按照事实真相本着谨慎勤勉的义务去做出陈述和记载时，人民法院将依法受理其侵犯投资者合法权益而发生的民事侵权索赔案件。

2002 年，最高人民法院发布的《关于审理证券市场因虚假陈述引发的民事赔偿案件的若干规定》（以下简称《若干规定》），其是在《通知》的基础上进行更为详细的规定，明确对于此类案件应以调解为先，鼓励双方和解；此外，虽然发行人或者上市公司不是出自本意，而是受实际控制人的操控后，通过虚假陈述等违法违规方式侵犯投资者权益的，发行人等可以先行赔付受损投资者，再向实际控制人追偿。这些条文都为先行赔付制度的出现奠定基础。

2015 年，证监会发布的《招股说明书》中明确规定了发行人、董监高等需要对承诺招股说明书的真实、准确、完整承担个别及连带责任，以及保荐人承诺过的文件有欺诈发行等证券违法违规行为时，使投资者利益受到损失，需要先行赔付投资者。此规定是下文将要详细介绍的 2013 年万福生科虚假陈述案和 2014 年海联讯虚假陈述案之后首次制度层面的确认。

2020 年 3 月 1 日，全国人民代表大会常务委员会修订的新《证券法》在历经四审后开始实施，其中规定发行人因欺诈发行、虚假陈述或者其他重大违法行为，致使投资者利益受损时，控股股东以及相关保荐机构可成立基金并交由投保基金公司管理，与受损失投资者达成协议先行赔付后依法追偿。同时也可以明显看出大幅提高了对证券违法行为的处罚力度，如对于欺诈发行行为，从原来最高可处募集资金 5% 的罚款提高至募集资金的 1 倍。此部立法级别较高的法律实施，在一定程度上遏制了证券违法违规行为，对于推动资本市场健康发展以及保护中小投资者利益具有重要的作用和意义。

从其他领域的先行赔付制度都可以看出对弱势群体的保护倾向，基于证券市场中小投资者的特殊地位，表明先行赔付制度在证券市场的可复制性以及可操作性①。其一，证券法领域和消费者保护、社会保险保护等领域都同属于社会服务领域，具有极强的公共性，都会影响社会的稳定发展，同时也都存在一些法律规定太过原则性，实际缺少操作空间，不足以应对市场实践中产生的赔付问题。其二，证券投资人（消费者、患者、工伤劳动者、旅客等）与证券发行人（产品生产者、产品销售者、服务提供者等）相比，都属于具有社会公共性的弱势方，在维护自己的权利过程中都会遇到周期长、效率低等问题。其三，证券可以说是一种金融产品，它与其他领域的产品或服务类似，都是通过市场进行交易，且它作为一种信用产品，和网络平台的商品一样存在着信息不对称的现象，交易过程应该受到更加严格的管控。其四，不论是消费者在食品安全领域、网络交易领域等受到的权利侵害，还是证券市场中小投资者因发行人等虚假陈述、欺诈发行遭受的财产损失，都是属于侵权行为的损害，基于可能存在的连带责任，要求可能不是最终责任人的主体先行赔付强制保护投资者，都十分符合维护市场整体利益的底线要求。

因此，证券市场的先行赔付制度是以保护证券市场的投资者为原则，在发行人作出虚假陈述等违法违规行为，导致投资者利益受损时，保荐机构、大股东等先行出资成立先行赔付基金，交由投保基金公司管理，在与受损的适格投资者签

---

① 段丙华．先行赔付证券投资者的法律逻辑及其制度实现［J］．证券市场导报，2017（8）：4 - 12.

订和解协议之后，投保基金公司进行赔偿，再向其他连带责任人就承担责任份额之外追偿①。

（三）证券市场先行赔付制度的特点

1. 非诉讼式的投资者保护机制

证券投资者的正当权益受到违法者侵害时，可以采取诉讼方式和非诉讼方式，诉讼方式就是一般意义上的司法救济，是证券投资者在所有救济途径都没有办法获得权益保护之后的最后一道屏障，但实际情况中还是存在门槛高、维权难等问题，而先行赔付制度就属于诉讼外的一种救济方式，投资者可以通过此制度绕过司法诉讼获得救济，通过保荐机构与大股东等先行出资，基于双方自愿的原则或有权机关调解后，签订一份类似和解协议的先行赔付协议，以此作为获得赔偿的先决条件，最终获得相应的赔偿。此制度增添了证券投资者保护自身权益的新途径，提高了投资者维权的效率和效果。

2. 先偿后追的运行模式

先行赔付制度的基本运行模式用四个字概括就是"先偿后追"，即保荐机构或其他连带责任人主动出资先行垫付赔偿金额，对适格投资者进行赔付，然后再由先行出资的主体向侵权行为的主要责任人以及连带责任方进行追偿。这种灵活的处理方式，能够让保荐机构以及一些上市公司的大股东负起首要责任，倒逼他们认真履行其应尽的义务，也可以减少比较烦琐的取证调查过程以及较为持久的诉讼，还可以让证券监管部门更加容易地掌握侵权责任人的违法行为。

3. 快捷的赔偿途径

大股东、保荐机构等责任主体在违法行为被披露出来之后先行设立赔偿基金，交由投保基金公司管理发放，能够使证券受损投资人迅速得到赔偿，可以有效避免因为责任主体之间的互相推诿或是烦琐的索赔流程，从而导致投资者权益没有办法得到切实保障，也可以减少证券监管机构"有形的手"对市场正常秩序的过分干预，而对证券市场带来的不良影响。此外，赔偿基金由投保基金公司管理，其作为中立第三方，能够做到不偏不倚，及时快捷地给受损失的适格投资者进行赔付，给受损投资者们打上一针强心剂，以快速稳定证券市场正常秩序。

---

① 陈洁. 证券市场先期赔付制度的引入及适用 ［J］. 法律适用，2015（8）：25－31.

（四）与证券投资者保护基金制度的区别

证券投资者保护基金制度作为一种能够有效防范证券市场风险的手段，与本文所述的证券市场先行赔付制度相比，都是本着以保护投资者利益为根本原则，其主要是指将证券公司按照类型和级别分类，让他们定期按照应缴比例缴纳资金到证券投资者保护基金中，此基金是专由投保基金公司管理，在证券公司因为经营不善、财务危机或证券监管机构实施强制性监管措施等而导致被破产清算时，受损的投资者可以通过此基金按照规定的标准获得赔偿，以防止风险进一步在证券市场扩散。这实际上是一种类似于存款保险的制度，既最大程度地保证投资者的利益，又给证券公司的退出机制构建安全网。但是其与证券市场先行赔付制度相比较，还是存在着一些较为明显的差异，为了能够使两个制度更加明确的全方位保护投资者权益，有必要进行区分比较进而实现对投资者保护的有效衔接。

1. 起源背景不同

证券投资者保护基金起源于 20 世纪 60 年代，在金融市场上出现的证券公司接连倒闭的行业乱象，受损投资者为躲避此风险，纷纷撤资出逃证券市场，且投资者的恐慌心理不断蔓延，证券市场已经不能有序运行。为重新赢回投资者信心，避免再次出现这样的传播式风险，加拿大第一个建立了投资者保护基金，随后一些国家或地区也相继效仿建立此制度①。而证券先行赔付制度是在我国发生几起因上市公司虚假陈述案侵犯众多投资者的合法权益，使证券市场无法正常有序运行，在实际案例中由保荐机构等从其他领域中借鉴摸索出来的制度，旨在能及时给予受损投资者利益赔偿，以维持证券市场稳定。

2. 本质属性不同

证券投资者保护基金表现出一种非常明显的行业互相保护的性质。它和存款类保险制度比较相像，不仅对证券公司退出证券市场的安全网进行了设置，还考虑了在证券公司破产等特定情形之后②无力承担受损投资者的损失，导致他们的权益没有办法得到有效保护，而预先向资金实力比较雄厚的证券公司在还能够正常经营时强制要求缴纳一定比例收入。但证券市场先行赔付制度则是一种事后的补偿机制，实质上是在发生侵权事件之后，连带责任人在提起诉讼之前提出双方

---

① 张东昌. 证券市场先行赔付制度的法律构造——以投资者保护基金为中心［J］. 证券市场导报，2015（2）：65 - 71.

② 陈红. 设立我国证券投资者保护基金法律制度的思考［J］. 法学，2005（7）：112 - 117.

先行进行和解，这能够及时高效地保护投资者的合法权益，降低救济成本，提高救济效率。

3. 赔偿起因不同

证券投资者保护基金是在证券公司出现破产或其他无法正常运行的情况时，对因此权益受到侵害的投资者进行合理赔付。而证券市场先行赔付制度虽也是针对证券市场的投资者，但却是在证券市场中由于受到相关责任主体因虚假陈述等证券违法违规行为使其合法权益受到侵害时，由相关责任主体率先出资成立赔付基金，对符合条件的投资者进行赔偿。

4. 资金来源不同

证券投资者保护基金的资金来源主要是证券公司正常运营时按照类别缴纳相应比例的资金、在破产清算后得到的赔偿收入、对相关责任主体的追偿所得以及来自社会各界的捐赠等。而实践中证券市场先行赔付制度的资金来源主要是保荐机构和大股东的预先出资设立，这就需要相关责任主体有一定的自觉性愿意主动出资。与投资者保护基金相比，资金来源没有预设好的基金且来源渠道也比较单一，如果对资金来源不进行改变，未来可能会出现此类案件无责任主体自觉率先出资，受损投资者不能得到有效赔付的现象。

综上所述，证券市场先行赔付制度相比于证券投资者保护基金制度，能够更加及时高效周全地保护广大证券市场的受损中小投资者的合法权益。因此，探索证券市场先行赔付制度的相关问题已成必然且十分必要。

（五）证券市场先行赔付制度的功能

1. 有利于保护证券投资者的合法权益

保护投资者利益不仅是我国《证券法》的立法宗旨，也是国际证券监管的三大监管目标之一。根据法律金融学理论，一个国家对投资者的保护越严格，金融发展的状况会变得越好，而对投资者保护比较薄弱的国家，其金融发展状况会越来越不活跃，资本市场的规模也会越来越小，范围也会越来越窄[①]。可以说，证券投资者合法权益的保护已经成为包括中国在内的世界范围内证券监管工作的重点。这意味着在证券市场上需要加大对中小投资者保护的倾斜力度，以保护证券市场上的"天然弱者"，这是维持证券市场生命力的应有之义。因此，先行赔付制度作为投资者保护的重要途径，更是投资者保护体系的有机组成部分，将始

---

① Rafael La Porta, Florencio Lopez de Silanes, Andrei Shleifer, Robert W. Vishny: Legal Determinants of External Finance [J]. Journal of Finance, 1997 (52).

终遵循这一原则。

2. 有利于提高证券市场纠纷解决效率

英国有一句俗语：迟来的正义并非正义。这句话对"时间就是金钱"的证券市场意义深刻，在常规的司法救济途径，只是能保证会对投资者的侵害作出赔偿，并不能保证时间的效率，而对于证券市场的投资者，时间损失带来的不仅使二次投资无法进行重新选择，更有可能因为资金链条断裂造成破产，这对于投资者是致命的打击。而先行赔付制度的"先行"二字就充分体现了法的效率价值，能够将时间成本节省下来赋予证券投资者，从而提高保护投资者的效率。

3. 有利于规范证券合法的发行和交易

证券市场的有序运行离不开先行赔付责任主体的勤勉尽责义务，当先行赔付制度上升到法律层面，可以对这些主体起到警示作用，提醒他们需要不断提高自己的工作底线要求，坚持严格遵守法律法规以及行业准则，持续提升自我业务能力以及服务意识，从而尽责为证券市场的投资者提供满意服务①。此外，当先行赔付责任主体真正认同并遵守证券合法的发行和交易时，有利于对其形象进行良好宣传，打造高水平、高信誉的行业标杆，促进证券市场更加繁荣发展。

4. 有利于促进证券市场有序健康发展

证券市场具有高度的信息化特征，虚假信息等证券违法行为会使得投资者对证券市场产生不信任感，且信息的传播速度非常快，会使整个证券市场产生信任风波不断蔓延，最终动摇证券市场的正常秩序，波及更多的投资者卷入其中，形成恶性循环。同时，以往的传统司法救济程序是一种对抗性的设计，使得证券发行者和证券投资者处于对立面，不能互相理解，在一定程度上会加深双方之间的矛盾，让投资者更加厌恶证券市场。先行赔付制度则使这种状况得以改变，因为此时的双方当事人是基于自愿的原则签订先行赔付协议的，这对投资者来说，相比被动的接受，掌握自主选择权，可以加深投资者对证券市场的自信心和认同感。

5. 有利于吸引更多外国公民来华投资

坚持对外开放是我国从大国迈向强国发展的必由之路，这当然也包含着证券市场需要迈向国际化，且世界范围内的证券市场基本原则都离不开保护投资者利益，这更被视为金融市场是否繁荣发展的指标之一。因此，先行赔付制度的不断

① 曹真真，李芊. 论先行赔付制度的构建与完善［J］. 金融理论与实践，2017（11）：88 – 90.

完善，不仅能够保护我国的证券市场投资者，也会吸引更多的国外公民来华投资，这有利于我国树立安全可靠的金融形象以及营造健康有序的投资环境，能够持续深化和其他国家或地区的合作，实现全球经济的共赢。

三、我国证券市场先行赔付制度的案例考察与总结

先行赔付制度就是为切实保护中小投资者的合法权益应运而生，旨在及时高效地让受损投资者获得赔偿，它是在实践中不断摸索逐步发展形成的，具有鲜明的中国特点。截至目前，我国证券市场总共有三起先行赔付投资者的案例，前文已介绍过先行赔付制度的流程，因为这三起实践案例都普遍获得证券市场和投资者的广泛认可与肯定，下文就此进行简要的介绍与深入的分析，以便为后续实践中发生的类似案例提供可参考价值。

（一）我国证券市场先行赔付制度的案例考察

1. 2013 年万福生科虚假陈述案

2012 年，万福生科在湖南证监会例行检查时被发现涉嫌虚假记载等违法违规问题被立案稽查。2013 年 5 月，其保荐机构平安证券设立万福生科专项补偿金，并委托给投保基金公司作为基金管理人。2013 年 7 月，给占总人数 95.01% 的适格投资者（12756 人）赔付约 1.7 亿元，基金存续期间为两个月，证监会对相关责任主体做出相应的处罚。此案是证券市场上第一个保荐机构主动出资先行赔付的案例，开创了一种保护投资者的新方式，具有里程碑意义。

2. 2014 年海联讯虚假陈述案

2013 年，海联讯自曝三年财务造假，已接到证监会立案通知。2014 年 7 月，四大股东共同出资 2 亿元设立海联讯专项补偿基金，委托投保基金公司作为基金管理人。2014 年 9 月，给占总人数 95.7% 的适格投资者（9823 人）赔付约 0.9 亿元，基金存续期间为两个月，证监会对相关责任主体做出相应的处罚。此案是证券市场上第一个由大股东主动出资先行赔付的案例，为先行赔付责任主体的构成开辟了新的道路。

3. 2016 年欣泰电气欺诈发行案

2015 年，辽宁证监会发现欣泰电气可能存在财务造假嫌疑，随后被立案调

查。2016 年 7 月 5 日，证监会对相关责任人做出相应处罚，欣泰电气不服提起行政诉讼，一审败诉又提起二审。2017 年 6 月，其保荐机构兴业证券出资 5.5 亿元设立欣泰电气专项补偿基金，投保基金公司作为基金管理人。8 月被深交所摘牌强制退市。基金存续 5 个月，给占总人数 95.16% 的适格投资者（11727 人）赔付约 2.4 亿元。2018 年终审败诉。此案是在退市新政策下因欺诈发行被要求强制退市的第一案件，表明了我国对此类证券违法违规行为的严肃处理以及对投资者的切实保护。

（二）我国证券市场先行赔付制度的案例总结

三起实践案例对我国以后发生的类似案例能够起到极强的实践指导意义，因此非常有必要对其进行分析总结，寻找异同点，归纳出我国证券市场先行赔付的实践规律。

1. 先行赔付的各方主体

由表 5.2 可知，在这三起先行赔付案例中，先行赔付责任主体分为两类，一类是万福生科和欣泰电气的保荐机构，另一类是海联讯的主要控股股东，这两类主体也是赔付基金的资金来源。而它们的专项基金管理人均为投保基金公司，其拥有官方背景，受到一致认可。三起案例的获赔投资者均为适格投资者，其确定标准都是紧跟诸如首次公开发行信息披露日等重要时间节点来进行划分（见图 5.1、图 5.2、图 5.3）。另外，三起案例的责任主体是由该上市公司、保荐机构、会计师事务所、律师事务所组成。

表 5.2　我国证券市场三起先行赔付主体情况分析

	万福生科虚假陈述案	海联讯虚假陈述案	欣泰电气欺诈发行案
保荐机构	平安证券	平安证券	兴业证券
先行赔付人	平安证券	主要控股股东	兴业证券
专项基金管理人	投保基金公司	投保基金公司	投保基金公司
获赔投资者	适格投资者	适格投资者	适格投资者
责任主体	万福生科	海联讯	欣泰电气
	平安证券	平安证券	兴业证券
	中磊会计师事务所	深圳市鹏城会计师事务所	北京兴华会计师事务所
	湖南博鳌律师事务所	北京市天银律师事务所	北京市东易律师事务所

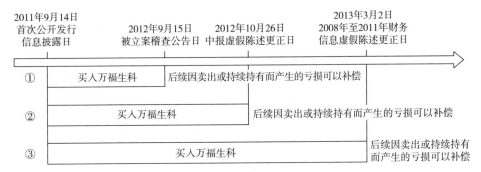

图5.1 万福生科专项补偿基金补偿范围示意图

资料来源：中国证券投资者保护基金有限责任公司．万福生科虚假陈述事件投资者利益补偿专项基金［EB/OL］．http：//www.wfskjj.com/．

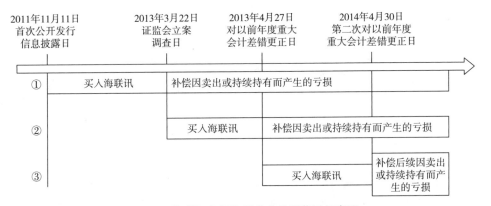

图5.2 海联讯专项补偿基金补偿范围示意图

资料来源：中国证券投资者保护基金有限责任公司．海联讯虚假陈述事件投资者利益补偿专项基金［EB/OL］．http：//bcjj.sipf.com.cn//．

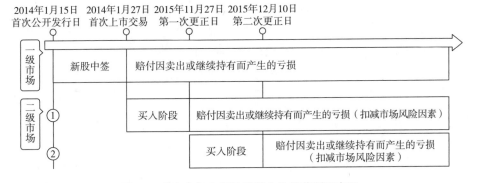

图5.3 欣泰电气专项补偿基金补偿范围示意图

资料来源：中国证券投资者保护基金有限责任公司．欣泰电气欺诈发行先行赔付专项基金［EB/OL］．https：//zxjj.sipf.com.cn/investor//．

2. 先行赔付的赔付方案

由表5.3可知，三个实践案例的基金规模准则都是基于《若干规定》计算的，先简单算出适格投资者的赔偿总额，再加上相应的管理费用以及提前留下一定的余量。万福生科和海联讯的赔付标准是以投资者的投资损失差额，加上这部分的佣金和税费，再加上投资者这笔资金的利息，基本立足于充分补偿受损投资者的目标，而欣泰电气则是对一级市场和二级市场的受损投资者区别对待，给二级市场的受损投资者扣减了市场风险所致损失，引起投资者不满。此外，三起案例均支持投资者以其他方式获取赔偿，但方式有所不同，万福生科接受投资者选择司法途径，海联讯和欣泰电气则接受投资者申请调解、仲裁或诉讼。

表5.3　我国证券市场三起先行赔付方案分析

	万福生科财务造假案	海联讯财务造假案	欣泰电气欺诈发行案
基金规模	3亿元	2亿元	5.5亿元
赔付金额	赔付金额＝投资差额损失＋投资差额损失部分的佣金和印花税＋资金利息		一级市场投资者和二级市场投资者分别计算赔付金额
是否支持投资者通过其他方式获取赔偿	是	是	是

3. 先行赔付的进展情况

由表5.4可知，在三起实践案例中，万福生科和海联讯都是在证监会对实际责任主体作出行政处罚之前就率先设立赔付基金，而欣泰电气则是在证监会对实际责任人做出行政处罚之后设立赔付基金，可以发现先行赔付制度本质上还是做出违法主体的自救行为，期望能够得到证监会的从轻处罚以及投资者的再信任。此外，从表5.4可看出，三起先行赔付案例的基金赔付周期平均在3个月内完成，这表明先行赔付制度能够极大程度地缩减受损投资者获得赔偿的等待时间成本。

表5.4　我国证券市场三起先行赔付进展情况分析

	万福生科财务造假案	海联讯财务造假案	欣泰电气欺诈发行案
被立案稽查日	2012年9月15日	2013年3月22日	2016年6月12日
基金设立日期	2013年5月10日	2014年7月18日	2017年6月9日
基金终止日期	2013年7月11日	2014年9月19日	2017年11月9日
赔付周期	2个月	2个月	5个月
行政处罚日期（证监会对企业）	2013年9月24日	2014年11月14日	2016年7月5日

4. 先行赔付的效果评价

由表 5.5 可知，投保基金公司发布的公告表示，三起先行赔付基金在基金存续期间，赔偿的适格投资者总人数数以万计，且超过 98% 以上的适格投资者都得到了赔偿，赔付金额也超过了总金额的 95%，这表明了赔付基金达到了预设效果，受损投资者通过接受赔偿金额也反映出对先行赔付制度的赞同。此外，证监会作的 3 份处罚决定书也提及因为平安证券、海联讯大股东、兴业证券的主动投资行为，表现出他们想要减轻所造成的违法行为危害后果，符合减轻行政处罚的条件，因此对先行赔付责任主体做出从轻处罚的决定，这可看出证监会对三起先行赔付基金能及时给受损投资者进行赔付的赞同。这也表明证券市场的先行赔付制度能激励先行赔付责任主体在发生此类问题时，能主动设立先行赔付基金赔偿受损投资者，以此来获得证监会的从轻处罚，从而降低对其后续业务的影响[①]。

表 5.5　我国证券市场三起先行赔付效果评价分析

	万福生科财务造假案	海联讯财务造假案	欣泰电气欺诈发行案
赔付人数（人）	12756	9823	11727
占适格投资者百分比（%）	95.01	95.70	95.16
补偿金额（元）	178565084	88827698	241981273
占应补偿总金额百分比（%）	99.56	98.81	99.46
人均赔偿（元）	13954	9043	20635
证监会是否从轻处罚	是	是	是

四、我国证券市场先行赔付制度的问题审视

我国证券市场先行赔付制度是从实际案例摸索出来的结果，然而目前运用到的实践案例仅有三起，且新《证券法》的规定还是较为笼统。作为我国证券市场投资者保护的创新机制，还存在一些问题需要去解决。通过上文的梳理分析，可以看出先行赔付制度的问题主要集中于缺乏科学的制度体系、可操作性不强以

---

① 肖宇，黄辉. 证券市场先行赔付：法理辨析与制度构建［J］. 法学，2019（8）：160-172.

及缺乏全方位的监管制度，本节结合对先行赔付制度的理论考察以及实践案例深入剖析目前在证券市场上先行赔付制度还存在的问题。

（一）先行赔付缺乏科学的制度体系

现行的相关先行赔付制度的法律法规不够系统完善①。例如，证监会在《招股说明书》中明确规定了保荐机构作为主要责任主体进行先行赔付，实践中也表明了此制度的优越性，但也出现了保荐机构之外的其他主体进行赔付的案例，由此可见规定的赔偿主体范围较窄，而且该制度的效力较低，还是存在着许多问题。截至目前，新《证券法》在投资者保护专章第九十三条提及先行赔付制度，并明确了赔偿事由、主要的赔偿主体以及事后的责任追偿。从理论上讲，先行赔付制度已经得到了重视，但是较为遗憾的是该法律规定仍然是比较原则性的规定，在实践中发生的三起案例都依赖于责任主体的自行判断，取决于其自律性和自觉性，这都很有可能会出现一些对投资者不公平的现象。因此，仍需出台一套完整详细的操作细则来统筹指导实践案例中的先行赔付制度。此外，上文已分析证券投资者保护基金制度与证券市场先行赔付制度的异同，明确知道两个制度都是以保护投资者为出发原则，为避免两个制度在某些方面重复，造成法律上的一些矛盾，还需思考建立一套专门的投资者保护法，全方位多角度地为保护证券市场投资者进行法律保障。同时，实践中的案例有相似的地方也有不同的地方，需要一些示范性的判例为以后的类似实践案例提供借鉴参考。

（二）先行赔付制度的可操作性不强

1. 先行赔付制度主体不明确

（1）赔付主体范围小。

在新《证券法》第九十三条明确列举了先行赔付主体为发行人的控股股东、实际控制人以及相关的证券公司三类主体，这种列举方式虽然扩大了先行责任主体的范围，使这些责任主体都有法定的义务去先行设立先行赔付资金，但是列举范围并没有具体包括证券市场中所有可能的责任主体，如相关的证券市场中介服务机构，而且这种方式除了可能漏掉连带责任人，也会因为没有明确规定顺序，多个责任主体之间相互推脱，这都不利于保护投资者的合法权益使受损利益尽快得到赔偿。此外，《招股说明书》中强制保荐机构履行先行赔付义务有悖于法

---

① 虞琦楠. 证券市场先行赔付制度的法律逻辑和制度完善——以投资者保护为视角［J］. 海南金融，2018（7）：55 - 61.

理。一方面，先行赔付协议是基于双方自愿进行签订的，保荐机构作为连带责任人，承担的是连带责任，一旦将其规定为强制性赔付，保荐机构就变成了第一赔偿主体，会导致其他责任人可以免责且获取利益而进行虚假陈述。另一方面，保荐机构为了转嫁风险，实践中已出现保荐机构要求与拟上市公司签订"先行赔付五方协议"，其中条款列明假如保荐机构确实完成了尽职调查，然而发行人申请上市的相关文件信息依然出现虚假记录等，即使保荐机构在招股说明书扉页做出了先行赔付的承诺，但仍然由拟上市公司及其关联方承担实际上的先行赔付责任。由此可见，将保荐机构列为第一责任主体，依旧没有办法强制其进行勤勉尽责的义务。先行赔付制度的责任主体需要予以明确，责任划分清楚，才能确保先行赔付资金及时到位，以便及时对被侵权的投资者进行赔付。

（2）受偿主体不明确。

新《证券法》明确指出了要为受损的投资者进行赔付，但是受损的投资者并没有进行一个明确的法律界定，且在实践案例中的受损投资者确定为个人投资者，这都引起了广泛的讨论。一方面，争议在于证券市场的先行赔付对象是否应该区分个人投资者和机构投资者。部分学者认为机构投资者虽然也是证券市场的重要组成主体，但是相比个人投资者，无论是具备专业的知识还是承受风险的能力都处于优势地位，先行赔付制度旨在为弱势群体的中小投资者提供保护。也有学者认为机构投资者对证券市场的发展起着举足轻重的作用，而且虚假陈述等证券违法行为不属于正常的市场交易风险，因此不适用证券市场风险自担的原则，所以认为只要是投资者就属于赔付对象。另一方面，争议在于适格投资者的标准如何确定。在三个案例中，先行赔付是根据投资者买卖证券的时间划分符合先行赔付标准的投资者，其选取的关键时间节点为证券违法违规行为的实施日、披露日以及更正日等，然而由于证券市场是持续运转高速流动，几乎不会有一刻时间停止交易，那就不可避免存在可能投资者确实是因为证券市场的违法违规行为遭到了损失，只是因为某些意外因素，没有在这些时间节点进行交易，先行赔偿责任主体以此为理由不给这些受损投资者进行赔付，显而易见对于这部分的受损投资者有失公平之义。在欣泰电气案中，部分受损的投资者就是基于此原因将其赔偿责任主体起诉至法院要求赔偿。

2. 先行赔付的基金来源单一

先行赔付基金设立的基础就是稳定而持续性的资金来源，然而新《证券法》并没有对赔付资金的来源进行明确规定，实践中的三起案例都是由保荐机构和大股东进行出资设立的，投保基金公司通过"线上＋线下"的做法给受损投资者进行赔付，上市公司本身或其他的证券中介服务机构并无出资。这种做法有一定的依据，但是不具有可持续性，毕竟某些先行赔付责任主体不一定有能力或者心甘情愿去率先成立赔付基金，而且先行赔付的金额往往动辄上亿元，这无论是大股东还是实际控制人都很难直接承担这种大笔的资金，相较而言保荐机构的资产充足，利用自身的资金等能及时给受损投资者进行赔付，从而得到投资者和证监会的谅解来挽回自身名誉。但与此同时，面临数亿的赔偿资金，依旧在很大程度上会导致保荐机构资金断链面临破产，且不是所有的保荐机构都具备巨额的现金储备，一些保荐机构可能没有这样的赔付能力，那么先行赔付基金就会产生巨大的空缺，先行赔付制度也会沦为一纸空谈，不能发挥其及时赔付投资者稳定市场的应有作用。

3. 先行赔付计算标准不统一

赔偿金额的计算是先行赔付制度的实质问题，直接影响着先行赔付制度能否成功。现有的三个实践案例中对先行赔付金额的计算标准都是参考《若干规定》进行制定，分为两种计算方式，主要差别在于欣泰电气的先行赔付计算标准，它对二级市场的受损投资者排除了证券市场风险因素造成的损失。目前，两种先行赔付金额的计算标准是由赔付主体独自确定，受损的投资者不能发表自己的意见，那么先行赔付的责任主体会从自身利益出发选择更有利于自己的赔付计算标准。以欣泰电气案为例，其保荐机构兴业证券认为从 2015 年起，由于股市本身存在的风险出现波动，能明显看出欣泰电气的股票走势与整体的股市走势基本一样，因此他们认为投资者的资金大量受损的部分原因就是来自市场上的系统性风险，不完全归咎于欺诈发行，进而提出需要扣除这部分的风险损失，引起证券市场投资者的争议。与此同时，如果先行赔付的主体遵从充分赔偿的原则，选择超过原本补偿受损投资者的计算标准，可能会出现受损投资者获得的赔付金额远超其直接损害，这也会带来两方面的不利后果。一方面，当赔付金额超过损害应付金额，可以看成是先行赔付责任主体为了能够使先行赔付协议顺利签订而给予受损投资者的额外补偿，但在赔付责任主体后续追偿时，超额的部分无主体愿意承担，可能因此会使得先行赔付的失败。另一方面，受损的投资者可以获得额外的收益，会滋生相应的道德风险，影响整个正常的证券市场交易秩序。

4. 先行赔付追偿权难以落实

先行赔付制度的核心关键点之一就是"后追"问题，在赔付责任主体进行"先赔"之后，根据相关连带责任主体的大小提出追偿。这在消费者权益保护、社会保险等领域都是进行了这样的规定，证券领域的先行赔付制度当然也不例外，新《证券法》明确赋予了先行赔付责任主体有追偿的权利，但是在实践案例中，只有平安证券与万福生科达成协议后成功追偿赔付金额的60%，而海联讯案件是由大股东进行先行赔付，实际追偿情况不得而知，在欣泰电气案件中，兴业证券更是未与实际控制人、中介服务机构等连带责任人就责任划分达成一致，无奈之下将相关的连带责任主体告上法院，请求他们支付自己多付而他们应付的赔偿金额，截至目前，案件依旧没有结束，还需等待最终的审判结果，这虽然被业内专业人士认为起到标杆作用，但从侧面也反映出先行赔付追偿制度的缺失，先行赔付责任主体追偿路途艰难。在先行赔付之后，一旦赔付主体所承担的先行赔付金额远超实际最终确定的赔偿数额，对于这部分的差额追回就是先行赔付制度亟须解决的问题。第一，先行赔付主体已经和受损投资者达成和解协议，由于协议没有其他无效事由的规定，先行赔付主体不能反悔重新收回差额部分，受损投资者绝对不会同意放弃到手的赔付金额，而且这也不合法合规。第二，其他相关连带责任人很大可能也不愿意承担存在的差额部分，最终导致的结果也只能是由先行赔付主体独自承担。第三，即使相关的连带责任人愿意承担，但是他们往往会因为虚假陈述等丑闻的曝光产生很多负面影响，已经没有能力去清偿债务甚至自身已经面临的是破产的窘况。此时，先行赔付主体的追偿权利就需要得到特别的保护。

（三）先行赔付制度缺乏全方位监管

国外的证券侵权案件中，最终赔付的责任人与制定标准的主体没有直接关系，而我国现有的三个实践案例，先行赔付制度的基金规模、赔付标准、基金管理人等都是由先行赔付主体一方决定，他们既是规则制定者又是责任承担者，在先行赔付制度制定时自然而然地会考虑自身的利益最大化。尽管金融市场倡导自愿协商，但是由于受损投资者的特殊地位，在整个先行赔付过程中要尽可能地公平公正，才是实现投资者保护的根本所在。而且投资者就是自身利益最好的代言人，但是往往实际案例中受损人数太多，人人参与显然是不现实的，但都不参与更是有违常理，毕竟作为受损的投资者却没有参与空间，那就没办法对先行赔付制度的整体运行进行有效监督，对整个赔付方案的公平合理性也就不明确，只能选择接受先行赔付方案或者提起诉讼。而受损的投资者基于各方考量，不愿意把时间和精力浪费在长时间的诉讼上，即使在赔付方案并不确定合理与否的情况下，也会选择接受先行赔付方案。实践中，在先行赔付方案的制定中，只邀请了一些法律和财务专家的参与，没有不同利益群体的实质参与，更没有独立第三方机构全程监督，其赔付方案的公正性就难以保证。同时，一些赔付方案更是设置了放弃后续起诉的条款，在一定程度上紧逼受损投资者放弃诉讼接受不知是否合理的赔偿，而先行赔付制度的设立除保护投资者外，也是想要节省诉讼成本，避免加重投资者的思想负担。此外，基金管理机构也可能在保管基金的过程中作出违法行为，使受损投资者的合法权益得不到保护，投资者在面对地位不平等的管理机构可能投诉无门，会助长管理机构的不法行为不断出现。因此，单方制定的先行赔付制度显然是不公平的，需要建立合理的先行赔付制度监督制度，以真正起到保护投资者的作用，而不是成为相关责任人逃避法律处罚的工具。

五、国外证券市场先行赔付相关制度的考察与启示

虽然国外并没有直接与先行赔付制度完全相同的制度，但是证券市场的立足所在就是保护投资者，所以还是有一些国家出台了相关的投资者保护制度。截至目前，类似制度可借鉴程度最高的国家只有美国、印度和加拿大①，且三个制度之间的差异性较大，而其他国家很少有专门针对证券违法行为给投资者造成损失进行救济的相关制度，当然也有一些国家和地区通过扩展已有的投资者保护或赔偿基金，提供一定的解决方案，但这种做法相对于美国等国家的投资者赔偿基金制度仍是不完整的，在此不做赘述。

（一）国外证券市场先行赔付相关制度的考察

1. 美国公平基金制度

美国的公平基金起源于《萨班斯法案》，在法案中首次规定了基金的作用及来源等问题。该法案是在安然、施乐等上市公司相继被曝巨大财务丑闻，波及美国甚至全球的金融市场，造成证券市场投资者人心惶惶的背景下，不得已出台的，这对以后的美国商业实践产生了巨大的影响，起到了指导性作用②。随后根据实践的需要，不断进行修订，现已给多国出台相应法律提供非常大的参考价

---

① 刘裕辉，沈梁军. 境内外证券市场投资者赔偿补偿机制比较研究［J］. 证券市场导报，2017（8）：13－19.

② 郭雳. 证券执法中的公共补偿——美国公平基金制度的探析与借鉴［J］. 清华法学，2018（6）：59－78.

值：第一，公平基金的适用范围为虚假陈述、欺诈发行等证券违法违规行为；第二，公平基金的管理人是证券交易委员会、听证会及被调查者；第三，公平基金的资金来源是非法所得的没收、民事罚款以及接受的捐赠；第四，公平基金的运行方式是一个案件设立一个基金；第五，公平基金的监管主要以听证会的形式，在规定时间内由管理人提交财务报表；第六，公平基金的赔偿方式为可直接分配、交由法院及法院的指定人分配或交给财政部分配；第七，公平基金接受受损投资者在获得赔偿不足后继续寻求民事救济的赔偿。

2. 印度投资者保护和教育基金制度

印度证券交易委员会[①]参考美国公平基金制度，在2009年正式出台了《印度证券交易委员会投资者保护和教育基金条例》，2014年和2017年分别进行两次修订，其旨在促进投资者的教育和意识，并补偿因公司欺诈、虚假陈述或误导性陈述而给中小投资者、中间人或与证券市场有联系的任何其他人造成的损失。投资者保护和教育基金的初始资金总额为1000万卢比，其中包括经中央政府、州政府或印度证券交易委员会批准的以投资者保护和教育为目的任何机构提供的捐款；从投资者保护和教育基金投资中获得的利息或其他收入；印度证券交易委员会为投资者利益指定的其他金额。印度证券交易委员会认为"受过教育的投资者就是受保护的投资者"，通过投资者保护和教育基金支出的资金将帮助中小投资者得到教育，这将降低印度证券交易委员会的监管成本，这些受过教育的投资者将能够保护自己，而不是依靠印度证券交易委员会来保护自己。此外，这也将增加投资者在证券市场中的参与度，使资金更加深入地流动而且证券市场也更加活跃。

3. 加拿大魁北克省金融服务赔偿基金制度

加拿大的证券市场监管不同于其他国家，它的证券交易所以及证券监管部门都是按照行政区域进行设立的，彼此之间相互独立互不干涉。其中加拿大的魁北克省设立了金融服务赔偿基金制度，用于专门赔偿受到证券违法违规行为侵害的适格投资者。第一，金融服务赔偿基金制度设立的法律基础是《金融产品发行与服务法》。第二，金融服务赔偿基金制度的设立形式是常设模式。第三，金融服务赔偿基金制度的赔偿范围是因受到金融服务企业或者公司合伙人的欺诈、资金被违法挪用等受到证券违法违规行为侵害的适格投资者。第四，金融服务赔偿基金制度的资金来源是由金融服务的企业或法人、公司合伙人的先行垫资、由监管

---

① 印度证券交易委员会是印度的证券监管机构（SEBI）。

机构代位追偿所得资金及孳息等。第五，金融服务赔偿基金制度的监管机构就是魁北克省的监管机构，他们将企业按照风险等级划分，规定其相关出资金额，对基金开设一本独立账本，其财产与监管机构的其他财产相互分离不能混同，日常按照法律规定利用基金进行一定的投资以期得到保值和增值。此外，监管机构在率先利用基金给受损的适格投资者赔付完成后就获得了相应的代为求偿权，在赔偿范围内向真正的责任主体要求赔偿。

（二）国外证券市场先行赔付相关制度的启示

基于比较的视角考虑，三种证券市场先行赔付相关制度都是将该国的证券市场监管机构视为顶层管理者，其他诸如基金的用途、基金的来源、基金的具体管理事项等，都各有自己的特点，几乎没有完全的一致性。但是，从借鉴相关制度的角度来思考，不同的基金制度设计对应不同的国情环境，能够使法律移植本土化，带来更好的经验和借鉴价值。

1. 基金的目的

三种证券市场投资者保护相关基金制度的共同目的都是为了保护权益受到侵害的投资者，但是美国的公平基金主张在给受损投资者赔付以后，留下的没有分配的基金将用于投资者的教育，由第三方投资者教育机构负责，主要目的仍然是赔偿为主，教育为辅。印度的投资者保护和教育基金主张将基金同时用在赔偿与教育之上，两者是并列关系，而且主要目的是引导投资者接受教育，提高对证券市场的投资能力。加拿大魁北克省的金融服务赔偿基金则主张基金的唯一目的就是赔偿受损投资者。由此可见，国外的证券市场投资者赔偿的基金制度都在一定程度上希望能对投资者增加教育支出，以便投资者从自身就得到保护，比事后的追偿也许更有效果。

2. 基金的形式

三种证券市场先行赔付相关制度的形式分为两种，一种是美国公平基金所采取的一个案件设立一个基金，另一种则是印度投资者保护和教育基金和加拿大魁北克省金融服务赔偿基金所采取的长期设立的基金形式。显而易见，这两种方式各有优势，一案一设的形式可以对受损投资者更加有针对性地提出赔付方案，常设基金的形式能够节省成本，进行仿照式赔付。

3. 基金的来源

三种证券市场先行赔付相关制度的资金来源大概分为两种，一种是非法所得的没收和捐赠，另一种是平日征收的资金。美国公平基金资金来源就是第一种，再加上民事罚款、和解金等。比较特别的是，《萨班斯法案》规定只有对违法主体进行非法所得没收和民事罚款同时惩罚时，才将民事罚款纳入公平基金，这显然是有失公平，后面的法律修订更改了这一做法①；印度投资者保护和教育基金的资金来源也是第一种，再加上某些基金超过 7 年无人主张的利息等也归入基金来源。加拿大魁北克省金融服务赔偿基金则是第二种，不包括非法没收所得和民事罚款等，它是对特定的证券市场中介组织按照一定的标准征收资金以及用这些资金投资带来收益。这三种制度的基金来源都是立足于其国家的实践案例，我们国家需要有所取舍的借鉴，如印度对超过 7 年无人主张的利息纳入就不符合我国的国情，因为这在一定程度上丧失了对私有财产的保护权。

4. 基金的管理

三种证券市场先行赔付相关制度的管理人与证券监管机构密切相关，美国公平基金的管理人在不同阶段由不同的主体进行确定，如在诉讼阶段由法院进行指定，在执法阶段由美国证监会指定，管理人可以是证监会的职员、被调查者等；印度投资者保护与教育基金的管理人就是其证券交易委员会的有关部门及职员；加拿大魁北克省的金融服务赔偿基金也是由其证券监管机构管理，值得学习的一点是监管机构的资产与基金的资产独立管理，账簿也是独立保存的，这对监管机构是一种权力的制约，有利于赔偿基金能够专款专用。由此可见，不论何种制度其指定管理人或管理人是需要有一定的公权力，能够使投资者信服，同时也要对管理人的权力进行一定的制约，以防止公权私用。

5. 基金赔偿的效力

现有的实践案例中表明，通常证监会对违法主体所作出的没收违法所得以及民事罚款等都不足受损投资者遭受到的损失，为了弥补这部分损失，美国公平基金以及印度投资者保护与教育基金允许受损投资者在接受基金赔付后，在不够弥补损失时，可以接着寻求民事救济，但是无所谓追偿问题；加拿大魁北克省的金融服务赔偿基金则表明在用赔付基金给受损投资者赔付之后，监管机构在赔偿范围内就取得了对违法主体的代为求偿权利，此时因求偿权取得的资金收入也纳入金融服务赔偿基金范围内。

总而言之，美国的公平基金是通过法院或证监会进行判决，对证券违法主体追缴非法所得以及民事罚款等设立一个基金，然后制定一份给受损投资者的分配计划，进行投资者权益保护的制度②。印度的投资者保护与教育基金是本身政府

① 徐强胜. 论我国证券投资补偿基金制度的构建［J］. 法商研究，2016（1）：1 - 20。

② 焦津洪，高旭. 美国证券欺诈赔偿检诉制度对我国的启示［J］. 法学论坛，2015（3）：154 - 160.

已出资设立基金，在出现虚假陈述等违法行为时给予受损投资者赔偿和教育，对收缴的罚款等纳入基金中，以此来保护投资者的制度。加拿大魁北克省的金融赔偿基金制度则是由平日的证券交易主体按照比例缴纳费用，在出现虚假陈述等证券违法违规行为时，用基金先赔偿投资者，然后证监会在赔付范围内取得代位求偿权收回应有资金放入基金中，以便及时高效地赔付投资者。这三种制度对我国证券市场先行赔付制度所遇到的问题有一定的借鉴学习意义，能够使此制度以更完善的姿态、最大可能地保护投资者权益。

六、我国证券市场先行赔付制度的完善路径

证券市场先行赔付制度能够高效快捷地保护投资者的合法权益，上文已分析目前先行赔付制度还存在的问题，在学习借鉴国外先行赔付相关制度的基础上，揭示我国还需不断完善证券市场先行赔付制度的路径，应构建科学的先行赔付制度体系，从细化先行赔付制度的各方主体、扩大先行赔付制度的基金来源、规范先行赔付制度的基金管理等方面增强先行赔付制度的可操作性，还需注重全程建立先行赔付制度的监管制度，以确保先行赔付制度能发挥其保护投资者的本质作用。

（一）构建科学的先行赔付制度体系

立足于新《证券法》在投资者保护专章中对先行赔付制度的规定，出台更加细化的权威性指导细则，与证券投资者保护基金双轨并行共同保护投资者，与司法诉讼进行有效衔接，通过示范判决进行有效补充。构建多层次全方位的先行赔付制度可以通过四个层面入手。

1. 出台先行赔付制度的权威指导性细则

目前，新《证券法》已经对先行赔付制度做出较为明确的定义，在上位法中得到确认，但是仍需尽快出台证券市场先行赔付制度的权威性指导细则①。一方面，可以在证监会《招股说明书》的基础上明确先行赔付制度的主体范围（包括赔偿责任主体和适格投资者等）、先行赔付制度的基金来源、先行赔付制

---

① 巩海滨，王旭. 证券市场先行赔付制度研究［J］. 财经法学，2018（6）：146－160.

度的运行程序（包括赔付程序和追偿程序）、先行赔付制度的监管等，对于目前存在的诸多问题做出详细明确的规定和细化，出台一个具有实操性的指导细则。另一方面，在制定细则时需要为市场的创新赔偿方式预留一些相应的立法空间，以便于可以跟上证券市场的发展而做出相应的规定调整，还需纳入一些实践案例的创新经验，以便为该细则可以长久地运用提供基础，为以后的实践案例提供清晰的法律保障，做到有法可依、有例可循。

2. 与证券投资者保护基金制度双轨并行

尽快为投资者保护专门立法，将证券投资者保护基金制度与证券先行赔付制度有机结合，实现双轨并行制，做好保护投资者在诉讼途径前的最后一道防线。首先，前文已述两个制度都是以保护投资者为最大目标原则，而且在具体操作上也存在着诸多联系，如先行赔付制度的专项基金管理人是投保基金公司，该公司也是投资者保护基金的管理者。其次，投资者保护基金对于赔付投资者的损失，不包括因为虚假陈述等侵权行为，先行赔付制度则是针对这些侵权行为，两者的有机结合可以提高对投资者保护法的完整性，做到互为补充。最后，证券投资者保护基金出台时间比较早，先行赔付制度在其基础上进行补充修改，辅之相应的配套措施，可以节省重新制定投资者保护法的成本。

3. 实现先行赔付制度与司法诉讼的衔接

先行赔付制度实现的重要一环是先行赔付协议，双方在不违背公平自愿的原则下签订，以确保投资者以此为依据不需要提起诉讼。如果投资者在签订了先行赔付协议之后仍然向法院提出诉讼，就丧失了先行赔付制度的意义，没有办法定纷止争[①]。同时，如果投资者在先行赔付协议签订以后，责任人迟迟不履行自己的义务，仍然会导致先行赔付制度的运行失败。因此，受损投资者在签订先行赔付协议之后，在确保已经获得赔偿时，就丧失了再次提起诉讼的权利，而受损投资者在签订先行赔付协议之后，还未获得赔偿时，可以选择放弃接受先行赔付，重新通过诉讼渠道获得赔偿。总之，先行赔付制度的有效开展，要以受损投资者真正获得赔付为依据，进而和司法诉讼之间做好有效衔接，才能对双方真正实现实质性保护。

4. 通过示范判决补充先行赔付制度规范

先行赔付制度起源于真实案例，是从实践中"摸着石头过河"得出的经验。截至目前我国的三起先行赔付实践案例，都是参考 2003 年《若干规定》中的标

---

① 张子学. 虚假陈述案中民事司法与行政执法的协调衔接［J］. 证券市场导报，2019（4）：68 – 78.

准，但随着 2020 年 3 月新《证券法》的实施，我国正在进行证券市场的注册制改革，证券市场已经发生了翻天覆地的变化，在对以后的类似案件要与时代同步提出新的标准。可以效仿美国公平基金的"一案一设"，对同类型同时期的实践案例选出代表性案例，公示其判决流程，为相似案件的先行赔付制度做出规范引导，这也是延长证券市场先行赔付制度生命力的必然要求。

（二）增强先行赔付制度的可操作性

1. 细化先行赔付制度的各方主体

（1）确定先行赔付制度的责任主体。

一方面，需要扩大先行赔付责任的主体。除新《证券法》提出的发行人的控股股东、实际控制人以及相关的证券公司外，还应该将发行人、会计师事务所、律师事务所等其他相关责任人确定为先行赔付主体。原因如下：第一，将相关的责任主体全部列举出来，有助于督促他们履行勤勉尽责的义务。第二，参与先行赔付并不意味着要承担全部或者部分的责任，毕竟部分责任主体没有能够赔付的能力，但列举多方的相关责任主体有利于明确事后追责所需要明晰的问题。第三，实际案例中利益受损的投资者数以万计，如果权益侵害的投资者人数越来越多，则多名赔付主体能够缓解单个赔付主体的资金压力，增加权益侵害的投资者获得赔偿的可能性赔付比率。第四，相关责任主体为了能够减免证监会的行政处罚积极履行先行赔付义务，为此也能赢得声誉资本，无形中向广大投资人展示了自身的经济实力和对信用信誉的重视，促使证券市场良性竞争，也会得到各方利益最大化的结果。

另一方面，需要厘清先行赔付责任主体的责任。第一，发行人和上市公司有法定披露信息的责任，在他们违反规定而导致中小投资者受到损害时，就算是没有过错也要依法承担赔付责任。在消费者购买商品权利受到侵害时，《消费者保护法》就明确规定了不论是销售者还是生产者是否与侵害消费者权益的行为有直接责任，为保护消费者的权益，他们都有先行赔付的法定义务。同理可得，在证券法领域中发行人和上市公司作为证券金融产品的主要信息发布者，他们的义务履行程度关系着证券能否顺利发行以及广大投资者的合法权益，因此在无过错时也需承担法定赔付责任。第二，在证券发行过程中，发行人或上市公司的控股股东及实际控制人存在过错就应当承担连带责任。这是由于他们虽然名义上不直接参与公司的经营管理，实际上却能够影响公司的走向。需要强制要求他们谨遵诚信义务，不能通过其权势地位损害公司利益。第三，发行人或上市公司的董监高以及证券中介服务机构等违背其义务产生的责任，可以对他们的过错进行合理的推断从而判断其是否承担责任。具体如下：发行人或者上市公司的董事需要以公司利益最大化为目标，在处理公司日常事务时尽到善良管理人的责任；发行人或者上市公司的监事不处理公司日常管理，也不会直接参与证券违法行为，但是负有监督检查公司日常运行的义务；保荐机构更是要对拟上市公司的文件进行检验，确保其真实准确完整，并作为主要沟通渠道联系其他中介机构；会计师事务所需要查阅公司的财务报表等材料，对其中暗含的危险信号进一步调查；律师事务所需要对拟上市公司所涉及的法律问题进行核查。

（2）确定先行赔付制度的合格受偿主体。

先行赔付受偿主体的明确是构建合理可行的先行赔付制度的前提保障。一方面，关于是否将机构投资者也视为赔付对象，笔者认为不能通过先行赔付制度保护机构投资者。原因如下：第一，采用"一刀切"的方式给所有的受损投资者进行保护，也不利于实现先行赔付制度保护弱势群体中小投资者的目的，不利于落实公平原则。第二，个人投资者和机构投资者虽然在证券市场上都同属投资者，但是很明显机构投资者的风险承受能力更强，对拟上市公司披露的信息也能进行更深入的分析，所以将有限的先行赔付制度基金资源分配到急需的个人投资者位置上，有利于将社会资源更加合理地分配。第三，机构投资者在遇到合法权益受到侵害时有能力通过其专业的维权团队，利用法律武器寻求高效的自我救济。因此，先行赔付的受偿主体不能将机构投资者和个人投资者一视同仁，可以学习美国《证券投资者保护法》所设置的除外条款，除去机构投资者，将受偿主体的范围限制为在证券市场中处于弱势群体的个人投资者，以彰显先行赔付基金意图保护中小投资者能够获得足额赔付。机构投资者则可以自行通过其他方式维护自己的权益。另一方面，关于适格投资者的标准确定。实践案例都是基于拟上市公司进行欺诈发行等证券违法违规行为造成投资者遭受巨大损失之间的因果关系认定，依赖于一些重要的时间节点，这种划分在一定程度上不容易受人为因素的影响，能最大限度地保证公平公正。但是赔偿主体从自身的经济利益考虑，希望能尽可能地减少对受损投资者的赔付金额，往往会故意将时间节点设定延迟，从而使受偿主体的范围缩小。所以需要注意对一些关键时间节点的确定，加强专家对整个赔付方案的评估和监督，以防止先行赔付方案变为赔付责任主体的"一人堂"，受损投资者只能被动选择接受方案或者利用传统诉讼手段维护合法权益。

2. 扩大先行赔付制度的基金来源

可持续的充足基金来源是先行赔付制度正常运行的保障，更是充分发挥投资者保护作用的基础。现有的赔付基金来源都来自保荐机构和大股东的出资，可以在现有实际案例的基础上，扩大先行赔付制度的基金来源，以便能真正地保护投资者的权益。

（1）相关责任主体按比例缴纳。

投资者保护基金制度作为投资者保护的一种方式，其主要资金来源是证券公司按营业收入及风险状况不同比例缴纳基金，先行赔付制度的基金可以借鉴其资金来源模式。因为一家企业在上市过程中包含着众多的责任承担主体，比如上市公司及其大股东、保荐机构、证券中介服务机构等，都会或多或少地影响投资者的决策，因此不仅是保荐机构存在"看门人"的职责，也可以规定上市公司及保荐机构作为密切相关的责任主体，必须要为先行赔付制度的基金出资缴纳，上市公司也要从股东、高管等薪资中抽取部分代为缴纳，相关业务的会计师事务所以及律师事务所作为公司上市的辅助机构，也要按照营业收入提取风险准备金，在为上市公司出具报告的同时，将风险准备金缴纳到先行赔付制度的基金中。总之，按照各方主体的责任义务规定相应的比例进行缴纳，能够全方位地保障投资者权益。

（2）吸纳违法所得和罚款。

我国证券市场中对于没收的违法所得和罚款规定全部都要上缴国库，对于这部分资金通过何种途径赔偿给受损投资者没有明确规定，出于对投资者的救济功能考虑，可以借鉴美国公平基金和印度投资者保护教育基金，将证券违法行为的民事罚金纳入基金中，作为扩充先行赔付基金的手段以保护投资者。证监会作为监管部门，可利用行政职能，在出现证券市场违法违规案例后，以最快的速度成立调查小组，及时掌握上市公司的财务真实情况，引导相关的有能力责任主体主动出资率先给受损投资者进行赔付，对没有能力出资的责任主体，可利用已没收的违法所得和罚款作为先行赔付资金给予受损投资者赔偿，再由赔偿基金受托主体对最终责任主体进行追偿，以保障投资者能及时得到资金补偿。

（3）引入保险赔付资金。

保险是一种针对风险管理的高效措施，它可以将风险分在不同的地方化整为散。因此可以学习对铁路旅客伤亡保护的方式，在铁路运输企业赔付后向第三人追偿，找不到第三人时，此部分可以用保险途径解决，以此弥补法律空白造成的铁路运输企业的经济损失。所以在发生证券违法违规行为时，赔付责任主体通过购买保险转移风险，将保险公司所出的理赔金额作为先行赔付的资金给受损投资者进行赔偿，可以极大减轻先行赔付主体因自身流动资金不够带来的负担，也能够确保受损投资者能够得到真正的赔付。目前已有保险公司推出了"招股说明书责任险①",如2018年厦门的人保财险签下招股说明书责任保险第一单。这都可见先行赔付责任主体运用保险工具,将理赔金额作为先行赔付资金的来源渠道,符合先行赔付保护投资者的目的,也能够分担先行赔付责任主体的财务压力,在一定程度上是将保险公司也纳入了潜在先行赔付主体,从而为受损投资者进行权益保护。

3. 优化先行赔付制度的计算标准

以投资者利益保护为出发点,为了保障先行赔付制度的公正可行,需要对先行赔付制度的计算标准不断优化。上文已分析实践中的两种先行赔付制度标准区别在于赔付责任主体是否决定扣除系统性风险,以欣泰电气为例,由于赔付主体的利己性,它们只会在对其有利的条件下提出需要扣减市场风险,而当证券市场的发展势头良好,市场上的整体指数也大幅度提升时,能在一定程度上抵消受损投资者因虚假陈述等证券违法行为带来的损失,此时赔付责任主体就不会要求计算标准扣除系统性风险金,这种赔偿金额的变相减少,对投资者而言就是一种损失,因为本来应该获得的赔偿金额在没有证券市场指数整体上涨的影响下会更多,实际上却是获得的赔偿比实际损失少很多甚至无法获得②。因此,先行赔付制度的计算标准不建议扣除系统风险,就算真的要扣除也要将因股价上涨而抵消受损投资者赔偿金额减少的损失合并计算,不能只单方面考虑扣除股价下跌造成的损失,这样才能最大程度地保护受损投资者的利益。此外,为保证赔付主体的相关利益,以避免其为追求良好声誉选择超过原本补偿受损投资者的计算标准,可以将先行赔付金额预先规定区间,然后在此区间内将市场风险因素对个别股票的影响因素进行对比分析,去掉真正合理的市场风险因素。这样能确保对受损的适格投资者进行合理救济,也能使赔付主体承担其应有的责任,最终起到稳定证券市场的作用。

4. 完善赔付责任主体的追偿权利

完善先行赔付责任主体的追偿权利,有利于让已赔付的责任主体主动自愿率先成立赔付基金,使先行赔付制度不仅起到保护中小投资者的合法权益,也能够对这些责任主体的正当权益提供保障。

---

① 招股说明书责任保险主要是包括在招股说明书中出现的陈述性错误以及纰漏设计。

② 陈贺鸿. 强制退市先行赔付与投资者权益保护研究——以欣泰电气为例 [J]. 财会通讯,2019 (23):67-70.

（1）责任的划分。

目前的三个实践案例的司法判决基本都是以证监会作出的行政处罚书作为内部责任分担比例为依据的，但往往证监会因为考虑的法律依据和证据不一样，出具行政处罚书的标准不一样，而且各相关责任人的工作内容也存在一定程度上的重合交叉，没有一个明确的界定，如保荐机构出具的保荐书就涉及法律和财务的内容，但这不应该由保荐机构为其他的中介服务机构的失职埋单。因此，出于证券市场的自愿协商原则，第一，如果在拟上市之前，相关责任人有约定各自的责任比例，应当遵守约定。第二，如果在拟上市之前没有约定，事后协商责任比例，需参考证监会的行政处罚书，按照责任大小和过错程度进行承担。第三，从三个实践案例来看，主要涉及的还是财务信息造假的问题，对拟上市公司的经营状况以及所获利润等做出虚假陈述，会计师事务所的责任是毋庸置疑的，但是保荐机构会因涉及此类信息的审核而需要承担连带责任，因此，中介机构的职责范围应该以专业为限制，需基于专业意见的局限性和互相援引的责任主次关系，对于责任不明晰的保荐机构和中介服务机构，可以根据负责部分的过错程度以及拟上市项目中所收取的费用综合决定。第四，为更好地厘清相关责任人的承担比例，可建立一套经专家讨论、行业认可的尽职调查规范，在相关责任主体尽到勤勉尽责的义务后，以此为依据向其他责任人进行追偿，从而减轻或者免于承担赔偿责任。

（2）金额的偿还。

先行赔付主体的追偿权利，可能会因为上市公司的侵权违法行为遭到行政处罚且失去市场信任而导致破产，使得先行赔付主体的追偿权利从普通债权转换为破产债权，位于清偿次序的尾端，与普通破产债权位于一个同等顺序，这显然对于自愿出资设立先行赔付基金的责任主体不公平，他们会因此承担无力获得应有赔偿的风险。在此情况下，以后实践中的先行赔付主体会以此为由，不愿意主动承担先行赔付金额，对证券的行政处罚也会不断拖延和推脱，最终会使得先行赔付制度无法发挥其真正作用。因此，为了降低先行赔付主体的风险恐惧，以更好地保护受损投资者，综合考虑各种因素，可以将先行赔付追偿所产生债权的受偿次序提前至普通债权之前，放在有担保债权和劳动债权的顺序之后，给定比破产债权相应的优先权利①。即对先行赔付主体所享有的追偿权利，在发行人或者上市公司面临破产重整时，有优先获得其他普通债权之前的清偿权利保障。一方面，相关连带责任人有法定义务需要对受损投资者进行赔偿，不能因其破产免除

① 谢丽媛. 探析先行赔付制度的构建——以《证券法（修订草案）》为探讨背景［J］. 西南金融，2017（7）：55 - 60.

责任。另一方面，先行赔付主体的追偿是立足于受损投资者的权力让渡，应该享受与受损投资者一样的地位，允诺追偿权利的优先。与此同时，这种追偿权利的优先能够极大鼓励相关连带责任人在发生证券违法行为时，积极地加入先行赔付主体对受损投资者进行赔付，从而达到保护投资者合法权益的目的。

（三）建立先行赔付制度的监管制度

建立先行赔付制度的监管制度，既能够使整个先行赔付过程更加具有科学性、民主性、公平性，又能使先行赔付方案为各方满意，需将其内化到先行赔付的过程中，这是保障投资者权益的必然选择。

1. 设立先行赔付咨询委员会

三个实践案例中只有万福生科在先行赔付的过程中聘请了一些法律、财务专家，对赔付过程中出现的疑难问题进行咨询，海联讯和欣泰电气并无此举动。设立先行赔付委员会可以对先行赔付方案的设立提供咨询，专家作为没有利害关系的第三方，在一定程度上能够监督先行赔付主体尽可能地站在公平角度去初步提出先行赔付方案，也能够在先行赔付过程中遇到的重大问题随时讨论给予意见，以保证制度的正常有序开展。先行赔付委员会的专家应该从由全国的法律、财务专家组成的专家库中随机选取，专家的咨询费用由先行赔付主体承担，在一个实践案例结束后，先行赔付咨询委员会也宣告解散，进行一案一设，以确保专家选取的公平公开公正。

2. 多方主体参与网上听证会

要想真正地保障投资者权益，实现实体正义和程序正义的有机结合，需要广泛征求意见，可以学习美国的司法实践，通过召开听证会的方式，听取受损投资者的意见。然而三起实践案例中都没有召开听证会，而是直接由先行赔付主体拟定先行赔付协议，适格投资者签字盖章然后生效，这使先行赔付协议受到投资者对其公正科学的质疑。因此，作为一种必要的能够反映受损投资者诉求的监督方式，需要从听证会的主持方、承办方、参与方以及举办形式等全面考虑。

第一，听证会的主持方不能是先行赔付主体，他们作为过错方主持会出现无限期拖延的情况，因而需要进行回避；也不能是受损投资者，因为人数众多，组织松散，缺乏专业性，临时选出的先行赔付代表也不能保证维护到所有受损投资者的利益，容易受到其他因素的左右影响判断；更不能是证监会，它作为行政主体，要尽量避免行政力量干预基于协商原则的先行赔付过程。因此，只能选择证券业协会作为主持方，因为它既有一定的公权力，也有一定的私权利，能够站在中立角度进行公正主持。第二，听证会的承办方可以选择中证协证券纠纷调解中心，因为它不仅有经验更有能力来承办多方参加的听证会①。第三，听证会的参与方必然需要先行赔付主体以及相关连带责任人的代表及维权律师，还需要随机挑选来自各个行业、各个地方以及不同年龄段的受损投资者，包括机构投资者和个人投资者，个人投资者选择80%、机构投资者选择20%的比例来参与听证会，在赔付主体和受偿主体的人员数量上应大概保持均衡，还需邀请先行赔付咨询委员会以及投保基金公司的代表参与，以做好全程监督。第四，听证会的举办方式可以借助互联网选择网上听证会。因为证券违法行为牵扯面比较广，尤其受损投资者人数众多，且分布于全国各地，如果选取某一个地方进行举办，可能会使一部分参与主体出于时间以及成本考虑放弃参与听证会，而运用互联网可以解决这一难题，但是为了保证网上听证会的举办不会流于形式，也要注意以下两方面：一方面，保证网上听证会的举办能被大众知晓，需要提前20天向社会公告举办时间、平台、参与方等事项；另一方面，要保证网络的稳定，和参与平台进行试调，保证所有的参与方都能够准确听到信息，也能够按照顺序发言。与此同时，更要注意对参与听证会人员的身份信息进行核实，以及旁听人员的言论讨论区不能妨碍正常网上听证会流程。第五，听证会的流程应该是由先行赔付人草拟赔付方案，证券业协会确定时间出公告举办网上听证会，中证协证券纠纷调解中心联系平台做好承接方工作，在听证会上各方提交证据讨论可行性，每一个争论点都以投票表决（个人投资者每人计两票，先行赔付主体计一票），以票高者为依据作出决定，由投保基金公司全程监督。此外，还需注意要将所讨论决定的赔付方案，尤其是赔付金额，需要全程公开录像并制作笔录，在网上听证会结束后，进行结果公示。

3. 确立投保基金公司的监管

整个先行赔付的过程离不开一个独立权威的监管机构，能够掌控所有运行过程中的协调和监管。例如，加拿大魁北克省的监管机构，其资产与设立的赔付基金资产是独立管理的，因此从保护投资者的角度出发，考虑赔付资金对受损投资者的意义重大，可以选择投保基金公司担任监管机构，将其本身资产与基金的资产分别管理，设立独自的账簿。投保基金公司既是独立的第三方，能保证赔付资金的发放及时合规，又是权威的第三方，能够最大可能地避免赔付中的道德隐患。第一，投保基金公司是国务院批准的国有独资公司，有国务院对其的背书保

① 钟俊杰. 关于证券市场先行赔付机制构建的研究［J］. 东莞理工学院学报，2017（4）：25-30.

证以及规范性文件的直接约束力，是拥有官方认可的背景。它效仿美国证券投资者保护公司①的运营方式，不以赚取资金而以保护投资者为目的，在证券市场作为独立中间机构，可以使先行赔付基金高效运作的同时进行监管，能够得到投资者的信赖，有着很强的公信力。第二，投保基金公司专业性很强，不仅拥有相关的专业人才，更拥有在三次实践案例中全程介入参与先行赔付基金的运作，在其中得到丰富的监管及风控经验，有能力对先行赔付过程进行全方位监管。第三，投保基金公司的设立目标就是为保护投资者利益，这与先行赔付制度设立的初衷不谋而合，能够以此为原则进行客观监督。此外，现在讨论的是将投保基金公司设为监管机构，前提是它本身在先行赔付过程中不需要承担赔付义务，否则可能会以先行赔付主体的角度考虑，失去应有的监管意义。

4. 完善证监会的激励性监管

由上文可知，先行赔付的责任主体主要为发行人、大股东、保荐机构等，这些责任主体愿意进行先行赔付的最大动力就来自证监会的从轻从宽的行政处罚，从而降低对其后续业务的影响，这可以看成是先行赔付制度默认的一种激励性监管。在海联讯案例中，其保荐机构平安证券向证监会申辩因为其主动配合证监会的调查取证工作，并主动设立先行赔付基金的行为，请求免除撤销证券从业资格以及证券市场的 5 年禁入措施，但证监会答复，做出的处罚决定书基于《行政处罚法》以及《关于改革完善并严格实施上市公司退市制度的若干意见（2018 修正）》的法律规定，已充分考虑到这些行为。因此可看出，先行赔付制度虽然不能完全消除行政处罚，但可以从轻从宽处罚，且证监会拥有一定的自由裁量权。在新《证券法》加大对违法行为处罚力度的背景下，相信先行赔付制度可适用从轻从宽处罚这一激励性监管将会大大增强先行赔付主体的主动性，但证监会所进行的从轻从宽行政处罚还仍需在实践中探索以便形成相对量化的标准。

七、结论与展望

保护投资者作为金融领域的重要原则之一，先行赔付制度的应运而生弥补了证券市场因虚假陈述等证券违法行为的责任主体给中小投资者造成的权益侵害，

---

① 美国证券投资者保护公司（SIPC）是由联邦授权、非营利性、会员资助的美国公司。

快捷高效地给受损投资者进行赔付，稳定了证券市场的良好运行环境。实践中的三个案例就表明了先行赔付制度保护投资者的优越性，得到了社会各界的广泛关注，新《证券法》就在投资者保护专章中专门提到了先行赔付制度，可见其不仅拥有实践上的可操行，也拥有法律上的保障性。但先行赔付制度作为从其他领域借鉴过来的制度，立法时间太短，实践案例也不多，还存在着许多问题有待解决。

本文立足于证券市场对中小投资者的权益保护，通过对其他领域先行赔付制度的梳理，得到证券市场先行赔付制度的内涵、特点及功能，再利用现有的三个实践案例进行深入分析，得出其在目前发展所存在的问题，借鉴学习国外相关投资者保护制度，最终得出不仅需要构建多层次的先行赔付制度立法体系，还需要从先行赔付制度的各方主体、基金来源、计算标准、追偿权利、监管制度五个方面来明确其具体操作细则，从而落实到每个细节真正以保护投资者为落脚点，在未来此制度也必将成为保护投资者权益的重要机制之一。

目前学者的相关研究都是基于现有的实践案例，针对案例中出现的问题提出对策，但是证券市场变化莫测，现有的理论研究未必能为未来所出现的实际运用提供借鉴，证券市场需要从发展中不断发现问题，进而完善解决，先行赔付制度更是如此，因此还有待于学者们不断从立法和实践中对先行赔付制度进一步补充研究。

参考文献

专著类

［1］［法］皮埃尔，勒鲁．论平等［M］．王允道译．北京：商务印书馆，1988.

［2］洪伟力．证券监管：理论与实践［M］．北京：上海财经大学出版社，2000.

［3］陈洁．证券欺诈侵权损害赔偿研究［M］．北京：北京大学出版社，2002.

［4］李国光，贾维．证券市场虚假陈述民事赔偿制度［M］．北京：法律出

版社，2003.

　　［5］郭锋．虚假陈述证券侵权赔偿［M］．北京：法律出版社，2003.

　　［6］陈洁．证券民事赔偿制度的法律经济分析［M］．北京：中国法制出版社，2004.

　　［7］赵旭东．公司法学［M］．北京：高等教育出版社，2006.

　　［8］张育军．投资者保护法律制度研究［M］．北京：人民法院出版社，2006.

　　［9］张付标．证券投资者适当性研究［M］．北京：上海三联书店出版社，2015.

　　［10］邢会强．证券欺诈规制的实证研究［M］．北京：中国法制出版社，2016.

期刊类

　　［1］陈红．设立我国证券投资者保护基金法律制度的思考［J］．法学，2005（7）.

　　［2］赵树杰，李婧．国家先行赔付基金制度的建立与运用［J］．西南石油大学学报（社会科学版），2011（4）.

　　［3］郝旭光，黄人杰，闫云松．中小投资者权益保护的可行途径选择［J］．中央财经大学学报，2012（1）.

　　［4］蔺汉杰．对创业板新退市制度的思考——基于保护投资者视角［J］．会计之友，2012（26）.

　　［5］乔引花，彭科，游璇．上市公司退市与中小投资者保护——基于长航油运的案例［J］．武汉金融，2014（11）.

　　［6］张东昌．证券市场先行赔付制度的法律构造——以投资者保护基金为中心［J］．证券市场导报，2015（2）.

　　［7］焦津洪，高旭．美国证券欺诈赔偿检诉制度对我国的启示［J］．法学论坛，2015（3）.

　　［8］汤欣，杨祥．虚假陈述损害赔偿的最新实践及法理检视——以万福生科与海联讯补偿方案为例［J］．证券市场导报，2015（3）.

　　［9］黄子波，王旭．证券市场投资者保护新机制探索［J］．证券市场导报，2015（3）.

　　［10］陈洁．证券市场先期赔付制度的引入及适用［J］．法律适用，2015

（8）．

　　［11］徐强胜．论我国证券投资补偿基金制度的构建［J］．法商研究，2016（1）．

　　［12］海州．退市制度建设与投资者保护［J］．证券市场导报，2016（8）．

　　［13］张晓东．IPO保荐机构主动担责与投资者利益保护［J］．中国工业经济，2017（2）．

　　［14］钟俊杰．关于证券市场先行赔付机制构建的研究［J］．东莞理工学院学报，2017（4）．

　　［15］陈洁．证券民事赔偿责任优先原则的实现机制［J］．证券市场导报，2017（6）．

　　［16］谢丽媛．探析先行赔付制度的构建——以《证券法（修订草案）》为探讨背景［J］．西南金融，2017（7）．

　　［17］冯果，段丙华．债券违约处置的法治逻辑［J］．法律适用，2017（7）．

　　［18］杨城．论我国虚假陈述民事责任主体的困境与创新［J］．证券市场导报，2017（7）．

　　［19］段丙华．先行赔付证券投资者的法律逻辑及其制度实现［J］．证券市场导报，2017（8）．

　　［20］刘裕辉，沈梁军．境内外证券市场投资者赔偿补偿机制比较研究［J］．证券市场导报，2017（8）．

　　［21］曹真真，李芊．论先行赔付制度的构建与完善［J］．金融理论与实践，2017（11）．

　　［22］唐士亚．香港证券投资者保护机制发展动向及其经验启示［J］．亚太经济，2018（1）．

　　［23］赵吟．证券市场先行赔付的理论疏解与规则进路［J］．中南大学学报（社会科学版），2018（3）．

　　［24］郭雳．证券执法中的公共补偿——美国公平基金制度的探析与借鉴［J］．清华法学，2018（6）．

　　［25］巩海滨，王旭．证券市场先行赔付制度研究［J］．财经法学，2018（6）．

　　［26］虞琦楠．证券市场先行赔付制度的法律逻辑和制度完善——以投资者保护为视角［J］．海南金融，2018（7）．

［27］袁森英. 证券中小投资者权益保护制度的构建路径［J］. 暨南学报（哲学社会科学版），2018（11）.

［28］张子学. 虚假陈述案中民事司法与行政执法的协调衔接［J］. 证券市场导报，2019（4）.

［29］肖宇，黄辉. 证券市场先行赔付：法理辨析与制度构建［J］. 法学，2019（8）.

［30］陈贺鸿. 强制退市先行赔付与投资者权益保护研究——以欣泰电气为例［J］. 财会通讯，2019（23）.

学位论文

［1］赵庆玲. 证券投资者赔偿基金法律问题研究［D］. 中国政法大学硕士学位论文，2009.

［2］左瑞雪. 我国证券市场中小投资者权益保护机制研究［D］. 四川省社会科学院硕士学位论文，2013.

［3］刘洪菊. 化解我国证券纠纷的新方式：证券投资者赔偿基金制度［D］. 苏州大学硕士学位论文，2016.

［4］夏林琳. 我国证券市场先行赔付制度的研究［D］. 上海师范大学硕士学位论文，2018.

外文文献

［1］Raghuram G. Rajan, Luigi Zingales：What Do We Know About Capital Structure? Some Evidence from International Data［J］. Journal of Finance，1995（50）：1421 – 1460.

［2］Rafael La Porta, Florencio Lopez de Silanes, Andrei Shleifer, Robert W. Vishny：Legal Determinants of External Finance［J］. Journal of Finance，1997（52）：26 – 27.

［3］Phillip C. Stocken：Credibility of Voluntary Disclosure［J］. The Rand Journal of Economics，2000（31）：359 – 374.

［4］Pistor Katharina. Xu Cheng Gang：Incomplete Law – A Conceptual and Analytical Framework and Its Application to the Evolution of Financial Market Regulation［J］. SSRN Electronic Journal，2002（35）：79.

［5］Joel Sligman. The Transformation of Wall Street：A History of the Securities and Exchange Commission and Modern Corporate Finance ［M］. Aspen Publishers, 2003.

［6］ Scott Green. Manager's Guide to the Sarbanes – Oxley Act: Improving Internal Controls to Prevent Fraud ［M］. Wiley Press, 2004.

［7］ Larry D. Soderquist. Understanding the Securities Laws ［M］. Washington: Publishing House of Law, 2005.

［8］ Don Carrillo. Disgorgement Plans Under the Fair Funds Provision of the Sarbanes – Oxley Act of 2002: Are Creditors and Investors Truly Being Protected? ［J］. Depaul Business & Commercial Law Journal, 2008 (6): 315.

［9］ Verity Winship. Fair Funds and the SEC's Compensation of Injured Investor ［J］. Florida Law Review, 2008 (60): 1114.

［10］ Urska Velikonja. Public Compensation for Private Harm: Evidence from the SEC's Fair Fund Distributions ［J］. Stanford Law Review, 2015 (67): 331.

［11］ Alan R. Palmiter, Examples & Explanations for Securities Regulation ［M］. Aspen Publishers, 2017.

第六章　我国金融申诉专员
制度构建研究

一、问题的提出

在金融创新日新月异、金融经营混业化方兴未艾、金融市场国际化的大背景下，催生出种类繁多的金融产品，广大消费者在接触金融产品时成为"金融消费者"。金融消费的持续增长与金融产品服务的复杂化，使交易过程中金融消费者与金融机构之间的纠纷逐渐增多，传统的纠纷解决方式因存在成本大、周期长等诸多弊端而不能有效解决金融纠纷，如何构建一种新型的纠纷解决制度，切实保护金融消费者权益就显得尤为重要。在此背景下，世界各国都在寻求适合本国国情的金融纠纷解决机制，替代性非诉纠纷解决机制（Alternative Dispute Resolution，ADR）应运而生，其也被称之为多元化纠纷解决机制，包括和解、调解、仲裁等纠纷解决方式。在实践过程中，英国的金融申诉专员制度（Financial Ombudsman Service，FOS）以其特有的独特性与优越性逐渐成为 ADR 制度最为集中的表现，并逐渐发展成为主流。金融申诉专员制度是域外建立金融消费者纠纷的新型解决机制，在解决金融纠纷方面以"调解＋裁决"的处理方式而具有独特的制度优势。而后许多国家根据自身情况都设立了多元化的金融纠纷解决机制，虽与英国的金融申诉专员制度名称不一，但性质却与其相同，均为金融纠纷解决的新型服务机制，如英国的金融督查服务机构，日本的指定纠纷解决机构制度、新加坡的金融业调解中心、中国香港的金融纠纷调解中心、中国台湾的金融消费者评议中心等。这些机构的设立，既凸显了众多国家地区对该领域的充分重视，也揭示了当今时代的变革潮流与方向。

我国目前尚无金融申诉专员（FOS）制度的相关立法和机构设置，基于此，国家和地方在制度与实践层面进行着初步的探索与尝试。在制度层面，2015 年 11 月，《国务院办公厅关于加强金融消费权益保护工作的指导意见》明确要求"建立金融消费纠纷第三方调解、仲裁机制，形成包括自行和解、外部调解、仲裁和诉讼在内的金融消费纠纷的多元化解决机制，及时有效解决金融消费争议"。2015 年 12 月，《中共中央办公厅国务院办公厅印发〈关于完善矛盾纠纷多元化解机制的意见〉的通知》也明确要求"人民银行要牵头组织金融监督管理机构，建立金融消费纠纷非诉第三方解决机制"。在实践层面，中国人民银行、银监会、保监会、证监会都建立了负责各自职责范围内的消费者权益保护机构。设立统一受理案件的金融纠纷办事窗口，在金融学会、研究协会等民间力量的支持下，将不同金融行业的纠纷交由不同机构处理，为了公正、高效地处理好金融消费者的投诉，人民银行本着"稳妥起步、不断完善、先试点后推广"的原则，在上海、广东、陕西、黑龙江等省（市）进行了省（市）级金融消费纠纷调解组织建设试点，各试点地区结合当地实际，探索不同模式的金融消费纠纷非诉第三方调解组织构建途径，分别设立的上海市金融消费纠纷调解中心和陕西金融消费纠纷调解中心；2017 年 12 月 1 日，在中国人民银行金融消费权益保护局的指导与支持下，上海市金融消费纠纷调解中心开发建设的"中国金融消费纠纷调解网"开通试运行，多地进行试点是对我国构建金融申诉专员制度从分业型到统合型作出的有益尝试。

目前金融申诉专员制度在我国尚未建立，国内学者对金融消费纠纷解决研究不够丰富，且主要停留在金融消费者保护层面，专门针对金融申诉专员制度的研究为数不多，没有形成系统的研究框架。鉴于此，本文旨在界定金融申诉专员基本理论的基础上，对我国引入金融申诉专员制度试点的初步探索与现存困境进行分析，在借鉴域外金融申诉专员制度优秀发展经验的同时，探索出一套适合我国国情的金融申诉专员制度。

二、金融申诉专员制度的一般考察

（一）金融申诉专员制度的基本范畴

1. 概念界定

金融申诉专员制度（FOS）是不同于传统解纷制度的新型纠纷解决制度，主要是通过成立专门的金融纠纷解决机构，或聘请兼具金融与法律知识的金融申诉专业人员处理纠纷。该制度自 20 世纪 90 年代开始出现并快速发展，域外各国各地区的同类机制名称各异，有些并不叫 Ombudsman（申诉专员），但性质均为第三方非诉纠纷解决机制。金融申诉专员制度不仅具有传统纠纷解决机制所无法替代的功能优势，还对其进行了多方面的有益补充。

2. 发展历史

18 世纪初期瑞典最先产生"Ombudsman"，起初是为处理民众对政府机关申诉而设立的一种行政督查机构，之后迅速发展并由公共领域逐渐扩展至私法领域，特别是金融服务领域，演变成处理金融领域纠纷的金融申诉专员制度，并在英国发展壮大。20 世纪 70 年代时，英国金融混业不断发展，随之出现金融产品信息不对称以及监管交叉与空白等问题，这使得金融消费者在购买金融产品的过程中与金融机构矛盾不断升级，金融业便设立专门组织并制定针对性措施以应对金融纠纷，最大程度为金融消费者提供有效保护。英国逐渐设立多个部门专门处理金融机构与金融消费者的争议，通过立法规定金融服务局（Financial Services Agency，FSA）建立独立的金融纠纷解决制度，对金融市场进行统一监管，FSA 便整合原有的全部金融业督查组织而成立金融申诉专员机构，为消费者提供了专业的路径选择。这既是英国金融统合法体系的重要组成部分，也是各国参考的典范，而后许多国家根据本国国情也都设立了第三方金融纠纷解决机构，各国独立第三方金融纠纷解决机构的设立在实践中发挥了巨大作用，使得金融申诉专员制度成为世界范围内金融消费纠纷解决机制发展的新典范。

3. 主要特征

（1）纠纷解决的专业性。

在金融混业发展背景下，金融机构提供的金融产品及衍生品种类繁杂，随之在交易过程中产生的金融纠纷会存在经济与法律问题交织的状况而具有较强的专业性，故需要成立专业机构处理纠纷。区别于诉讼和仲裁等受理多个领域的传统纠纷解决机制，金融申诉专员制度仅是金融行业的非诉纠纷解决机制，所属机构处理纠纷的范围仅限于金融领域，且该机构解纷人员是兼备法律和金融知识的专业人员，在各方面均克服了传统纠纷解决人员不专业性的弊端。

（2）机构设置的独立性。

金融申诉专员机构往往居于中立地位，机构内部设立董事会、理事会、监事会等负责日常管理，充分实现了人、财、物的自主管理及运作，调解人员也是从社会招聘的，报酬自行确定，金融行政监管部门对其进行主管，但也只对机构的业务进行方向上的指导，并不干预具体个案处理以及内部管理工作。金融申诉专员制度作为一种外部的纠纷解决机制，以独立第三方为原则贯穿始终，排除其他机构的不必要干扰，能够公平解决纠纷并保证纠纷调解的公正性。

（3）制度设计的倾斜性。

金融申诉专员制度在制度设计方面充分体现了向金融消费者倾斜的特点。金融申诉专员机构的裁决结果仅对金融机构具有单方约束力，金融消费者具有该结果是否发生效力的决定权，若金融消费者接受裁决结果，则对纠纷双方当事人均产生约束力，金融机构必须接受。若消费者不接受，则该裁决对纠纷双方均无约束力，可再选择其他途径进行解决。此外，对金融消费者免费，由金融机构承担纠纷解决的费用与举证责任，也体现了对于弱势群体的倾斜性保护，维护了金融市场的健康发展。

（4）程序运行的高效性。

金融申诉专员机制的处理方式体现了调解与裁定的合一性，即先调解，后裁决。其并非是单纯的调解机构，调解只是其中的一个程序，促成双方平和地达成一致。与传统金融纠纷处理程序相比，金融申诉专员机制的处理程序更加灵活多变，费用也更为低廉。该机制审理程序高效便捷，对于事实清晰、标的额较小的纠纷免于进入复杂的诉讼程序，通过程序正义保障实体正义，节约了更多的时间和经济成本，极大程度地缓解了司法机关的压力。

总之，金融申诉专员制度所体现的诸多优点，使其成为未来我国金融消费纠纷多元化解体系的重要组成部分。逐步构建符合我国本土国情的金融申诉专员制度，为金融消费双方提供一套更具有针对性的解决机制，使双方能够在更加公平的环境中化解纠纷，对优化营商环境、维护金融市场的稳定具有重要意义。

（二）与其他纠纷解决制度的比较

1. 与调解的比较

第一，在适用范围方面。调解制度几乎适用所有领域，其涵盖范围极其广泛，而金融申诉专员制度仅限于金融领域内，主要处理金融机构与金融消费者之间的产品服务纠纷。第二，在运作主体方面。调解制度的纠纷处理主体多而广，既可以是调解委员会、仲裁机构、法院等，还可以是其他第三方主体，但金融申诉专员机制的运作主体仅限于金融申诉专员机构。第三，在裁决效力方面。人民调解的调解结果对纠纷双方当事人均缺乏强制约束力，且执行难度较大，当事人权利义务并不能较好得到法律层面的保护，司法调解虽由公权力主体作出，但也存在诸多弊端，而金融申诉专员机构所做的裁决结果具有强制约束力，金融消费者的权利被赋予立法保障，其具有约束力产生与否的决定权。

2. 与仲裁的比较

近年来，我国在多地区纷纷通过设立金融仲裁院的方式来缓解司法机关处理金融纠纷的压力，但金融仲裁院的建立目前在我国仍处于起步阶段。第一，在启动程序方面。仲裁程序启动的前置条件要求双方当事人提前签订仲裁协议，无协议便无仲裁，但金融申诉专员机构处理方式并不要求金融消费者与金融机构提前签订任何相关协议，随时申请便随时处理。第二，在审理流程方面。仲裁程序较为严格，而金融申诉专员制度的审理程序具有灵活性，是由金融申诉的专业人员通过调解、裁决、评议等多种灵活方式进行纠纷解决的。第三，在裁决结果方面。仲裁处理为一裁终局，裁决结果对纠纷双方必须具有约束力与强制力，裁决结果作出后不能再将此案提交法院审理，而金融申诉专员制度的裁决结果是否发生效力由金融消费者决定，消费者满意则争议解决，若不满意仍可诉诸法院解决。

3. 与诉讼的比较

金融申诉专员制度与诉讼制度同为纠纷解决的处理方式，但两者本身仍存在差异。第一，在处理主体方面。诉讼通过国家司法机关行使审判权对案件进行裁决，而金融申诉专员制度是通过独立第三方机构进行调解和裁决行使权力。第二，在审理程序方面。诉讼双方当事人均有上诉权，其采取两审终审制，而金融申诉专员制度在这一点上存在缺陷，所做裁决不能上诉。第三，在裁决效力方面。诉讼通过行使国家司法权进行审理，而金融申诉专员制度的设计有向金融消费者倾斜的特点，金融消费者对裁决结果是否发生效力具有选择权。

从金融申诉专员制度的概念界定、发展历史、主要特征以及与其他纠纷解决制度比较等方面展开论述，对该制度的基本概况进行了一般考察，为我国构建该制度提供了坚实的理论基础。

三、我国金融申诉专员制度构建的必要性与可行性

（一）我国金融申诉专员制度构建的必要性

1. 提升金融纠纷解决的专业性的需要

随着金融混业的不断发展，金融纠纷中的经济问题与法律问题不断交织，因而

具有较强的复杂性与特殊性，金融消费者并不能完全掌握金融产品的实质内容，这使得金融交易的风险性逐渐增加，矛盾与日俱增。另外，我国纠纷解决机关人员的专业知识水平和案件处理经验与金融业发展速度不相适应，他们面对复杂的案件时无从下手，进而导致案件久拖不决或不能得到公正高效解决，此时便需要极为专业的解纷机构进行处理，且负责处理的人员需要具有一定资质，同时具备金融、会计、法律等专业知识与实践经验，并提供专业的人员配备与处理流程，为了适应金融纠纷解决专业性的需要，独立、统一、专业、高效的金融申诉专员制度亟待建立。

2. 弥补金融纠纷解决机制不足的需要

人们在对金融服务与需求不断增长的同时，为权利而斗争的意识逐渐加强，金融机构与金融消费者之间的纠纷日益增多，我国现有金融纠纷多元化解决机制主要涵盖金融机构内部程序处理、金融行业协会与自律组织外部调解、金融行政监管部门监管、仲裁裁决以及司法诉讼等，但这些纠纷解决方式均存在局限与弊端，例如，金融机构处理可能会因为自身身份的局限性而缺乏公信力，导致处理结果不公正，金融行业协会及自律组织因职能欠缺而并未发挥显著作用，金融行政监管部门存在监管交叉以及监管空白的问题，且并未形成统一的处理体系，仲裁裁决体系不健全，缺乏高效与专业性，部分纠纷诉诸法院会增加法院负担并挤占法院的审判资源，进而引发"诉讼爆炸"等问题。金融申诉专员制度的建立具有针对性，其只处理金融领域的纠纷，是在克服其他纠纷解决机制缺点与不足的基础上进行构建，能够高效便捷地处理金融纠纷，该制度以其自身特有的功能优势而具有不可替代性。

3. 保障金融消费者合法权益的需要

金融消费者比起其他领域的消费者更具有弱势地位，应着重对金融消费者合法权益进行保护。虽然金融机构、金融监管部门等会为金融消费者提供纠纷处理服务，但其工作重点只是如何更好地提供金融消费服务，因而金融消费者保护工作常被忽视，金融消费者往往在价值偏好、利益诉求、实际需要等多方面都有更高的需求，金融申诉专员制度作为新型第三方纠纷解决制度的表现形式，运行效果显著。而对金融消费者进行倾斜性保护是该制度的指导思想且该制度设置的基本框架、处理流程、裁决效力、费用承担、人员配备等一系列制度安排均是在围绕该宗旨而展开的，保障了金融消费者的合法权益，充分提升了金融消费者的维权信心，是维护金融业稳定的迫切需求①。

---

① 岳金禄. 金融申诉专员能够提高消费者信心吗？［J］. 上海金融，2019（3）：66-73.

4. 维护金融市场持续稳定的需要

现阶段金融产品推陈出新，金融市场参与主体逐渐增多，不断增长的金融纠纷一定程度影响了金融业的稳定发展，若纠纷不能得到及时有效的解决，就会使双方矛盾激化，不利于金融业长期稳定发展。金融申诉专员制度能够督促纠纷快速解决，规范行业标准，切实保障金融消费者的利益，满足社会各主体多样化需求的纠纷解决运作体系要求①，提升整个行业的总体服务质量与服务水平，不公开的审理方式能够充分保护双方当事人的隐私权，在纠纷处理方面具有较强的社会公信力，为稳妥防范化解金融纠纷发挥了巨大作用，是释放金融发展活力的必然保障，更是通过全方位化解金融纠纷，实现社会治理解决方式多元化发展，维护社会和谐稳定的重要措施。

（二）我国金融申诉专员制度构建的可行性

1. 域外金融申诉专员制度提供借鉴范本

金融消费者保护日益成为金融改革的重要目标，世界各国均在寻求金融消费纠纷多元纠纷解决机制的建设模式，英国的金融申诉专员制度因极具特色并在纠纷解决和监管运行过程中取得了较好的实践效果而在西欧盛行，处于东亚的日本亦然。从域外金融纠纷实践的不断探索中能够发现，虽然各国法律传统、政治背景、文化体制、社会发展程度等有所不同，但各国在结合本国国情的基础上相继构建的新型金融纠纷第三方解决机制即金融申诉专员制度在本国的实践效果均被充分认可，为金融消费者提供一个经济、高效、专业、权威的纠纷解决机制已成大势所趋，独立的金融申诉专员机制为世界范围的金融纠纷解决树立了典范，在发达国家和发展中国家均取得了良好反响，并具有极强的普世性，这为我国金融申诉专员制度构建提供了有益经验与参考范本，引入该制度能够推动我国金融业走向国际化，落实金融业对外开放的对等原则，充分提升我国的国际竞争力。

2. 金融申诉专员制度诸多价值得到认可

第一，补充价值。传统纠纷解决机制在实践中已难以应对现代型纠纷，处理专业性较强的金融消费纠纷时显得力不从心，造成了实质上的不平等，传统调解向专业性调解转变已成为趋势。金融申诉专员制度克服了传统金融纠纷解决方式的局限，其运用特有的"弱者保护""单方面约束力"加以弥补，极大程度缓解

---

① 王媛. 关于金融消费纠纷领域引入行政调解机制的思考［J］. 金融发展研究，2016（7）：52－56.

了金融监管部门和司法部门的解纷压力，在有效化解纠纷的基础上能够实现纠纷双方主体之间的利益双赢，未来在第三方非诉解决机制中将发挥更大的作用。第二，效率价值。金融申诉专员制度具有费用低、方便快捷的效率优势，效率作为法律的基础性价值之一，应当体现在金融纠纷解决方式之中，传统诉讼机制注重程序正义，具有严格的程序性规定，且处理方式程序多、费用高、时限长等特点，并不能高效地解决纠纷。金融申诉专员机构作为独立第三方解决机构，能够给金融消费纠纷双方当事人提供高效、专业、独立、公正的帮助，具有极强的效率价值。第三，实践价值。该机制克服了传统纠纷解决方式的不足，满足了金融消费领域的特殊性需求，使消费者的各项权利得以实现，充分解决了金融纠纷。

　　3. 我国金融申诉专员机构试点成效显著

　　近年来，我国分别在政策层面和实践层面对金融申诉专员机制进行了探索，全方位保障金融消费者权益。分别在黑龙江、广东、上海、陕西等多地通过建立金融纠纷调解中心和金融调解委员会的方式进行试点并取得成功经验。我国目前为止虽然尚未构建统一的金融申诉专员制度，但在中国人民银行的组织领导下，金融机构、行业协会、金融监管机关与金融申诉专员机构通力合作，整合多种纠纷解决主体，不仅为金融消费者提供了更多的纠纷解决路径，更将司法资源配置进行优化，充分满足了金融纠纷双方当事人的价值选择和司法需求，促进纠纷双方当事人从对抗走向协商，从单一走向多元，在一定程度上缓和了社会矛盾的冲突程度，增强了金融消费者的信心，同时倒逼金融机构在提供金融服务时进行合规化运作，提升服务质量并树立了良好的形象，符合现代监管观念的转变，既实现了两者间的共赢并促成了良性循环，更完善了我国金融纠纷多元解决体系，为我国正式构建完整意义上的金融申诉专员制度提供了丰富的组织基础与实践经验。

　　通过分析金融申诉专员制度在提升金融纠纷解决专业性、弥补现有纠纷解决机制发展不足、保障金融消费者合法权益以及维护金融市场持续稳定方面发挥重要作用，该制度在域外提供可借鉴范本、诸多价值得到认可、我国金融申诉专员机构试点成效显著的前提下，充分论证了我国金融申诉专员制度构建的必要性与可行性。

四、我国引入金融申诉专员机构的初步探索与现实困境

（一）我国引入金融申诉专员机构的初步探索

1. 政策层面

近年来，我国在制度层面对第三方纠纷解决机制进行不断探索，2015 年国务院发布《国务院办公厅关于加强金融消费者权益保护工作的指导意见》，意见明确指出要建立金融消费纠纷独立第三方解决机制，形成涵盖金融机构内部处理、金融行业自律协会外部解决、仲裁和诉讼等途径的金融消费纠纷多元化解决体系，以便高效解决金融消费纠纷。该文件是对我国金融申诉专员试点工作的充分肯定。最高院、人民银行、银保监会于 2019 年 11 月 20 日发布《关于全面推进金融纠纷多元化解机制建设的意见》，详细规定了金融纠纷多元化解机制的处理范围和工作流程，要求金融监管部门，各级法院，金融机构，金融消费者等主体要在分工配合与协调沟通的基础上，将金融纠纷多元化解机制的任务充分落实。此意见是在全面总结近年来我国金融领域纠纷解决的先进经验和创新成果的基础上，对其总结提炼并进行固化推广，借鉴域外良好经验的基础上，结合我国当前发展实际与未来经济发展需要而出台的纲领性文件。随后，中国人民银行于 2019 年 12 月 27 日发布《金融消费者权益保护实施办法》，同时对金融消费者个人信息保护、金融机构内部行为规范、金融行政监督管理机制以及金融消费纠纷解决等作出明确规定。其中第五十三条明确规定：人民银行及其分支机构应牵头构建非诉第三方纠纷解决机制，支持、鼓励、引导相关金融消费者权益保护社会组织积极履行社会职责，将构建专业、高效、便捷的多元化金融消费纠纷解决体系工作不断向前推进。

2. 实践层面

近年来，中国人民银行、中国银保监会、中国证监会等在金融消费纠纷第三方非诉解决机制方面均做出了积极探索，试探性地引入了域外金融申诉专员机构并在我国部分城市进行试点①，随后试点工作在全国广泛开展，且成效显著。第

---

① 岳金禄．金融申诉专员执行机构的聚合模式及其启示——以加拿大银行服务和投资申诉专员为例 [J]．金融发展评论，2018（6）：43－52．

一，中国人民银行方面。2014年起，由中国人民银行指导，在上海、陕西、广东、黑龙江四地分别进行金融消费纠纷非诉第三方调解机制试点，各试点地区以政策为导向，在与当地实际相结合的基础上，探索出不同模式的金融消费纠纷非诉第三方调解机制构建路径。第二，中国银监会方面（当时中国银保监会并未合并）。在中国银监会的指导下，中国银行业协会发布的《关于建立金融纠纷调解机制的若干意见》中明确指出，要在银行业协会下设立金融消费纠纷调解中心，高效便捷地解决金融机构与金融消费者之间的纠纷，随后在北京、上海、重庆等多地设立调解中心，试点工作不断开展并取得丰硕成果，在各行业的积极探索中，试点成效显著。第三，中国保监会方面。中国保监会发布《关于推进保险合同纠纷快速处理机制试点工作的指导意见》，明确保险行业协会承担履行处理保险合同纠纷的职责，签署保险行业协会调解裁决的自律公约，保险业协会采取"调解＋裁决"的方式对纠纷进行处理，该快速处理机制是对金融申诉专员运作机制进行借鉴的大胆尝试，两者具有诸多相似之处。第四，中国证监会方面。在中国证监会的指导下，效仿金融申诉专员处理模式的基础上不断探索金融消费第三方解决机制，例如，在深圳监管局的推动下，由行业协会联合国际仲裁院共同设立证券纠纷调解中心，有效处理证券领域的金融纠纷。

3. 试点成效

近年来，在中国人民银行的指导下，上海、陕西、广东、黑龙江分别引入金融申诉专员机构试点，作为第一批试点单位，四地以政策为导向，探索出两种发展模式，黑龙江和广东在金融消费者权益保护联合会的依托下成立调解机构，上海和陕西采取民办非企业组织形式成立金融消费纠纷调解中心，这均是对我国构建金融申诉专员制度做出的有益尝试，本文将选取上海与广东作为代表性试点进行研究。

（1）上海。

2014年，上海市金融纠纷调解中心正式成立，其作为我国首家金融消费纠纷第三方专业非诉调解组织，为其他地区纠纷解决工作的开展提供了丰富的借鉴经验。第一，实现线上与线下调解方式相融合。开通"中国金融消费纠纷调解网"，与8个省市以及20家调解组织搭建平台，达到解纷高效智能化。第二，引入中立评估机制且成效显著。调解中心于2017年9月引入中立评估制度，针对纠纷事实情况以及解决方案有较大分歧的案件，聘请专家进行专业的中立评估，从法治轨道理性解决纠纷。第三，进行金融知识宣传普及活动。广泛建立金融调解工作站，贯彻践行"枫桥经验"，跨省市逐步建立105个解纷工作站，以便为金融消费者提供咨询调解、金融知识教育普及等服务活动。中心参与"3.15 金融消费者权益日"系列活动，协同法院开展金融诉讼案例法治宣讲活动，定期举办金融消费纠纷调处技能专项培训。第四，加强对外交流。与国内各省市金融纠纷调解中心进行学习交流，与国际专家进行深入探讨，学习世界一流水平的调解经验。从 2014 年底至今成立五年来，该中心共调解案件 3300 余起，调解所涉及的主体包括 60 多家金融机构，涉案金额约为 34 亿元，为上海国际金融中心的建设创造了良好的金融生态环境。

（2）广东。

2014 年，广东省金融消费权益保护联合会正式成立，自成立以来联合会积极开展金融消费纠纷调解以及金融知识普及教育宣传工作，不断进行探索创新，人民银行广州分行在全省 20 个地市推动建立了金融消费调解委员会或金融纠纷调解中心，实现了全省覆盖，使金融纠纷能够就近解决，创新建立金融纠纷非诉化解广东模式，已调解 1140 起包括理财纠纷、银行卡盗刷等类型的案件，调解成功率达 85%，涉案金额超过 11 亿元。通过建立线上线下合作平台与小额纠纷快速解决机制，稳定了营商环境，同时建立了粤港澳大湾区金融纠纷调解机构合作机制，实现了三地调解资源的共享共用，提升了区域金融纠纷非诉化解能力，开展创建广州"金融安全示范区"的试点，打造具有知识普及、风险监测、纠纷调解等功能全面的金融安全示范区。人民银行与调解中心在广州、珠海、佛山等多地联合举办金融纠纷多元化解决机制培训，通过对典型案例分析、风险问题探讨、大数据专题报告、调解员工作心得等对相关部门负责人及工作人员进行培训指导。此外，联合会还带领会员在省内 1600 多所中小学以及 900 多个社区开展金融知识宣传教育，受益群众达 100 多万人。广东省位于改革开放发展的前沿之地，金融体量相对较大，若隐形潜在的金融风险不能从源头得到化解，则会对区域金融稳定造成影响，通过第三方非诉纠纷调解，使营商环境达到了充分优化与完善。

4. 实证分析

由于"银行代理销售基金案"是陕西金融消费纠纷调解中心处理金融消费纠纷过程中首件利用评议机制调解成功的典型案例，具有极强的代表性，同时该调解中心实践经验丰富，且发展成效显著，所以通过该案例的引入，对陕西金融纠纷调解中心运行实况进行分析研究，能够在理论与实际相结合的基础上，充分论证金融申诉专员机构在纠纷解决中的重要作用。

（1）银行代理销售基金案。

王先生在某银行咸阳分行开卡之后多次购买理财产品，某日在该行客户经理的推荐下购买了一只基金。但之后由于市场环境变化，此基金亏损至51.02%。王先生陷入金融纠纷中，于是他多次前往银行要求其承担基金亏损所带来的损失，包括购买基金本金的利息亏损以及精神损失费等医疗费用。陕西金融纠纷调解中心组织专业人员对此案进行了受理，但结合本案实际情况，金融纠纷双方当事人对赔偿金额的数额大小并未达成一致意见，运用调解方式解纷不可行，于是调解中心决定借鉴域外第三方调解机构"早期中立评估"的做法，调解员在充分采纳双方证据的情况下，对案情进行梳理、讨论、分析后作出评估，最终调解中心处理结果是该银行赔偿王先生购买基金7.6万元所致损失的70%，其他主张不予支持。分析该案可以得出，调解中心在处理金融纠纷时，往往会遇到双方当事人诉求不一致，调解后意见不统一的状况，本案中调解中心尝试性全面借鉴了以英国FOS为代表的金融申诉专员制度，通过进行早期中立评估，降低了纠纷双方的解纷成本，提供了便捷、专业、高效的解纷方式，充分发挥了指导作用，这也是调解中心处理纠纷过程中首件利用评议机制调解成功的案例。

（2）陕西金融消费纠纷调解中心运行实况。

2015年，陕西金融消费纠纷调解中心在西安正式成立，2019年全年调解中心共受理金融纠纷案件165件，现场+电话调解99件，咨询66件，调解成功68件，成功率为71.8%，取得了较好的实践效果。第一，在核心理念方面。充分贯彻以"和"为贵、定纷止争的核心理念，积极发挥中立、专业、独立的特色优势，不断提高自身的解纷水平，进行调解与评议时以公平、公正、公开，合理、保密为原则，保护纠纷双方的合法权益。第二，在业务范围方面。主要涵盖为金融纠纷提供一站式服务，并对金融消费者进行金融知识教育、宣传、咨询、培训、交流与研究、指导金融消费者依法维权等。第三，在机构管理方面。该中心由三家单位牵头建立，并由多领域的90多家成员机构积极加入，该中心通过内设理事会与监事会等机构，最大程度地实现人、财、物之间的自主管理协调与运作，且独立第三方原则贯穿始终。第四，在人员构成方面。调解中心的专职人员是由遴选以及聘任所产生的，该中心目前拥有93名调解员，分别来自高校、科研院所、律师事务所、监管机构、司法部门以及银行、证券、保险等领域的兼具金融与法律知识的资深专家，之所以对调解员资质进行严格要求是因为在保持独立性与客观性的同时，专业性也举足轻重。机构还聘请了数名兼职评议员，主要对调解不成功的纠纷案件作出中立评议，两者职能作用并不重叠。第五，在处理流程方面。金融消费者遇到金融纠纷后，向金融纠纷调解中心寻求帮助，调解中心先移交给金融机构内部处理，若消费者接受金融机构的处理结果，则争议解决。若不接受，则由调解中心进行调解，金融消费者如拒绝接受评议意见则可寻求诉讼及其他方式维权，接受评议意见则评议成功可向法院申请司法确认。陕西法院在西安、榆林、咸阳等省内金融商事案件数量较多的法院探索试点金融纠纷示范诉讼模式，与人民银行西安分行、十多家国有及股份制银行相继建立了诉调对接工作机制。2019 年 1 月，陕西省金融纠纷调解中心成立西部地区首个金调委——陕西省金融消费纠纷人民调解委员会，其将事前金融教育和事后金融纠纷化解相结合，还积极拓展法律援助领域，维护了金融纠纷双方当事人的合法权益并获得其高度认可，成为多种解纷方式的桥梁，极大程度满足了金融业日益增长的纠纷解决需求，推动了陕西省金融消费纠纷非诉解决机制的建设进程，优化了金融生态环境并促进了经济稳定及社会和谐发展。

通过对金融申诉专员机构在我国试点的政策层面与理论层面进行分析，引入具体发展案例，其实施取得的成效充分体现了金融申诉专员机构在我国金融纠纷解决体系中发挥的重要作用，需要逐步解决试点在运行过程面临的问题以促进金融申诉专员制度的构建以及金融消费纠纷多元化解机制的不断发展与完善。

（二）我国引入金融申诉专员机构的现实困境

1. 尚未制定金融申诉专员的相关立法

金融申诉专员机制属于金融领域非诉纠纷第三方解决机制，但我国目前并没有金融申诉专员的相关立法，尚未用立法的方式确立金融申诉专员机构的合法地位。2019 年 12 月，央行发布的《金融消费者权益保护实施办法》，分别从金融消费者个人信息保护、金融机构内部规范化管理、金融行政监督管理机制以及金融消费纠纷化解等方面做了针对性规定，但还存在诸多不足，也并没有对金融申诉专员制度进行统一立法。第一，在机构设置方面。虽然该办法第五十三条明确指出应由中国人民银行及其分支机构指导建立金融纠纷非诉第三方解决机制，鼓励、支持、引导其依法履行职责，但规定过于宽泛，仅提到建立金融纠纷非诉第三方解决机制，并没有明确提出金融申诉专员的概念，也没有对该机制的运作流程和具体内容予以详细规定，金融申诉专员制度构建更无从谈起。第二，在处理程序方面。该办法明确发生纠纷后首先向金融机构投诉，处理失败则可向人民银行投诉，由此可见金融消费者维权仍然依靠金融机构自我纠错以及央行监管威慑，从程序上看并没有在立法方面设置由金融申诉专员机构进行处理的纠纷解决机制。第三，在行政监管方面。该办法第五十条规定中国人民银行与金融监管部门加强信息共享与沟通合作，构建金融消费者权益保护协调机制，法律规定较为模糊，此处规范仍需进一步细化，以防止金融监管部门的职责重叠，避免实践中产生金融消费争议处理矛盾。当前我国采用"一行两会"的齐头并管模式，该种模式会导致我国对金融申诉专员机构管理出现各种疏忽与漏洞。第四，在金融消费者信息保护方面。该办法第二十九条将个人信息保护进行了确认，规定了消费者有获取金融产品和服务的权利，但获取信息的方法、途径并未作出详细说明，缺乏强制性要求，还有待进一步规定，金融申诉专员机构应该承担对金融消费者进行宣传教育和知识普及的职责。故我国应通过制定立法明确金融申诉专员制度的法律地位，同时对该制度各方面予以规定，确立其在金融消费纠纷处理中的合法地位。

2. 缺乏全国统一的金融申诉专员机构

目前，上海、江苏、山东、广东、陕西、黑龙江等多省市设立金融申诉专员的机构试点，表现形式为设立金融消费纠纷调解中心或金融消费者权益保护联合会等，且运行成效显著。但目前金融申诉专员机构仅在金融领域各行业设立，尚未建立全国统一的金融申诉专员机构，各行业在不同地区设立的金融申诉专员机构在处理流程、运行方式等方面也并没有统一的执行标准，跨地区金融纠纷的解决便会遇到阻碍，这对构建我国金融申诉专员制度也会造成消极影响，不利于促进金融消费纠纷多元化解决机制体系的形成与发展完善。域外诸如日本、新加坡、我国台湾与香港地区已有系统化的金融消费非诉第三方纠纷解决运行体系，其发展较为成熟，但我国是东亚地区引入该机构试点较晚的地区，现阶段机构运行并不完善，仍在探索中不断前进，故只能从现有的金融申诉专员机构试点出发，深入研究实践运行中存在的不足并对存在的问题进行解决，在各行业金融申诉专员机构发展初步成熟时，在充分借鉴域外优秀经验并结合我国国情的基础上，统合建立全国性金融申诉专员机构，对机构设置进行统一，这也是构建我国金融申诉专员制度体系的必要前提与重要环节，统一建立机构后便可完善金融消费纠纷非诉解决机制，以非对抗的纠纷处理方式为消费者提供一套相较于传统争议处理机制更具明显优势的金融申诉专员制度。

3. 金融申诉专员机构的职能亟待加强

金融申诉专员机构在金融消费纠纷解决过程中承担着诸多职能，除处理金融纠纷外，还应承担为金融消费者提供保障其各项合法权益的职能，但目前并未被充分落实。如何落实好金融消费者享有的诸多权利，成为金融消费保护的一大拷问。我国现阶段对金融消费者的权利保护处于不完善的模糊状态，金融消费者诸多权利尚未得到保障。首先，金融消费者的知情权并未充分实现。消费者会受到文化程度的影响，对金融产品的了解程度存在局限，但金融产品却往往是无形的，金融机构仅通过书面或口头告知的方式对消费者提供金融产品的描述性信息，消费者在此基础上作出是否购买的判断。其次，金融消费者的受教育权并未充分落实。当前金融申诉专员机构对金融消费者的教育不够普及，形式不够多样，内容不够贴合群众，且金融知识教育仅通过部分社会性手段加以宣传，难以满足民众需求，机构网站仅设有金融教育的栏目宣传且并不显眼，作用极其有限。在经济发展的驱动下，金融消费者的受教育权不会受到全面重视，对金融消费者进行宣传教育只能靠机构团体的自觉实现。最后，金融消费者依法救济权并未有效实施。金融消费者在遇到金融纠纷时，由于自身专业水平与认识能力不足，对投诉方式与投诉渠道了解甚少，甚至出现无法投诉和投诉无门的窘境，遇到纠纷时无法正确选择救济的渠道来维护自身的合法权益，解纷机构的处理结果并不能使消费者满意，金融申诉专员机构就应该充分发挥金融纠纷解决与金融消费者权益保护职能，使得金融消费者救济权得到充分实现。

4. 金融申诉专员机构的监管不够完善

（1）缺乏对金融申诉专员机构的统筹协调。

我国目前尚未建立统一的金融消费者保护机构对金融申诉专员机构进行统筹协调，仅有中国人民银行、银保监会、证监会等金融监管机关根据各自监管范围不同而建立的金融消费者权益保护机构，由于各保护机构是纵向分割的行业监管模式，使得权利较为分散，机构之间处理程序不顺畅不协调，监管与保护效率极为低下，故应对当前金融分业监管格局下内设保护机构的做法进行改变，设立统一的金融消费者保护机构监管金融申诉专员机构①。但过于激进的体制机制改革会不同程度地影响金融系统的稳定发展，所以应该循序渐进，目前可过渡的途径是由国务院金融稳定发展委员会来承接此项工作，具有较强的可行性。国务院金稳委于 2020 年 1 月 14 日发布《国务院金融稳定发展委员会办公室关于建立地方协调机制的意见》，明确要建立金融委办公室地方协调机制，该机制将在不改变中央与地方事权安排以及各部门职责划分的基础上进行指导和协调，贯彻落实中央政策并完善金融消费者权益保护工作。2020 年 3 月以来，具体规定分别在广东、江苏、上海、陕西落地实施，金融委办公室地方协调机制设在人民银行省级分支机构，从各地区发展实际出发，在实践中不断探索完善，中央和地方两方相互协作，增强金融监管合力，优化营商环境，但目前该协调机制工作并未在全国广泛开展，仍需进一步落实。

---

① 陈涛. 中国大陆金融消费者权益保护机制研究 ［J］. 桂海论丛, 2019（6）: 124－131.

（2）"一行两会"对金融申诉专员机构的监管不完善。

金融申诉专员机构的运作应该受金融行政监管机关的有效监管，但目前还存在监管漏洞。第一，监管交叉与监管空白问题层出不穷。"一行两会"监管机关对本行业内的监管具有针对性，在实践过程中取得了较好的监管效果，金融产品、金融服务在金融领域各行业间进行混业跨界经营，金融监管机关之间随之出现重复监管、壁垒等弊端，引发职责不清、责任推诿问题，现有分业监管模式因不具备协调与统合功能而显得捉襟见肘，金融监管机关在金融申诉专员机构运行过程中并未对其进行强有力的监管保护，如并未定期审查申诉处理工作、未定期核实机构运行的财务状况、未定期调查金融消费者对调解机构的投诉情况。第二，金融监管部门之间沟通不畅。当前中国人民银行、银保监会、证监会等监管机关之间沟通不畅、缺乏衔接，各地及各金融申诉专员机构处理标准并不一致，金融消费者投诉分类标准均不统一，且缺乏较高层次的法律进行规定，调解协议法律效力不高，容易引发缠诉、地方保护主义等问题以致纠纷处理结果不公。这使得金融监管机构较难对全行业数据进行分析、识别并处置全行业共存风险，金融监管机关对金融申诉专员机构监管工作的重视程度相对较低，也使得纠纷解决的实际效果受到一定程度的制约，应该对其进行风险评估及合规性审查监督。

5. 金融申诉专员的衔接机制不够健全

当前我国金融申诉专员的衔接机制与金融申诉专员机制在运行时部分处理程序上会产生交叉，相互影响。但目前由于各衔接机制内部存在诸多弊端，这使得两者之间缺乏衔接性和统合性，会不同程度影响金融申诉专员机制的发展，故完善金融申诉专员的衔接程序将成为促进金融申诉专员机制顺利运行的迫切需要。

（1）金融机构内部处理机制不健全。

金融机构内部处理是金融申诉专员机构处理的前置程序，纠纷发生后先由金融消费者提交金融机构进行内部处理，或由金融申诉专员机构移交金融机构进行处理，但现阶段金融机构内部处理机制发展不健全，该程序的处理结果会不同程度影响金融申诉专员机构的纠纷处理成效。第一，金融机构的双重角色使其公信力不足。当金融机构内部处理金融纠纷时，由于金融机构地位的特殊性，其既是纠纷当事人还是纠纷评判者，两种利益产生冲突，这使得处理结果很难做到公平公正并较难得到金融消费者的普遍认可[1]。第二，金融机构内部处理流程与标准不统一。各金融机构对金融纠纷进行前置处理时程序规定不一，部分机构纠纷处

---

① 于飞. 银行业消费纠纷的多元化解决机制探析［J］. 现代金融, 2019（2）: 45－46.

理时限较长，且确认与告知程序也不够明确，这使得纠纷不能在该程序阶段得到充分化解，与金融申诉专员机构的流程不能较好衔接，进而金融消费者的维权存在障碍。第三，金融机构的纠纷解决职能并未充分发挥。金融机构受到战略地位与经营宗旨影响，纠纷投诉处理部门并不被重视，纠纷调解人员也缺乏专业的调解知识，造成纠纷处理结果缺乏公平性，使得金融机构内部处理机制发展不健全。

（2）金融行业协会处理机制存在缺陷。

行业协会调解是我国目前行业自律组织的主要调解方式，另外早期部分金融申诉专员机构也是在金融行业协会下设立的，但由于金融行业协会的自身性质使得其对金融申诉专员机构指导过程中的弊端逐渐显现。第一，金融行业协会对金融申诉专员机构运行工作指导不力。行业协会的性质为自律性民间组织，并不属于政府管理机关，管辖范围不明确且权威程度不高，使得自治权利难以实现。例如，银行业协会并没有类似的法律法规，各协会官方网站中客户投诉栏目也属于信访的一种，未充分凸显纠纷解决价值，对金融申诉专员机构的运行工作并不能发挥较好的指导作用。第二，金融行业协会的自身职能尚未充分发挥。金融消费者并不是其服务对象，金融纠纷解决并未纳入行业协会的职能范围，这决定了行业协会仅维护金融机构一方利益，并不会为金融消费者的利益而进行"斗争"，纠纷处理则会有失公允，故现阶段金融行业协会处理机制仍存在缺陷。

（3）金融仲裁处理机制不健全。

仲裁是发生于诉讼前的纠纷解决方式，我国金融仲裁处理机制发展并不健全。第一，金融仲裁处理方式周期长且成本高。通过金融仲裁解决金融消费纠纷并不具有高效性，以签订金融仲裁条款为纠纷解决前提的方式使得金融消费者没有选择余地，公信力难以保证[1]。第二，我国金融仲裁机制缺乏高效性与专业性。金融仲裁机制在基本原则上多与一般的商事仲裁机制趋同，金融消费者并不具备较强的举证能力，也没有充分利用和借助金融仲裁机构的力量，在仲裁时可能会承担较高的失败风险。

（4）金融诉讼机制存在缺陷与不足。

金融申诉专员机构的处理结果要在法院进行司法确认，这是金融申诉专员机构解决纠纷的最后一道程序，但司法处理程序还存在不足。第一，金融诉讼程序复杂且缺乏灵活性。诉讼注重实体正义与程序正义的结合，是纠纷解决的最后一

---

① 陈明克．我国证券纠纷调解机制研究［J］．武汉金融，2018（4）：61 – 65.

层屏障①，周期长成本高则会造成时间损耗，不利于快速高效解决纠纷。对于纠纷双方当事人而言，除了要向法院支付诉讼费以外，另需承担高昂的律师费，使其丧失维权信心。第二，现有金融案件司法审判存在痼疾。目前法院内部已设有金融审判庭，但当事人一方必须为金融机构，故金融审判庭受案范围受到限制，法律适用标准不能完全统一，司法解释规则与司法审判标准也不足以应对金融纠纷的解决。第三，缺乏处理金融纠纷的专业审判人员。我国法院工作人员大多只是法学专家，审判水平参差不齐，审判结果难以保证。第四，法院审理不利于纠纷双方的隐私权保护。法院对金融消费纠纷进行公开审理，不利于消费者的隐私权保护，金融机构的名誉会受到损失，从而进一步危害金融秩序与稳定。第五，诉调对接机制并未完全落实。金融申诉专员机构的处理结果需要具有法律约束力，应该与法院进行诉调对接，使金融申诉机构处理结果得到司法确认，增强处理结果的权威性。

由于我国引入金融申诉专员机构试点较晚，加之各方面条件发展不成熟，故该机构试点在运行过程中出现了诸多问题，在一定程度上阻碍了我国金融申诉专员制度的整体构建，但该制度在域外发展极为成熟且成效显著，所以应该对域外金融申诉专员制度进行充分考察，总结出发展的普遍规律并对其优秀经验进行借鉴，在结合我国本土发展国情的基础上，对试点面临的现存问题进行解决，逐步构建我国的金融申诉专员制度。

五、域外金融申诉专员制度的考察与启示

（一）域外金融申诉专员制度的考察

针对传统纠纷解决机制周期长、成本大、效率低等诸多弊端，世界各国都试图构建一套适合本国发展实际的新型金融纠纷解决机制，随着探索步伐的不断加快，现阶段域外已有大约 80% 的国家和地区已结合本国国情与经济发展状况构建了新型金融纠纷解决机制，虽与英国金融申诉专员制度名称不同，但性质均为独立第三方金融消费纠纷非诉解决机制，以其特有的高效、专业、便捷等优势，

① 刘思芹，陈威. 金融消费纠纷多元化解决机制的层次体系［J］. 财会月刊，2018（24）：154－159.

取得了较好的实践效果,被他国所广泛借鉴①。这体现了国际社会对金融纠纷领域的普遍重视,也揭示了世界金融纠纷解决的发展方向。

1. 英国金融申诉专员服务机构

英国金融申诉专员制度发展历史较早,法律地位较高。第一,组织架构方面。英国成立金融监管局(FSA)并由其构建 FOS,FOS 对其负责、受其监督,FSA 还定期检查 FOS 的工作报告并监督其运行,但其不能插手 FOS 对具体案件的处理。FOS 本着合理、快捷、非正式的原则对纠纷进行解决,同时聘请法律、金融、会计等方面的专家作为申诉专员。第二,受理范围方面。金融机构属于金融监管局(FSA)监管,则纠纷按照格式化合同进行规制。第三,处理程序方面。FOS 的解纷程序分为金融机构内部处理和 FOS 机构处理两个阶段。第四,裁决效力方面。若双方当事人满意裁决结果,则产生约束力,若不满意则裁定无效,对双方均无约束力,消费者可另行寻求解决方式或向法院起诉,FOS 也会同 FSA 共同监督裁定执行。第五,运行费用方面。无论纠纷处理结果如何,FOS 的运行费用均由金融机构支付,消费者不支付案件费用,这完全是出于对金融消费者的倾斜性保护。FOS 机构的运行费用包括年费以及案件处理费,年费根据金融企业的规模按年度向所有金融企业征收,因为该机制维护了投资者信心并提升了行业声誉,所以要向其收取费用。

2. 新加坡金融争议调解中心

新加坡也进行了金融申诉专员制度的探索,其运行机构被命名为"新加坡金融争议调解中心(FIDReC)"。第一,处理流程方面。首先,当金融消费者向该机构提出争议处理申请后,本机构先判断这一争议是否是在其受理范围内。其次,如果在受理范围内,则对其进行调解。调解成功便处理结束,消费者不承担费用。调解失败则将争议转到裁定员进行裁决,裁决则会收取象征性的行政费用。第二,人员配备方面。调解中心设立董事会与主席,由最高法院退休法官担任,均具有极强的专业性。据统计,FIDReC 受理的投诉超过九成经过调解和裁决得到解决,且处理时间较短。第三,费用承担方面。在收费上引进了激励相容的费用结构,这是新加坡金融业争议调解的特色之处,若案件通过协商解决,则调解免费。若协商失败则另需进行裁决,金融消费者支付 250 新元,金融机构支付 500 新元,如果裁决结果认为金融消费者做法正确,则调解中心会给金融消费者返现 200 新元,实际消费者仅支付了 50 新元。如果裁决结果认为金融机构做

① 汪道峰. 域外第三方金融消费 ADR 机制借鉴与启示——以英澳加等国为例,中国银行业,2017(12): 106 – 108.

法正确，则调解中心会给金融机构返现 200 新元，充分鼓励协商，既避免了滥诉又保证了公平公正。第四，裁决效力方面。裁决结果具有单方约束力，金融机构无权上诉，消费者不满意则其仍可循诉讼途径解决纠纷。

3. 加拿大服务投资督察机构

加拿大也进行了金融申诉专员制度实践，并将运行机构命名为"加拿大服务投资督察机构（OBSI）"。第一，立法基础方面。加拿大 2001 年通过《金融消费者管理局法》对金融消费者保护的具体内容进行了立法层面的规定，金融消费者管理局（FCAC）也随之成立，专门负责金融监管以及对金融消费纠纷的处理，颇有特色且成效显著。第二，机构性质方面。OBSI 是一个独立提供第三方争议处理的非营利性公司，OBSI 通过对争议进行评估，并在评估的基础上提出解决意见，保证处理结果的可靠性①。OBSI 是非监管机构，其争议受理范围包括除保险行业外的金融行业，第三，处理程序方面。OBSI 根据金融机构的争议处理意见以及申请人提供的材料，对争议进行评估，必要时会对争议展开调查，做出争议处理建议并说明理由。第四，裁决效力方面。双方可以选择拒绝其建议，并选择诉讼或其他途径来解决争议，金融机构若拒绝 OBSI 的处理建议，OBSI 会将其公之于众②。第五，人员构成方面。OBSI 内部设立投资业与银行业两个调查部门，机构的具体领导由董事会任命，申诉专员担任，且必须独立于政府和业界，OBSI 还成立独立董事会进行全面管理，且多数成员来自于社区，机构职员具有丰富的金融与法律知识和专业素养。第六，费用承担方面。按金融机构的规模大小支付运营经费，但金融消费者不用支付任何费用。

4. 日本行业型金融纠纷解决机构

日本行业型金融纠纷非诉解决机制是通过行业组织对金融纠纷进行解决，日本是东亚地区最先引入类似 FOS 纠纷解决制度的国家，并将运行机构命名为"日本行业型金融纠纷解决机构（ADR）"，2008 年通过对《保险业法》《金融商品交易法》等多部法律进行修改，在此基础上于 2009 年通过专门立法建立了行业型 FOS 制度，在整合各行业纠纷解决机构的基础上，逐步过渡到统合型 FOS制度，这为我国金融消费纠纷解决机制的构建提供了丰富的借鉴经验。第一，成立条件方面。遵循"业界申请、政府指定"的模式，若机构资质符合要求，则被政府指定为金融解纷机构。第二，人员配备方面。《金融商品交易法》中规定纠纷解决机构要纳入消费者专家和律师，且纠纷委员是从律师、消费生活咨询员

① 岳金禄. 金融申诉专员机构的财务可持续 [J]. 上海金融, 2018（1）: 81 - 90.
② 刘欣琦. 加拿大申诉专员制度及其启示 [J]. 理论月刊, 2016（3）: 86 - 92.

中选拔产生。第三，费用承担方面。解纷机构的费用来自金融机构所缴纳的会费以及各个案件缴纳的费用，且前者占多数，后者占少数。第四，处理程序方面。分为投诉与纠纷解决两个程序，消费者在金融纠纷产生后可向指定纠纷解决机构申请处理投诉，再通知金融机构及时处理和解决。

5. 韩国金融监督院

韩国在对金融申诉专员制度的实践中不断探索，建立"韩国金融监督院（FSS）"。第一，立法基础方面。韩国于 1999 年成立了 FSS，通过《金融监管机构成立法案》将银行监督管理局、证券监督委员会、保险监督委员会和非银行监督管理局合并成统一的监管机构（FSS）①。第二，受案范围方面。主要对金融机构进行监督、对金融消费者进行教育、对金融消费争议进行处理等。在 FSS 下设金融争议调解委员会（FDMC）。第三，处理程序方面。当 FSS 收到消费者投诉后，将检查和确认相关的争议事实，然后在提交给 FDMC 前，对此争议提出一个初步的解决方案。如果争议双方接受此提议，则争议解决。若不接受，则将争议交给 FDMC 处理并由其提出解决方案，若双方对处理结果表示满意，解决方案对双方都有约束力，FDMC 将发布争议解决证书并保证方案得以实施，如果争议的任何一方拒绝解决方案，则可以寻求法律手段解决。

6. 中国香港金融消费纠纷调解中心

2012 年，中国香港政府设立"香港金融纠纷调解中心（FDRC）"。第一，机构性质方面。FDRC 是一个以"独立、公平、便捷、有效、公开"为理念的非营利性机构，以担保有限公司的形式成立并受金融监管局监督，主要职责是由独立、公平的调解员和仲裁员对金融争议进行调解和仲裁②。第二，处理程序方面。金融消费者在纠纷发生后可以先向 FDRC 查询或投诉，在提交争议申请前必须由依然是前置程序的金融机构先行处理，随后进行调解与仲裁。第三，费用承担方面。香港在费用承担方面与他国不同，其要向金融消费者收费，如果争议申请被受理，那么申请人和金融机构必须缴纳调解费用，否则不予调解，具体分为两个部分：一部分是向金融机构收费，分阶段收取不同的费用；另一部分是向金融消费者收费，但金融消费者的负担成本整体上小于金融机构。第四，人员构成方面。调解人员是由来自金管局、证监会等机构的专业人士组成，对调解中心的

---

① 刘金锋．韩国、台湾地区及江苏地区保险市场 ADR 机制比较研究［J］．金融纵横，2016（12）：86－92.

② 彭瑞骊，沈伟．试论金融纠纷解决机制的优化——借鉴香港金融纠纷解决机制的研究［J］．上海经济研究，2018（12）：81－88.

运作进行监察管理，具有权威性与广泛的代表性。

7. 中国台湾金融消费评议中心

2011 年 6 月通过"金融消费者权益保护法"而成立第三方争议处理机构——台湾金融消费评议中心（FOI）。第一，机构性质方面。FOI 是由中国台湾政府出资设立的财团法人，其已设立基金会并向金融机构收取年费和个案服务费来维持机构的正常运转①。第二，处理程序方面。FOI 的纠纷处理程序分为申诉、调处、评议等三个阶段，金融消费者首先向金融机构进行申诉，这也被作为前置程序，若申诉失败则可向 FOI 提出申请评议。由评议中心先行调解，调解成功则争议解决。如果调解不成功或争议双方有一方不愿意调解，则争议处理进入评议阶段，由评议委员会主任作出评议结果，如果消费者满意处理结果并接受，则争议解决。反之评议不成立，金融消费者可选择诉讼或其他途径解决争议②。第三，人员配备方面。评议中心的人员由董事会遴选具备相关金融与法律经验的学者，报请主管机关核准后予以聘任，内部架构主要分为董事会与监察人、评议委员会、教育宣传管理处等三个主体部分，具有极强的专业性。第四，费用承担方面。机构运行所需费用源于金融机构缴纳年费以及案件单次处理服务费，金融消费者免于承担任何费用，这极大程度减少了金融消费者的经济负担，采取书面审理、FOI 仅向金融机构收取费用，纠纷当事人无须到场的审理方式也提高了解纷效率。

（二）域外金融申诉专员制度的启示

通过对域外金融申诉专员制度的全面考察与分析可以发现，各国对解纷机制的设计既有共性也有个性，这是由于各国的自身发展国情，包括金融市场发展、法律文化以及社会制度的不同所造成的，但对构建我国金融申诉专员制度仍具有较多重要的借鉴经验，应根据我国的实际情况，借鉴域外经验，构建统一的金融申诉专员制度，完善我国金融消费纠纷解决方式。

1. 立法基础具有保障性

域外均建立了较为完善的金融消费者法律保护体系，通过立法确认第三方解纷机构设立的合法性。英国在 2000 年颁布《金融服务与市场法》，确立金融监管局（FSA）为金融市场统一的监管者并由其建立独立的金融纠纷机构，金融申诉专员机构（FOS）应运而生。日本于 2009 年修改《金融商品交易法》时导入行业型纠纷解决制度，对纠纷机构的地位进行确立，并对解纷机制的具体内容加以规定。加

① 唐士亚. 台湾地区金融消费纠纷评议机制研究［J］. 亚太经济，2019（2）：134 – 140.
② 岳金禄. 台湾地区金融消费评议中心的执行机构及其启示［J］. 海南金融，2018（7）：42 – 48.

拿大于 2001 年通过《金融消费者管理局法》对金融消费者保护的具体内容进行了的规定，成立金融消费者管理局（FCAC），负责金融监管以及对金融消费纠纷的处理，该做法保证了金融机构的权威地位，使金融纠纷解决更具有公信力。

2. 路径构建具有阶段性

现阶段域外金融纠纷解决机制大致分为三种模式：第一阶段是行业型模式，在行业内建立纠纷解决机制，待条件逐步成熟再进行过渡，该模式以日本为代表。第二阶段是准统合型模式，正在由分业向统合逐步过渡，该模式以加拿大和我国香港地区为代表。第三阶段是完全统合型模式，该模式以英国为代表，已经彻底实现了从分业到统合的转变。域外对金融纠纷解决机制的实践日趋成熟，且大都呈现出由分业走向统合的趋势。

3. 机构性质具有独立性

第一，具有独立性。域外金融纠纷投诉处理机构为独立第三方，部分机构虽受金融监管机关监管，但监管机关并不直接干预金融纠纷解决机构的具体业务和运作，独立的机构设置更增强了纠纷处理的专业性、高效性、公平性，不会偏袒金融机构，充分保障了金融消费者的合法权益[1]。第二，具有非营利性。解纷机构并不以盈利为目的，着重强调对金融消费者的服务，这使得机构不会受经济利益的驱使，确保了裁决结果的公正性，更多金融消费者便愿意选择通过纠纷解决机构解决金融纠纷，以避免自己的合法权益受到侵害，如英国 FOS 机构是独立性非营利组织，FSA 只对 FOS 的运作进行监管与指导，不能干预 FOS 的内部具体处理程序。

4. 纠纷处理具有程序性

域外金融消费纠纷解决机制运行效果较好的国家均采用"调解 + 裁决"相结合的模式，对案件进行调查之后，先予以调解，再进行裁决，裁决可以让当事人理性主张权利，避免久调不决，提高了解纷效率，据统计，约 70% 以上的纠纷能够在 6 个月内得到解决。金融机构内部处理如果不能解决纠纷，则向金融纠纷处理机构提交进行处理，若消费者接受则争议解决，消费者不接受裁决结果，则可再寻求其他方式解决。例如，英国 FOS 机构对金融消费纠纷的处理分为金融机构内部处理与 FOS 程序两个步骤，香港金融消费纠纷调解中心是在金融纠纷发生后，提交纠纷处理申请前由金融机构先行调解，调解不成再进行仲裁，这种先将矛盾化解在金融机构内部，不能解决再交由解纷机构处理的做法，不耗费过多的解纷资源，能实现效率与成本利益的最优化。

---

① 周小燕. 借鉴国际经验加快在上海健全金融消费纠纷非诉解决机制的有关思考 [J]. 上海金融, 2016（8）：68 - 70.

5. 人员配备具有专业性

域外金融纠纷解决机制发展成熟的国家在人员配备方面均具有专业的争议处理队伍，对调解员的独立性有严格要求，人员配备的专业性使得处理结果更加公平公正。例如，《欧洲调解员行为准则》中明确规定，在纠纷调解过程中若出现影响其独立性或发生利益冲突的事件时，评估员要对可能会导致结果产生不公平的信息进行列示，调解员在任职前必须要进行专业培训，通过兼具金融与法律知识的专业人员做出正确的评判。英国金融申诉专员机构拥有 2000 多名裁决员，300 多名申诉专员，分别聘请法律、金融、会计方面的专家，且均为全职在岗人员。香港金融消费纠纷调解中心调解员均来自金融管理局、证监会、消费者委员会等机构的具备扎实法律与金融知识、丰富金融实践经验的专业人员，其拥有一支综合素质较强的金融纠纷解决队伍[1]。台湾是进行遴选，并报请部门主管机关核准后予以聘任。

6. 费用负担具有倾斜性

纠纷解决机构通常不向金融消费者收费，仅有金融消费者对处理结果具有选择权。上述列举的国家除新加坡在费用承担方面实施激励性政策，为避免滥诉在一定程度上向金融消费者收取费用，域外国家和地区均实行"年度服务费 + 案件处理费"的做法，对金融机构进行分类以确定年费费率，减轻金融消费者的负担，但为避免滥诉，涉案金融机构不承担个案处理费，向败诉的金融消费者收取适当费用，以促进金融业稳定发展。

通过对域外金融申诉专员制度的理论与实践进行充分考察，总结出该制度在设计上存在立法基础具有保障性、路径构建具有阶段性、机构性质具有独立性、纠纷处理具有程序性、人员配备具有专业性、费用负担具有倾斜性等普遍规律，将其普遍发展规律与我国具体实践相结合，在此基础上对我国金融申诉专员制度构建进行总体设想。

六、我国金融申诉专员制度构建的总体设想

（一）制定金融申诉专员的相关立法

制定金融申诉专员的相关立法是该制度顺利实施的重要保障，但现阶段我国

---

① 岳金禄. 论我国金融申诉专员机构员工的匹配性 [J]. 浙江金融，2017 (11)：31 - 37.

尚未对金融申诉专员进行统一立法，我国也应该借鉴域外做法，通过立法赋予我国金融申诉专员机构纠纷解决权，整合金融行业现有法律制度并统合各行业监管①。确立金融申诉专员机构地位，并对机制运行的具体内容进行系统性规定是金融申诉专员制度构建的基础与前提，更是全面依法治国的重要保证。宏观立法范围上，在金融消费者合法权益保护法中增加关于金融申诉专员的相关规定。我国现有立法并未提及金融申诉专员的相关内容，针对该制度专门制定独立的法律并不可取，域外对金融申诉专员制度均是在相关法律的部分章节对其进行立法确认，故我国应尝试在《金融消费者权益保护法》的基础上，增设金融申诉专员的制度规定，明确金融申诉专员机构为处理我国金融消费纠纷的法定机构之一，其解决金融纠纷的权利与对裁决结果的执行效力，充分利用金融申诉专员机构在金融纠纷解决中的地位，建立该机构与行业协会、金融监管机关、法院等纠纷解决主体之间的联系，明确金融消费者的纠纷解决途径，对路径选择以及先后顺序进行规定，保证金融消费的安全性与公平性。微观立法内容上，对金融申诉专员制度具体内容加以明确规定。在针对金融行业发展性质特点以及各方面利益进行综合考量的前提下进行专门立法，从金融消费者倾斜性保护的角度出发，分别从构建路径、核心理念、基本原则、人员配备、处理流程、资金来源、配套机制等多个方面对金融申诉专员制度的构建做以详细规定，将金融申诉专员机制纳入法制化轨道，增强纠纷处理的公信力。

（二）建立统一的金融申诉专员机构

目前，我国现有的金融申诉专员机构仅存在于金融业各个领域内，应统合银行、证券、保险业的行业型金融申诉专员机构，以行业型金融申诉专员机构为靶向慢慢进行过渡，在结合我国本土国情的基础上逐步构建具备专业、独立、综合性等特点的统一的金融申诉专员机构，以受理整个金融行业的纠纷，为最后构建我国金融申诉专员制度奠定坚实的机构运行基础。对机构的整体运行框架、处理模式、机构性质、人员结构等多方面进行详细规定，但我国不能完全照搬域外做法，机构设立时要充分考虑各方面因素，公司型与财团法人型机构是以盈利为目的而设立的，这与我国金融申诉专员机构以解决金融消费纠纷和保障金融消费者合法权益的目的相违背，行政机构的设置具有公断性，这与金融申诉专员机构设置的中立性和独立性相矛盾，所以我国的金融申诉专员机构的性质为非营利性社

---

①　陈明克. 我国证券纠纷调解机制研究［J］. 武汉金融，2018（4）：61-65.

会组织。第一，金融申诉专员机构广泛吸纳各类会员机构。逐渐覆盖所有银行业金融机构，涉及证券、保险、期货、支付机构、小贷公司等，将会员机构作为重要依托，积极推动金融申诉专员机构的筹建工作①。第二，统一制定金融申诉专员机构运作标准。严格把控金融申诉专员机构纠纷调解员的准入门槛，对调解员进行任职前培训、任职中教育、任职后考评等工作，着力打造金融与法律专业兼备的调解员队伍，推动提升调解员的专业性以及服务水平，成立中立评估专家库以促进纠纷高效解决。第三，统一实行"调解＋裁决"的一站式纠纷解决方式。将"线上＋线下"调解充分落实，提高争议解决的效率，持续推进与司法部门深化合作，尽快推动诉调对接机制落地并发挥实效。人民法院、司法厅等单位担任对申诉专员机构进行专业化的业务指导，推动小额纠纷解决机制等，金融行业各领域在构建行业型金融申诉专员机构较为成熟的基础上，逐步由分立走向统合，构建全国统一的金融申诉专员机构。

（三）加强金融申诉专员机构的职能

对金融消费者的保护以促进金融秩序的稳定发展，金融申诉专员机构在承担金融纠纷解决的职能基础上还承担金融消费者宣传教育与知识普及的职能，所以应加强金融申诉专员机构的职能，全面落实金融消费者各项合法权利保护。第一，充分落实金融消费者的知情权。金融申诉专员机构应积极引导金融机构向消费者履行说明义务并加强信息披露，保证双方平等交易。第二，加强对金融消费者的教育制度建设。金融申诉专员机构应对金融消费者的金融知识普及教育，采取线上线下系列活动对金融消费者进行教育保护，为典型的金融消费维权案例做好信息披露与维权推广工作，调动社会相关力量共同参与到全社会金融消费保护的环境中，通过媒体向金融消费者宣传金融产品的相关知识，禁止隐瞒性质等行为。组织人员走进社区，向公众介绍金融消费合法权益保护的金融知识，编制消费者教育案例汇总与理论指导，制作成册并进行发放，充分利用微博、微信公众号等互联网线上方式进行传播。第三，保证金融消费者的依法救济权得以实现。金融申诉专员机构应为金融消费者提供金融争议咨询服务，积极宣传纠纷解决方式，提升金融纠纷双方当事人以及社会公众对金融申诉专员机构的信任度与知晓度，告知并指导金融消费者通过合法的途径解决金融纠纷，使金融消费者的依法救济权充分实现。

---

① 向超. 论统合型金融申诉专员制度之构建［J］. 经济法论坛, 2017（1）: 170 - 183.

（四）完善金融申诉专员机构的监管

对金融申诉专员机构的监管应从宏观微观两个层面入手，宏观层面由国务院金融发展委员会对监管工作进行全面指导，充分发挥金稳委的宏观管理和综合协调作用，微观层面由"一行两会"具体实施，在宏观与微观相结合的基础上完善金融申诉专员机构的监管。

1. 加强金稳委宏观管理和综合协调职能

金融发展稳定委员会承担着向统一的金融消费者保护机构转变的工作，委员会下应成立金融纠纷多元化解机制工作小组，对金融申诉专员机构运作进行宏观指导，充分发挥其综合协调职能。第一，协调各纠纷处理机构发挥统筹调配作用。金稳委地方协调机构应充分落实中央决策部署，针对"一行两会"工作上的冲突及不协调，指导、监督、审查金融监管机关的工作，推动监管标准的统一，改善金融消费者保护的多头局面与混乱状态，节约监管成本和司法成本，对跨行业金融混业经营进行全面协调监管，推动金融信息共享，执行金融消费者权益保护工作以及金融生态环境建设，根据实施运作中出现的新情况新问题不断调整优化，让顶层设计在基层探索中更加富有生命力，充分实现央地协调"1 + 1 > 2"的效应。第二，推动金融信息披露、共享以及风险负担机制。强化中央与地方金融监管，推进金融机构信息、行业基础数据、市场运行与风险情况的披露与共享，统筹协调金融申诉专员机构开展金融消费者教育知识普及工作，推动各监管机关沟通合作，充分发挥地方协调机制对金融消费行为的监管，在金稳委对金融消费者保护强有力的协调下，未来可逐步过渡，构建全国统一的金融消费者保护机构。

2. 优化"一行两会"对金融申诉专员机构的监管

强有力的监督机制是金融申诉专员机构运行的重要保障，由于金融申诉专员机构在运行过程中还会受到金融监管机关的监管，所以应该优化"一行两会"对金融申诉专员机构的监管。第一，加强金融监管机关对金融申诉专员机构的监管力度。金融监管机关即"一行两会"应要求金融申诉专员机构定期汇报工作，审查金融消费者对金融申诉专员机构纠纷处理工作的满意度和投诉异议情况，全方位落实各项监督管理措施。金融监管机关还应对金融申诉专员机构的运行过程进行规范指导，但不能干涉具体的操作业务，应促使金融交易行为、金融合同以及金融产品与服务均纳入监管范围内，充分发挥监管机关对金融申诉专员机构的监督管理职能。第二，加强金融监管机关之间的沟通协作。金融监管部门应对分业监管中的共性问题和社会关注的重点问题，强化联合监督、业务协助、结论共享等，避免监管真空。此处可借鉴英国 FOS 与 FCA 之间的信息披露与共享机制，各监管部门共同成立工作小组①，定期召开执法经验交流会议，围绕执法检查、机构整改的正向互动等问题，进行汇报并沟通工作情况，通过对数据库信息进行分析处理，确定纠纷产生来源，充分实现对金融申诉专员机构的监督管理②。第三，加强"一行两会"的金融风险评估机制。对被投诉较多的金融机构，采取针对性措施要求金融机构对其产品及服务进行优化以避免风险扩散。加强监管部门之间对金融申诉专员机构典型案件的评估总结与案例指导，加大对金融消费者教育的宣传力度，提升金融纠纷当事人及社会公众对金融消费纠纷多元化解机制的认可度③。

（五）健全金融申诉专员的衔接机制

目前我国金融申诉专员的衔接机制主要包括金融机构内部处理、金融行业自律组织处理、金融仲裁和诉讼处理等，多种衔接机制与金融申诉专员机制在运作程序上相互嵌套并契合，推动后者不断发展。但由于各机制均有其内在缺陷，故应在完善其存在问题的基础上，同时与金融申诉专员机制进行充分衔接，方能促进金融纠纷多元解决机制的有效运行。我国金融申诉专员衔接机制的具体框架如图 6.1 所示。

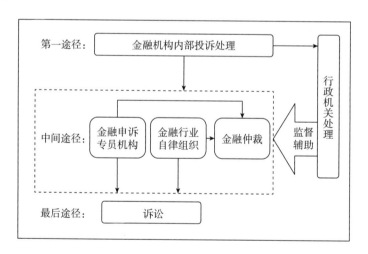

图 6.1　我国金融申诉专员衔接机制的具体框架

① 孙天琦. 金融秩序、金融业行为监管与金融消费者保护 [J]. 中国银行业，2019（5）：52–54.
② 钟晟. 我国消费者权益保护制度深化改革研究 [J]. 金融与经济，2019（3）：83–86.
③ 余文建. 统筹推进金融消费者权益保护建设 [J]. 中国金融，2019（22）：13–14.

1. 健全金融机构内部处理机制

金融机构内部处理是金融申诉专员处理机制的前置程序，完善该机制具有重要意义。第一，事前对金融消费者履行告知义务。金融申诉专员机构应督促金融机构履行职责，对金融消费者进行金融产品的风险级别提示，严格规范产品推荐及服务介绍业务，尽到事前善意提醒义务，如向公众开展金融知识讲座以向消费者推广金融知识，使其在充分了解金融产品的基础上进行购买。第二，事中规范金融机构内部处理流程。目前，我国金融机构对内部纠纷处理应该严格规定统一的标准与流程，确保纠纷处理的公正性，当金融机构接到金融消费者的直接投诉或金融申诉专员机构移交的纠纷时由相关主管人员进行责任的追究并及时对投诉客户以及金融申诉专员机构进行回馈，给予其解决方案，尽量将金融纠纷化解在该阶段，充分节省司法资源。对调解权限的授予进行规范管控并对调解员资质进行审查，以保证处理流程公平、公开、公正，确保程序顺利进行，投诉处理高效解决。第三，事后全面落实追踪回访与考核评价制度。将处理过的金融纠纷所有信息进行汇总分类，收集典型案例进行指引，为后续案件的解决提供参考，全部在网上进行系统性备案，并在金融纠纷解决后对消费者进行回访询问，同时将金融消费纠纷处理情况纳入金融机构绩效考核之中，全面完善金融机构内部处理机制。

2. 健全金融行业协会处理机制

现阶段仍有部分金融申诉专员机构是在金融行业协会等自律组织的指导下设立的，应积极完善金融行业协会解决机制。第一，加强对金融申诉专员机构的有效引导。金融行业协会应制定协会内部纠纷处理规章，同时规范引导金融申诉专员机构，从而高效处理纠纷。例如，四川省金融行业自律协会在此方面作出了典范，其出台《银行业消费者权益保护公约》对调解中心与金融机构进行积极引导，鼓励其踊跃参与协会并遵守协会公约，取得了较好的实践效果①。第二，加强行业协会的规范化体系建设。英国的行业协会在处理金融纠纷与金融消费者权益保护方面发挥了积极作用，我们应该借鉴其优秀经验，将对消费者倾斜性保护的理念渗透到行业自律规则中并高效落实，对金融机构的产品与服务进行规范，充分发挥行业协会在金融纠纷解决方面的作用，对违反行业规则的会员单位进行必要处罚，使金融行业协会解决机制与金融申诉专员解决机制充分衔接。

3. 健全金融仲裁处理机制

金融仲裁在金融消费纠纷解决方面发挥了重要作用，但仍存在不足需要完

---

① 刘天姿. 为金融消费者构建五重保护体系［J］. 人民论坛，2019（15）：62－63.

善。第一，设立专业的金融仲裁机构。我国目前虽存在专业性金融仲裁机构，但并不普及，未来可尝试在有条件的省会城市建立金融仲裁机构。例如，2019年3月西安仲裁委员会金融仲裁院在西安成立，其立足于西安金融行业发展的大局之上，旨在与金融监管部门、金融行业协会、金融机构之间建立沟通协调运作机制，积极发挥金融仲裁的组织作用与精准服务优势，对金融行业健康发展提供更加专业和规范的引导，预防和化解金融风险。第二，金融仲裁系统应设定专门统一的程序规则。通过统一规范的程序规则对不同领域的金融消费纠纷解决提供有效指引，例如，美国金融仲裁机制，该机制是针对证券类、基金类、银行类等不同类型的纠纷设定的规则，这使得金融仲裁机构更能做出针对性的纠纷处理。

4. 健全金融诉讼处理机制

应充分发挥人民法院的司法职能，健全金融诉讼处理机制。第一，全面贯彻落实与金融申诉专员机构的诉调对接工作。加强一站式诉讼服务，将金融申诉专员机构的调解组织纳入法院诉讼服务中心以实现对接处理，提供专门纠纷调解室以便金融纠纷调解组织开展工作，使金融申诉机构处理结果得到司法确认，人民法院与金融申诉专员机构互设工作站，强化双向衔接，扎实推进金融纠纷化解工作。第二，充分落实委派、委托金融申诉专员机构调解。人民法院应采取立案前委派、立案后委托以及诉中邀请等方式，引导金融消费者通过金融申诉专员机构进行纠纷解决。提升审判人员的专业处理能力以及金融解纷信息化水平，可邀请金融申诉专员机构的调解员担任人民陪审员，加强信息的沟通共享与案例的宣传引导，深化司法改革与金融信息共享。第三，增设金融法院。完善现有金融审判庭的受理体系，将所有民事类与行政类金融案件均纳入金融审判庭的审理范围。有条件的地区增设金融法院，针对涉案标的大、专业化程度高的案件制定统一的审判制度，如深圳金融法庭与上海金融法院在2017年与2018年相继成立，极大程度提供了更为专业的审判标准并创新了金融审判体系，致力于推动国际国内金融法律规则体系的发展完善。

对金融申诉专员机构的现存问题提出了解决措施并对金融申诉专员制度进行总体设想，未来将形成横向由金融机构内部处理、金融申诉专员机构、金融行业自律协会、仲裁机构、法院等协调处理，纵向由金融行政监管机关有序监督、协同配合的全方位多元纠纷化解机制，为金融消费者提供宽领域、多层次、全方位的金融纠纷解决途径①，以促进我国金融申诉专员制度的构建与完善，推动经济

---

① 史子璇. 化解金融消费纠纷需多方合力 [J]. 人民论坛，2017（16）：88 – 89.

社会持续健康发展。

七、我国金融申诉专员制度构建的具体内容

（一）构建路径

我国金融申诉专员制度的整体构建应结合我国的基本国情，可选择的导入路径有两种：一种是分阶段进行，在建立行业内金融申诉专员制度的基础上，对金融申诉专员制度进行统一构建。另一种是不经历过渡阶段，直接跨越式构建金融申诉专员制度。首先，虽然我国大多数金融机构已经朝着混业经营的方向发展，但目前我国依然是分业监管模式，在该模式下直接构建跨行业的统一金融申诉专员制度行业内部的纠纷解决机制，会阻碍金融改革的全面推进。其次，行业内部纠纷解决机制并未统一。纠纷解决机制之间的衔接性不强，要求立即构建金融业统一协调的金融申诉专员制度缺乏相应的能力和经验，故应该分不同阶段逐渐建立金融申诉专员制度，此做法更符合我国国情。近年来，在中国人民银行的指导下各自领域进行了金融申诉专员机制的探索，分别成立行业内独立的金融纠纷调解中心，发展成效显著并不断完善，2015 年以来，中国人民指导各地区成立的金融申诉专员机构在纠纷受理范围上已经逐渐尝试将金融业各个领域的纠纷处理纳入机构工作范围内，但该工作仍在逐步推进的过程中，各部门之间在相互合作的过程中不断协调，未来应在立法的基础上，先确立行业内金融申诉专员制度，对本行业的处理规范、程序、内容进行严格规定，待行业内该制度发挥成熟后，再分步骤、分阶段的逐步实现由分立向统合的过渡发展，最后构建我国金融申诉专员制度。

（二）核心理念

金融申诉专员机构的核心理念是"公正兼具倾斜性保护"，在为金融消费者提供金融纠纷一站式解决服务的基础上，同时对其进行金融知识教育、培训教育以及指导消费者依法维权等，金融申诉专员机构在处理纠纷时要确保公正性，这也是构建该制度的基本要求和价值取向。此外，由于金融消费者缺乏对金融专业知识全面了解，故在金融消费中一直处于弱者地位，我国在金融申诉专员制度的

内容制定上就要着重强调对其进行倾斜性保护①，"确保公正"和"倾斜性保护"两者之间看似矛盾，但事实上是目的与手段的关系，金融申诉专员制度在处理金融纠纷时不断追求实质的公平，能动地向处于弱势地位的金融消费者倾斜，从而实现金融纠纷解决和金融消费者合法权益保护的双重目标。该制度相较于其他解纷机制具有较强的功能优势，它将从充分保护金融消费者为出发点，以简便、快捷、高效为处理纠纷的特点，调解程序的设计更加简单便捷，避免繁杂，独立于其他解纷程序。第一，费用负担方面。费用由金融机构承担，使金融消费者的解纷成本大大降低。第二，职能承担方面。金融申诉专员机构除需要具备解决金融纠纷的基础功能外，还应承担金融教育普及、金融案件咨询、金融知识培训等方面的辅助性功能，通过标本兼治的方式对金融消费者进行充分保护。第三，裁决结果方面。我国在建立金融申诉专员制度时应通过立法赋予其裁决效力，明确第三方金融申诉专员机构的合法地位，金融机构无条件执行，反之则无效，金融消费者可寻求其他方式解决。第四，举证责任方面。由金融机构进行举证，这种额外优待的看似"不平等"的安排充分保障了其弱者地位。

（三）基本原则

世界各国由于法律制度水平与社会文化基础有所不同，所以在建立新型独立的金融纠纷解决机制时，具体内容和实施标准便会有不同程度的差异，但万变不离其宗，它们有着共通的价值理念，这也是该制度所要表现的核心与精髓，是区别并优越于其他纠纷解决制度的表现方式与衡量尺度。第一，适度性原则。在构建我国金融申诉专员制度时，要尊重我国发展实际，在符合我国政治、经济、文化体制改革发展方向的基础上进行本土化考量，要把握适度原则。第二，易获性原则。金融申诉专员机构要通过通俗的方式向广大金融消费者宣传推广，使其极易知晓该机构的职责和处理案件的具体程序内容并享受其服务，金融消费者向金融申诉专员机构申诉之前并不需要签订协议，只要金融机构在金融申诉专员机构的管辖范围内，消费者便可通过电话或网络方式进行投诉，对金融消费者免费且程序灵活，针对盲聋哑等特殊人群设定专门的救济流程与方式，通过较低的门槛与成本而使其金融纠纷的救济权得以充分实现。第三，独立性原则。金融申诉专员机构不是政府行政机构，也不是行业自律组织，它的性质为非营利性社会组织，金融监管部门仅对金融申诉专员机构监督与指导，不能干涉具体案件的处

---

① 刘晓荣. 金融申诉专员制度对我国的启示［J］. 中国商论，2018（27）：40－41.

理，在纠纷处理过程中必须保持机构设置、解纷人员、处理程序等各方面均具有充足的独立性，只有如此才能不受其他因素干扰，充分行使法律所赋予其的权利并公平公正的解决纠纷。第四，契合性原则。在构建该机制时要在制度设计与结构安排上与金融机构内部处理机制、行业协会处理机制、仲裁与诉讼处理机制等现有金融纠纷解决机制相互契合与衔接，既要考虑到不平衡的基础因素，还要有所创新与突破，要充分利用银行业、保险业、证券业的纠纷调处资源，与金融申诉调处资源充分契合。

（四）人员配备

域外金融申诉专员机构在人员构成上均为金融与法律领域的专业人员，对调解员的入职门槛有很高的资质要求，以充分确保纠纷解决的公正性与权威性。我国金融申诉专员制度构建在机构的人员配备方面也应该建立专业的人才队伍并制定严格的管理要求，由于我国的金融纠纷调解组织自 2013 年之后才逐渐开始建立，发展并不成熟，调解员多是各界热心公益事业以及在金融机构工作的工作人员等，其在处理纠纷时带有一定的行业立场与行业利益，处理结果往往缺少中立性和公信力，我国应该效仿域外地区的做法，以中立、公正、专业为基本原则，将兼职调解员与专职调解员相结合，采取专职优先，兼职其次的聘用方式，壮大专业的调解员队伍。同时组建调解专家库，从高校教师、专家学者、执业律师、法官、检察官等人员中广泛吸收兼备法律与金融专业知识和经验的高素质人才，提升调解员的准入资质，在任职前对其进行专业培训教育；任职中及时总结案件处理经验并提升自身的专业能力以应对不断升级的矛盾变化①；任职后进行监督与评价考核，实行严格的问责机制，确保纠纷处理的中立性与公正性，提高纠纷处理水平。纠纷解决机构也可根据调解员的资质以及个案的复杂程度等建立有效的激励与补贴机制，还应对调解员因办案而误工、误餐、交通等方面的费用进行补贴，支付给调解员报酬，在各方面对调解员的纠纷处理进行严格把关，确保调解员队伍的专业性，为构建金融申诉专员制度提供有效的基础保障。

（五）处理流程

通过对我国金融申诉专员制度试点的实践与制度分析，综合汲取域外发展先进经验，立足于我国本土国情的基础上，对金融申诉专员机构的处理流程作出了

---

① 智勇，孙登昕. 金融消费纠纷第三方非诉调解模式创新研究［J］. 金融发展研究，2020（1）：88－90.

如下设计：第一，金融机构处理环节。域外金融申诉专员机构（FOS）在处理流程设计上均将金融机构内部处理作为纠纷处理的前置程序，金融机构处理之后方可向 FOS 申诉，所以即便金融消费者就金融纠纷直接向 FOS 进行申诉，该机构也会向金融消费者告知履行前置程序或直接移交金融机构先行处理，尽量将纠纷化解在初始阶段。第二，调解环节。在金融机构作出处理结果后，如果金融消费者对该处理结果表示满意并愿意接受，则纠纷得到解决。若不接受处理结果，则金融消费者应在规定时间内向 FOS 调解中心申请调解，FOS 采用和解、调解、双方均接受的第三人说和的非对抗性纠纷解决方式进行处理，若当事人就调解结果达成一致意见，则调解成功，争议解决，消费者向法院申请司法确认，争议处理终结。若调解失败或退出调解，则由调解中心做出调解意见，随后进入裁决环节。第三，裁决环节。调解失败后，金融消费者便可单方面启动裁决程序，FOS 的申诉专员根据自身的理论与实践经验，参考调解环节做出的调解意见书，申诉专员做出最后的公正裁决，该裁决结果做出之后，仅对金融机构具有单方法律约束力，金融消费者对裁决决议是否生效具有选择权，若其接受，则裁决决议生效，可向人民法院申请司法确认，金融纠纷得到解决，若其不接受，则金融消费者可循诉讼或其他方式解决。金融申诉专员机构（FOS）的纠纷处理具体流程如图 6.2 所示。

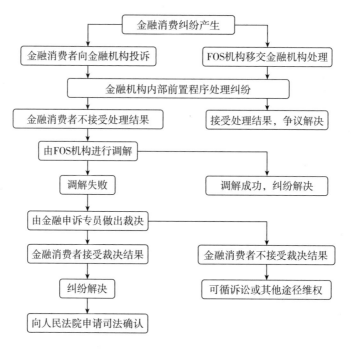

图 6.2　金融申诉专员机构（FOS）的纠纷处理具体流程

（六）资金来源

域外金融申诉专员机构的经费多来源于政府财政补贴和金融机构缴纳，对金融消费者不收取或象征性收取费用，目前该机制在我国仍处于发展的起步阶段，所以需要有充足的经费来源以支撑机构顺利运行，金融申诉专员机构的性质定义为非营利性社会团体法人，可以在结合我国发展国情的基础上效仿域外做法，该机构经费应由政府财政补贴和金融机构缴纳费用两部分构成。本应采取"用者自付"的方式，由提供金融服务的金融机构和消费者一同承担，因为它们均"享用"了该机构的服务，但需要对金融消费者进行倾斜性保护，增强其消费与维权信心并降低负担，金融消费者无须支付任何费用，如此一来金融消费者将会积极选择金融申诉专员机构对纠纷进行解决，充分保障其合法权益，提高解纷效率。第一，政府提供财政支持。进行财政拨款对该机构运作进行支持也是政府职责所在，应该制定统一标准与额度并定期对金融申诉专员机构进行资金补贴。第二，金融机构的费用缴纳分为两个部分：年度服务费与案件处理费。从某种程度也可以理解为会员向会所缴纳的会费，依据多种标准对金融机构进行分类，进一步计算年费费率以及总年费。缴纳案件处理费是因为某个金融机构在个案处理上具体使用了这项服务，并耗费了域外金融申诉专员机构的调解资源，且收取个案处理费还可以对金融机构进行适当约束，促使金融机构不断提高服务质量以减少与金融消费者之间的冲突摩擦，推动域外金融申诉专员机构更好地发挥金融纠纷解决机制的功能与效用。

（七）配套机制

金融申诉专员机构在发展过程中还应制定多种配套机制以配合其发展，这对构建金融申诉专员制度具有重要意义。第一，建立小额纠纷快速处理机制。金融申诉专员机构对涉及金额在 5000 元以下的纠纷启动快速受理机制，与金融机构签订合作备忘录，组织调解员在一定期限内完成调解，并由调解员提出调解意见，调解员可申请回避与退出，该机制的建立为金融消费者提供了高效便捷的纠纷解决渠道。第二，建立中立评估机制。对于争议较大、处理疑难的典型金融纠纷，调解中心可聘请独立专家对案件事实、当事人陈述及所提交证据、诉讼请求等进行综合考量，并根据法律条文、司法判例、交易习惯等作出评估报告与意见，为双方和解创造机会，金融纠纷中立评估机制已在上海、广东、陕西等地的调解中心得到良好实践，未来需要在全国广泛推广。第三，加强线上线下合作模式。应该将线上与线下工作模式相结合，利用互联网科技手段促使纠纷快速解决，扩大金融消费者权益保护的范围，能够节约大量的时间与资金成本①，运用"中国金融消费纠纷调解网"，跨领域、跨时间、跨空间、充分运用网络调解方式，通过网站以及手机 APP 进行申请、举证、调解等全过程，目前该网站已经有 20 多家金融纠纷调解中心注册，各地调解员、调解案例之间实现沟通协作与资源共享，极大程度提高了调解组织的智能化水平，提高了纠纷解决效率。

从构建路径、核心理念、基本原则、处理流程、资金来源、人员配备以及配套设施等多方面对我国金融申诉专员制度的具体内容提出建议，未来将构建我国的金融申诉专员制度，推动金融消费纠纷多元化解机制发展完善。

八、总结与展望

随着金融改革的逐步推进，如何实现金融改革创新、金融机构规范化发展以及金融消费者权益保护三者之间的平衡问题值得我们深思，金融申诉专员制度作为非诉独立第三方解纷机制，在处理金融纠纷过程中发挥了极为重要的作用，该机制高效、便捷、公正地解决了金融纠纷，提升了金融消费者的消费信心，敦促金融机构规范化运作，实现了两者发展的双赢，符合当下金融监管理念的发展要求，促进了我国金融系统的稳定。域外诸多国家引入该机制并取得了显著效果，我国虽无统一的金融申诉专员制度体系，但也已在多地展开试点推广工作，要在充分借鉴域外发展经验的基础上，结合我国本土国情，制定相关立法、构建全国性金融申诉专员机构、加强金融申诉专员机构职能、完善金融申诉专员机构监管、健全金融申诉专员衔接机制等。未来将形成金融机构、金融行业自律组织、金融申诉专员机构、金融监管机关、金融仲裁、金融诉讼等多部门通力合作、协调并进的金融纠纷多元化解机制，为金融消费者提供全方位、宽领域、多层次的金融消费纠纷解决渠道，优化与创造繁荣稳定营商环境，促进我国金融业稳定发展。

---

① 胡晓霞．消费纠纷的在线解决：国外典型经验与中国方案［J］．法学论坛，2019（4）：106 – 115.

参考文献

专著类

［1］范愉，李浩．纠纷解决——理论、制度与技能［M］．北京：清华大学出版社，2010.

［2］何颖．金融消费者权益保护制度论［M］．北京：北京大学出版社，2011.

［3］郭丹．金融服务法研究：金融消费者保护的视角［M］．北京：法律出版社，2011.

［4］熊进光．现代金融服务法制研究［M］．北京：法律出版社，2012.

［5］邢会强．金融消费纠纷多元化解决机制研究［M］．北京：中国金融出版社，2012.

［6］杨东．金融消费者保护统合法论［M］．北京：法律出版社，2013.

［7］世界银行．金融消费者保护的良好经验［M］．中国人民银行金融消费权益保护局译．北京：中国金融出版社，2013.

［8］中国证券监督委员会组织编译．美国 1940 年投资顾问法及相关证券交易委员会规则与规章［M］．北京：法律出版社，2015.

［9］邢会强．金融消费者权利的法律保护与救济［M］．北京：经济科学出版社，2016.

［10］岳金禄．经济法研究［M］．北京：北京大学出版社，2017.

期刊类

［1］周开禹．我国金融消费者权益保护的主要问题及对策研究［J］．武汉金融，2016（7）.

［2］张晓晨．金融消费者法律保护研究［J］．经济法学，2016（3）.

［3］王媛．关于金融消费纠纷领域引入行政调解机制的思考［J］．金融发展研究，2016（7）.

［4］刘金锋．韩国、台湾地区及江苏地区保险市场 ADR 机制比较研究［J］.

金融纵横，2016（12）．

[5] 冉俊．构建适合我国国情的金融申诉专员制度［J］．金融教育研究，2016（6）．

[6] 沈伟，余涛．金融纠纷诉讼调解机制运行的影响因素及其实证分析——以上海为研究对象［J］．法学论坛，2016（6）．

[7] 周小燕．借鉴国际经验加快在上海健全金融消费纠纷非诉解决机制的有关思考［J］．上海金融，2016（8）．

[8] 李慈强．论金融消费者保护视野下金融纠纷调解机制的构建［J］．法学论坛，2016（3）．

[9] 王宝娜，邬枫．京津冀协同发展背景下金融消费者纠纷解决机制探讨［J］．商业经济研究，2016（8）．

[10] 刘欣琦．加拿大申诉专员制度及其启示［J］．理论月刊，2016（3）．

[11] 徐雅萍．英国金融申诉专员制度的最新发展及其启示［J］．浙江金融，2016（2）．

[12] 余涛，沈伟．游走于实然与应然之间的金融纠纷非诉讼调解机制——以上海为例［J］．上海财经大学学报，2016（1）．

[13] 张旭波．论我国金融消费者法律保护［J］．金融法研究，2017（8）

[14] 李凯风，朱冠如．我国金融消费者权益保护体系的问题与解决对策［J］．金融与经济，2017（11）．

[15] 张敏敏．互联网金融消费者纠纷解决机制的法律研究——以 FOS 机制为视角［J］．知与行，2017（1）．

[16] 汪道峰．域外第三方金融消费 ADR 机制借鉴与启示——以英澳加等国为例［J］．中国银行业，2017（12）．

[17] 向超．论统合型金融申诉专员制度之构建［J］．经济法论坛，2017（1）

[18] 刘国华，潘智林．论金融消费者权益的法律保护［J］．商业经济研究，2017（12）．

[19] 成蓉．金融消费纠纷投诉处理机制探讨［J］．金融经济，2017（24）．

[20] 岳金禄．论我国金融申诉专员机构员工的匹配性［J］．浙江金融，2017（11）．

[21] 史子璇．化解金融消费纠纷需多方合力［J］．人民论坛，2017

（16）．

[22] 张世君，赵佳慧．我国金融争议解决机制的不足及对策［J］．银行家，2017（6）．

[23] 孙晓珍．论金融消费者权益保护的法理基础［J］．经济研究导刊，2017（1）．

[24] 岳金禄．金融申诉专员机构的财务可持续［J］．上海金融，2018（1）．

[25] 刘思芹，陈威．金融消费纠纷多元化解决机制的层次体系［J］．财会月刊，2018（24）．

[26] 彭瑞驷，沈伟．试论金融纠纷解决机制的优化——借鉴香港金融纠纷解决机制的研究［J］．上海经济研究，2018（12）．

[27] 刘晓荣．金融申诉专员制度对我国的启示［J］．中国商论，2018（27）．

[28] 岳金禄．台湾地区金融消费评议中心的执行机构及其启示［J］．海南金融，2018（7）．

[29] 岳金禄．金融申诉专员执行机构的聚合模式及其启示——以加拿大银行服务和投资申诉专员为例［J］．金融发展评论，2018（6）．

[30] 陈明克．我国证券纠纷调解机制研究［J］．武汉金融，2018（4）．

[31] 钟晟．我国消费者权益保护制度深化改革研究［J］．金融与经济，2019（3）．

[32] 唐士亚．台湾地区金融消费纠纷评议机制研究［J］．亚太经济，2019（2）．

[33] 岳金禄．金融申诉专员能够提高消费者信心吗？［J］．上海金融，2019（3）．

[34] 余文建．统筹推进金融消费者权益保护建设［J］．中国金融，2019（22）．

[35] 刘天姿．为金融消费者构建五重保护体系［J］．人民论坛，2019（15）．

[36] 何锦．普惠背景下的金融消费者权益保护体系构建［J］．金融经济，2019（8）．

[37] 刘慧宜．金融消费者权利保护之现实境遇及制度改善［J］．金融经济，2019（20）．

［38］孙天琦．金融秩序、金融业行为监管与金融消费者保护［J］．中国银行业，2019（5）．

［39］胡晓霞．消费纠纷的在线解决：国外典型经验与中国方案［J］．法学论坛，2019（4）．

［40］陈涛．中国大陆金融消费者权益保护机制研究［J］．桂海论丛，2019（6）．

［41］于飞．银行业消费纠纷的多元化解决机制探析［J］．现代金融，2019（2）．

［42］刘明君．金融消费者法律保护体系构建研究［J］．中国商论，2020（1）．

［43］智勇，孙登昕．金融消费纠纷第三方非诉调解模式创新研究［J］．金融发展研究，2020（1）．

学位论文

［1］曾俊．金融消费ADR机制研究［D］．湘潭大学硕士学位论文，2015.

［2］杨培龙．金融消费纠纷解决机制研究［D］．郑州大学硕士学位论文，2016.

［3］朱明鹏．我国金融消费纠纷的非诉讼解决机制反思与构建［D］．华东政法大学硕士学位论文，2016.

［4］戚央巧．我国保险纠纷多元化解决机制的完善研究［D］．华东政法大学硕士学位论文，2016.

［5］袁鹏．我国金融消费者权益专门保护机构研究［D］．重庆大学硕士学位论文，2018.

［6］赵静．论我国证券纠纷调解机制的完善［D］．华东政法大学硕士学位论文，2018.

［7］郭婧雯．金融消费纠纷ADR机制的比较与借鉴［D］．厦门大学硕士学位论文，2018.

［8］曹静敏．金融消费纠纷调解机制研究［D］．华东政法大学硕士学位论文，2019.

［9］尹航．我国金融监管体制改革中的法律问题研究［D］．华中科技大学硕士学位论文，2019.

［10］章元元．"一委一行两会"监管体制下的金融消费者保护路径探索

［D］．山东大学硕士学位论文，2019.

外文文献

［1］Petrauskas F, Gasiūnaitė A. Alternative Dispute Resolution in the Field of Consumer Financial Services ［J］．Jurisprudencija Jurisprudence, 2012（1）：253 – 285.

［2］Gilad S. Juggling Conflicting Demands：The Case of the UK Financial Ombudsman Service ［J］．Journal of Public Administration Research and Theory, 2012（3）：661 – 680.

［3］Gilad S. Accountability or Expectations Management? The Role of the Ombudsman in Financial Regulation ［J］．Law & Policy, 2012（2）：190 – 197.

［4］Iris Benöhr. Alternative Dispute Resolution for Consumers in the Financial Services Sector：A Comparative Perspective ［R］, European Policy Analysis, Swedish Institute for European Policy Studies, 2013（4）：6.

［5］Thomas D, Frizon F. Resolving Disputes Between Consumers and Financial Businesses：Fundamentals for a Financial Ombudsman——A Practical Guide Basedon Experience in Western Europe ［R］．Washington, DC：Banque Mondiale, 2013（2）：4.

［6］Yang, D. Consumer Protection and Reform of China's Financial Law ［J］．Hong Kong Law Journal, 2016（44）：303 – 337.

［7］Campbell J Y, Jackson H E, Madrian B C, Tufano P. Consumer Financial Protection ［J］．Journal of Economic Perspectives, 2016（1）：91 – 114.

［8］Johnson Heidi, Leary Jesse. Policy Watch：Research Priorities on Disclosure at the Consumer Financial Protection Bureau ［J］．Journal of Public Policy & Marketing, 2017（1）：184 – 191.

后　记

笔者的博士论文是《规制法的法理研究》。2012年，笔者在上海财经大学法学院获得博士学位，入职西安财经大学法学院，主要从事经济法学、财税金融法学的教学与研究。财经类院校法学院着力打造财经法学科特色，因此尝试把规制法理论适用于金融法领域。2014年以来指导历届研究生的选题也都是金融法前沿问题。此书是近年来研究金融法所取得的阶段性成果之一。

本书主要包括股权众筹融资促进制度、智能投顾法律规制、金融科技法律监管、"监管沙盒"法律制度构建、我国证券市场先行赔付制度、我国金融申诉专员制度构建等内容。每章撰写分工如下：第一章由笔者撰写，第二章由刘悦撰写，第三章由梅芡菱撰写，第四章由陈彩云撰写，第五章由刘颖撰写，第六章由岳思佳撰写。全书由笔者统稿。

感谢经济管理出版社的王洋编辑和其他工作人员的辛苦工作和鼎力帮助。感谢西安财经大学法学院学科团队支持和学科经费资助。感谢西南大学梅芡菱帮忙校对。由于笔者学识与能力所限，书中难免存在疏漏与错误，敬请读者批评指正。